场景研究文库 | 主编 齐骥 [美]特里·N.克拉克

城市生活圈营造
如何释放场景红利

Placemaking of Urban Community Life Circle
How to Release Scenes Dividend

亓冉 齐骥 ◎ 著

知识产权出版社
全国百佳图书出版单位
—北京—

图书在版编目（CIP）数据

城市生活圈营造：如何释放场景红利 / 亓冉，齐骥著 . — 北京：知识产权出版社，2023.7

ISBN 978–7–5130–8814–5

Ⅰ．①城… Ⅱ．①亓… ②齐… Ⅲ．①城市社会学—研究 Ⅳ．① C912.81

中国国家版本馆 CIP 数据核字（2023）第 119575 号

内容提要

本书围绕人民美好生活需要与城市社区发展之间的关系，聚焦中国社区生活圈的场景建设，溯源社区、邻里与共同体的文化内涵，剖析文化生产在提升生活质量中的社会价值，探析以文化融入日常生活、以生活日常涵养文化的可能。通过将抽象的文化价值观具象为社区文化舒适物的有机组合，构建适应现代城市高质量发展的社区场景方案。

本书适合城市文化、社区发展、文化空间等研究领域的读者阅读。

责任编辑：李石华　　　　　　　　责任印制：孙婷婷

城市生活圈营造——如何释放场景红利
CHENGSHI SHENGHUOQUAN YINGZAO —— RUHE SHIFANG CHANGJING HONGLI

亓冉　齐骥　著

出版发行	知识产权出版社有限责任公司	网　址	http://www.ipph.cn	
电　话	010–82004826		http://www.laichushu.com	
社　址	北京市海淀区气象路50号院	邮　编	100081	
责编电话	010–82000860转8573	责编邮箱	303220466@qq.com	
发行电话	010–82000860转8072	发行传真	010–82000893	
印　刷	北京中献拓方科技发展有限公司	经　销	各大网上书店、新华书店及相关书店	
开　本	787mm×1092mm　1/16	印　张	14	
版　次	2023年7月第1版	印　次	2023年7月第1次印刷	
字　数	200千字	定　价	75.00元	
ISBN 978-7-5130-8814-5				

出版权专有　侵权必究
如有印装质量问题，本社负责调换。

场 景
研究文库
SCENES
ACADEMY
LIBRARY

触碰社会更迭的高光时刻
打开人类文明的时空之窗
挖掘国家治理的文化逻辑
探寻美好生活的场景密码

场景
研究文库
SCENES
ACADEMY
LIBRARY

辐射社会更迭的高光时刻
打开人类文明的时空之窗
挖掘国家治理的文化逻辑
探寻美好生活的场景密码

前　言

历史时间轴行至现代，文化愈加广泛地影响着经济社会生活的各个方面。在经济发展层，从 20 世纪初"文化工业"的兴起与大众文化的狂欢，到 21 世纪在数字互联技术加持下，以数字创意、创意设计、内容产业为代表的新型文化经济形态的持续迭代进化，文化正在愈加深刻地影响、重塑并主导全球城市的产业结构调整与竞争战略转移，成为各国回应"修昔底德陷阱"与"中等收入陷阱"、强化经济硬实力与文化软实力的关键。在社会生活层，文化以辐射效应与渗透效应嵌入人民日常生产生活的方方面面，以文化场景为代表的新城市主义与可持续方案，逐渐代替传统功能主义的场所建设，成为赋能城市发展的全新范式。而在世界格局不断变幻、城市空间时序不断进化、人民消费需求不断升级的新时代，在经济发展双循环格局迫切建立、高质量的城市发展模式亟待创新、人民美好生活向往愈加殷切的新要求之下，文化赋能城市发展、人民成长与品质生活的范式仍需要不断探索创新。

一、"社区生活圈"：新时代的美好生活方案

社区生活圈的兴起在城市高质量发展及人民生活需求更加多元与高层次的背景下，以社区建设回应人民对于美好生活向往的必然。后工业时代的城市发展模式已经从高污染、高消耗的生产模式走向注重低碳、健康的生活模式及注重体验、品质的消费模式，人们的生活方式、行为模式与生活需求也随之变化。过去十年，我国城镇化率提升 14.21%，在一批大型城市、特大型城市逐渐涌现的同时，城市内部的流动性与密度也不断增强，人口红利逐渐消失。因此，提升生活品质、吸引创意阶层、实现创新性增长成为城市实现动能优化、资源合理分配及可持续发展的新选择，"社区生活圈"便是因城市发展模式与能级变动的美好生活方案。

2014 年，上海市在"上海 2030"城市总体规划中提出将营造"15 分钟社区生活

圈",并在2016年正式发布《上海15分钟社区生活圈规划导则》,随之全国各个省(区、市)开始社区生活圈的广泛实践。海南省在城乡经济社会发展一体化的总体规划中,提出构建4个都市生活圈及21个基本生活圈。广州市在新版城市规划中提出打造"15分钟优质生活圈"。《河北雄安新区规划纲要》同样提出构建社区、邻里、街坊三级生活圈体系。北京市在全市范围内实现了社区生活圈的全面覆盖。深圳市启动《15分钟社区生活圈编制方法》,并将构建以人为本的社区生活圈作为城市有机更新的最终目标。成都市先后出台了《打造社区商业消费新场景 构建社区优质生活服务圈工作方案(2018—2022)》《成都社区商业机会清单》及打造成都"市井生活圈"等相关方案,以场景营造为主要思维路线,以社区生活圈的建设为重要载体,以社区经济的发展为主要手段,着力构建"人城境业"融合的社区场景。社区生活圈俨然已经成为全国各个城市发展规划中不可或缺的组成部分。然而,当前我国的社区生活圈建设还处在初级阶段,主要是以提供生活服务等基础保障建设为主,不管是在理念、方法,还是在设施布局、服务供给等方面还仍未突破传统功能主义的建设思路,社区生活圈如何带动人民日常生活实现品质生活的美好愿景、营造"共同体"的生活理想还需进一步探索。

二、"文化"嵌入社区的必然

从文化创意介入城市有机更新渐趋主流,到文化场景营造实践雨后春笋般涌现,一切迹象都在表明文化驱动的空间生产与再生产正在逐渐改变着人们的生活方式,并成为城市发展、社会进步、人民美好生活向往实现的重要资源。着眼于以"社区生活圈"践行高质量的城市发展、品质化的生活方式与美好生活向往的时代命题,高质量的社区建设必然离不开社区本身的文化语义。从社区空间肌理的保留、社区文脉的传承,到社区文化风貌的改善、文化行为的养成、文化认同的构建,文化在社区生活圈的嵌入是推动社区从建设空间到营造时空、从生活共同体到文化共同体转化的关键。

社区生活圈的"文化"不仅是文化建设,还应是文化营造。社区生活圈的基础功能是公共服务,在当前我国城市社区生活圈的规划文件中,仍然将"文化"定义为"文化事业",将完善公共文化服务均等布局等同为建设"15分钟文化生活圈"。然而要满足人民更高层次的生活需求甚至是自我实现的需求,社区生活圈的功能也必然要从提供服务转向自我创生,这意味着经济功能在社区生活空间的进一步深化,原因在于社区经济尤其是社区文化经济的发展,不仅关乎社区生活圈生活业态的丰富度,更决定了社区生活圈各类服务要素的品质及实现自我造血与永续经营的能力。

文化的重要性不言而喻,但是社区生活圈的文化生活实践却并未同步。从社区规划、治理,到社区经济,有关"文化"内容的讨论皆被局限在文化设施建设、文化活动举办及公园空间配置的功能主义"误读"中,文化在社会关系与精神哺育层面的深层语义尚未在社区生活圈建设中得以完全展示,而在学术研究中,既有研究也未能提供良好支撑。在此背景下,探索适应新时代语境的理论指导,构建文化植入的社区生活圈建设方案尤其关键。

三、场景:社区生活圈建设的新思路

近几年,伴随着对"场景"的讨论甚嚣尘上,作为场景构成的主要元素,"文化舒适物"被视为驱动创意阶层居住选择与影响城市生活品质的关键因素。成都市将"场景营城"作为"公园城市"总体战略下的核心步骤,重庆、北京、广州等地也在城市更新策略中注入"场景"并将其作为统领空间营造的关键思维,上海市在乡村社区生活圈规划中更是将"场景"营造作为振兴乡村社区、构建美好田园的发展理念。一方面,场景营造的基础是文化舒适物,在场景愈加能够影响城市空间品质的背景下,文化舒适物的类型选择与空间布局直接决定了场景所要反映的地方文化价值观。另一方面,城镇化率的年年攀升要求城市发展需要更加注重资源的合理利用与资本节约,文化舒适物作为城市资源配置的关键要素,它通过将文化价值观注入生活便利设施使得城市突破传统"增长机器"的关键矛盾,将生冷的城市建设注入感性的人文底色,为城市增长创造新的动力源泉。

"社区生活圈"营造本质上是文化舒适物在社区空间内有机组合形塑的社区场景。作为一种植入文化要素的设施营造理念,文化舒适物推动着从"社区"到"社区生活圈"的进化,不仅帮助实现社区基层治理层面的创新,更使社区建设回归"社区"本质。中国城市空间体系中的"社区",是以居民委员会与村民委员会的行政单位为符号标志的最小治理单元,有着强烈的行政属性。而作为一个起源于社会学中的概念,滕尼斯在论述"社区"时将其看作是血缘、地缘与精神的关系凝结,费孝通也将社区看作是根植乡土的礼俗社会。因此,社区的邻里关系属性构成了社区生活圈文化属性的核心。

"社区生活圈"建设的最终目的是形塑现代"共同体"。德国著名社会学家斐迪南·滕尼斯(Ferdinand Tonnies)与费孝通对于社区的认知都是根植于原始村落的空间形态之上的,在这种原始的社区形态中,人与人的关系建立在平面化的面对面交往中,地理位置上的邻近为关系上的亲近提供了便利。然而现代城市社区与原始村落有着极大差异,虽然城市中人们的居住形态更加密集,但是人与人之间的交往却被强制性放置在垂直楼宇中,原始村居形态中容易实现的面对面交流也在科技驱动下转变为依赖于网络社会的虚拟在场关系,人们的血缘、地缘感知逐渐弱化,进而在社会精神层面上表现为共同意识的剥离。"社区生活圈"概念的提出事实上肩负着重建社会共同体、凝聚社会

共同意识的重大使命,因此,社区生活圈建设更加需要文化驱动,在社区生活圈场景营造中,文化舒适物的存在意义一方面在于以硬件设施的建设实现"在15分钟步行范围内配置人民日常生活所需的一切"的基本目标;另一方面在于以文化舒适物重新审视传统功能主义的设施建设,通过文化要素在社区经济、社会、治理等全方位地植入构建社区"共同体"。

四、构建社区生活圈要素配置的文化方案

空间要素配置是当前社区生活圈建设的主体思路,要实现文化在社区生活圈的嵌入式发展仍然要以此为基础。文化舒适物提供了从生活便利设施的空间布局及有机组合入手,以特色文化场景形塑实现社区生活文化动力创造的最佳方案。

社区是人们日常生活行动的主体单元,人在社区空间的行为实践构成了社区的文化本质。然而传统对于"社区"的认知囿于行政规划的边界局限,社区本身并不具备文化要义,仅作为行政体系的最小单元使用。社区生活圈重新以人的行为活动划定了社区边界,从而赋予了社区以文化要义,让社区回归人本。它不仅为人们的日常行为活动开放了空间权限,更通过设施的布局、空间的营造鼓励人们的自由创造,进而重新定义地方文化与社区精神。社区生活圈的文化生产,便是在社区的日常生活中展开创意创造,将生活圈内的生活资源转变为文化生产力,最终形塑为基于社区生活的文化价值观,基于此,本书的核心论点即为"生活日常即文化",即人的日常行为实践能够帮助建立社区文化精神、描绘独具特色的地方生活方式,通过社区生活圈的文化舒适物研究,旨在从日常生活的文化经营范式的思考中,思辨新时代的文化要义、文化动力和文化精神,并对社区生活圈的"文化"做出新的诠释。

本书基于当前社区生活圈文化建设的实践观察与理论反思,明确社区生活圈空间要素配置中的文化问题,探索文化价值在社区生活圈功能性服务建设中嵌入的可能性,从文化舒适物的基础评价与组态分析,力求将对文化设施的评价转向对于文化精神的测度,通过引入"文化舒适物""蜂鸣"及"场景"概念重新定义社区生活圈中的各类服务设施,将社区空间的设施配置与社区中人的关系及地方文化精神的构建联系起来,将文化价值嵌入社区生活圈空间建设,总结能够启迪社区生活圈文化认同、形塑文化特色、激发创新活力的最佳设施配置方案。

在探索社区生活圈文化方案的同时,本书也旨在重塑传统功能主义的社区建设思路,通过强调文化赋能社区生活圈实践,探索社区"共同体"的真正内涵,将以往在规划学、管理学、经济学中对"社区生活圈的文化"的讨论转变为"文化生活圈的形塑",社区生活圈的文化价值需要进一步挖掘,社区生活圈的建设更需文化转向。

思考文化分析的科学方法，是本书旨在学术研究方法中实现的另一目标。"文化"概念本身有着多种复杂的定义，因此以往的文化研究往往因"文化"本身的抽象语义而难以实现科学论证。源于新芝加哥学派社区研究的场景理论，在理念上强调文化正在成为城市发展新的动力，在方法上又遵循了社会学研究的传统，将文化与社会的深刻关系转变为对舒适物所形塑的场景及其价值观的分析。因此，场景理论不仅在理念上为社区生活圈的文化动力作用提供了依照，更在方法上提供了一种能够定量的描述文化现象的科学工具。本书依照场景理论的学术话语体系，从合法性、戏剧性、真实性三个主维度、15个子维度进行文化舒适物的基本评价及其组态分析入手，通过专家打分、主成分分析等方法，综合论证社区生活圈的文化舒适物，以此建立社区生活圈文化分析的场景科学。

文化在国家、城市发展层面的日益崛起与在人民日常生活层面动力不足的矛盾构成了城市社区生活圈文化问题的关键，文化赋能的社区生活圈建设必然要以美好生活为圭臬，以提升生活品质为根本，以提升地方整体吸引力与内生力为核心。本书既从关于"社区"的经典理论中提炼社区本质、挖掘"共同体"内涵，进而反思当代社区生活圈建设的核心要义；又从城市社区生活圈现状分析入手，在建设规划、经济发展与社区治理三个方面剖析文化在社区生活圈中扮演的角色，并进一步从实践与理论层面反思城市社区生活圈的文化问题。总结发现，当前中国城市的社区生活圈"文化"仍遵从着功能主义的服务思维，即以文化设施、文化活动等物质层面的建设为主，文化何以深入社会层与精神层，助推社区生活圈凝聚共识、形塑共同体，如何促进社区生活品质提升、实现创新增长等问题亟待进一步明确。基于社区生活圈发展的事实依据及既往研究者的集体智慧，本书旨在从理论入手进一步反思上述问题，并提出解决方案。场景理论作为一种面向后工业时代城市创新增长的社区研究理论，其将城市文化问题的发现诉诸以"文化舒适物"为载体的场景解码中，通过对舒适物的剖析，解读场景文化价值观对人们日常空间行为与生活秩序的影响。因此，本书系统运用场景理论提供的理论范式与研究工具，探索文化赋予城市社区生活圈动力增长的理论方案。

本书研究的落脚点在于探索文化舒适物赋能社区生活圈发展、创生地方动力的场景模式。为更好地描述这一总体目标，本书引用了与场景理论互相耦合的"蜂鸣"概念，它强调"面对面的接触"及"热议点"的创造，在场景的话语体系中用以指代促进社区内部资源、资本流通的隐形力量，因此"蜂鸣"更加形象地解释了城市社区生活圈的内生力与吸引力，即社区的文化生产力。本书将"创生地方蜂鸣"作为社区生活圈文化舒适物布局及其场景营造的总体目标，蜂鸣程度的大小即反映了社区生活圈能够进行持续文化生产的实力。其中，文化舒适物构成了社区生活圈蜂鸣创生的物质基础，文化舒适物组态形塑的场景价值观则构成了蜂鸣作用的精神内核，依靠文化舒适物完成的从物质到精神的转化便是文化的作用。因此,在第四章至第六章中,本书在建立理论模型的基础上,分别从"物质"与"精神"两个方面对文化舒适物进行实证分析,前者主要以评价不同类型文化舒适物的作用及其作用程度为主,后者则是以文化舒适物组态分析为主探索社区生活圈文化场景的构建模式。第七章是对国内外社区生活圈的现有实践模式做出总结。第八章则是针对不同实施主体对社区生活圈的文化实践提出具体建议,以期为当前社区生活圈的文化建设提供参考。

  在文化社会竞相融入、文化实践愈加兴起、文化动力愈加彰显的城市现代化建设进程中,仅从功能建设的视角看待城市空间已经明显不再适应高质量发展与高品质生活的时代新要求。作为新时代践行城市精进增长与实现美好生活愿景的有力载体,社区生活圈需要不断创新突破,以文化赋能的方式与城市经济、社会、政治等生产生活的方方面面建立更为紧密的互动联结,通过营造传统又不失魅力、睦邻友好又泛在学习、面向本土又经营永续的文化场景,启迪城市社区生活圈更好的文化创造与创新,激发人们文化参与和文化学习的热情,构建基于共同体的文化认同与文化意识。而一切的场景构建皆仰赖于政府、社会力量与社区居民等行动主体的主动实践,政府需要加强统筹与整体规划,在完善服务性保障的同时给予社会组织与社会企业更多的成长机会;社会力量作为社区建设的活力源泉,更多充当了协调者与创造者的角色,保障活力的持续、探索永续的经营、创造更好的社区是未来社区生活圈建设中社会主体面临的主要任务;社区居民是社区生活圈的服务主体,也是社区生活圈建设中不可或缺的行动主体,调动居民的积极性与责任感,真正建立自下而上的社区运营也是社区生活圈建设的内在要求。

  以文化舒适物组态形塑的场景与社区生活圈行动主体的实践是相互促进、互动共生的过程。社区生活圈文化场景的营造与迭代创新离不开行动主体的实践与主动探索,而行动主体也在场景实践的过程中不断实现自身定位的清晰描摹与自我功能的创新突破,进而不断创生持续的地方蜂鸣、营造更为开放互动的社区文化。面对来自全球经济、政治、社会与技术等不同层面的机遇与挑战,文化舒适物的布局思路与社区场景的营造方式为建设更高质量的社区生活圈提供了新的城市美好生活方案。

目 录

第一章 从社区到社区生活圈

第一节 社区的内涵思辨 ... 2
一、社区与社会的二元对立 ... 2
二、地域社会与功能社区 ... 6
三、邻里 ... 9

第二节 社区营造 ... 12
一、社区总体营造 ... 12
二、社区与场所营造 ... 16
三、社区与文化艺术 ... 18

第三节 社区生活圈与文化生活圈 ... 19
一、从生活圈到社区生活圈 ... 19
二、文化生活圈 ... 22
三、创意生活圈 ... 23

第四节 从文化建设到文化生产 ... 25
一、文化的概念 ... 25
二、文化生产 ... 28
三、资本视域下的文化生产 ... 31

第二章 城市社区生活圈的文化命题

第一节 文化发展进入新阶段 ·········· 36
一、文化存在从精神领域走向生活日常 ·········· 36
二、文化生产从文化经济走向文化社会 ·········· 39
三、文化参与从被动关注走向多元共享 ·········· 41

第二节 城市发展探索新模式 ·········· 45
一、从城市蔓延到有机更新的城市建设人本转向 ·········· 45
二、从生产型城市到消费型、生活型城市的主导功能转型 ·········· 48
三、从经济资本主导到创意资本主导的高质量发展规约 ·········· 51

第三节 社区发展寻求新方向 ·········· 54
一、从社区到社区生活圈,文化触媒现代都市邻里重建 ·········· 54
二、从个体关注到场景构建,情境化社区启发身份认同构建 ·········· 56
三、从"惠民"到"永续",文脉传续引导社区自立 ·········· 58

第三章 城市社区生活圈的文化现状及反思

第一节 多元学科视角下的社区生活圈"文化" ·········· 62
一、规划学:作为公共服务设施配置的功能性组成 ·········· 62
二、管理学:作为新型社区治理方式的人本体现 ·········· 64
三、经济学:作为社区商业品质进阶的重要动力 ·········· 65

第二节 社区生活圈的文化实践困境 ·········· 68
一、作为地方秩序口袋结构的情境优化不足 ·········· 68
二、作为生命历程记忆场所的动态延展不足 ·········· 70
三、作为去中心化资本破壁革新的动力展现不足 ·········· 72

第三节 社区生活圈的文化理论反思 ·········· 75
一、城市功能主义视角对社区生活圈"文化"的误读 ·········· 75

二、全球城市虚无主义桎梏中国城市本土化理论表达……………… 77
三、经济尺度的文化生产制约文化理论社会化资本转译……………… 79
四、传统社区管理缺乏人本价值导向的治理理论引导……………… 80

第四章 社区生活圈文化生产的理论模型

第一节 文化舒适物测度的主旨内涵……………………………………… 84
一、文化嵌入赋能社区邻里重建……………………………………… 84
二、实践导向阐释社区生活圈文化生产……………………………… 86

第二节 社区生活圈文化生产理论先导……………………………… 89
一、文化舒适物理论…………………………………………………… 89
二、场景理论：舒适物组合的文化价值观…………………………… 94
三、蜂鸣理论：文化舒适物的生产力体现…………………………… 97

第三节 社区生活圈文化生产理论重整……………………………… 100
一、以文化舒适物创生地方蜂鸣……………………………………… 100
二、以文化舒适物组态形塑地方场景………………………………… 106

第五章 城市社区生活圈的物质生产

第一节 文化舒适物创生地方蜂鸣的综合评测（AHP-PCA）……… 112
一、AHP 专家主观评测……………………………………………… 112
二、PCA 客观评测…………………………………………………… 119

第二节 基础保障型舒适物主导内部蜂鸣…………………………… 133
一、生活服务类舒适物是场景内生力的作用核心…………………… 133
二、特色创生型舒适物有效弥补场景短板…………………………… 135

第三节 品质提升型舒适物主导外部蜂鸣…………………………… 138
一、商业驱动的品质提升模式特点鲜明……………………………… 138

二、品质提升与特色创生提升社区吸引力 ……………………………………… 139

第四节　多元舒适物综合配置带动整体蜂鸣 ………………………………………… 142
　　一、单一舒适物类型主导削弱整体蜂鸣 ……………………………………… 142
　　二、多元舒适物综合配置提升社区生活圈整体实力 ………………………… 145

第六章　城市社区生活圈的精神生产

第一节　文化舒适物组态形塑社区场景 ……………………………………………… 148
　　一、基于场景科学的社区生活圈场景气质描述 ……………………………… 148
　　二、基于 fsQCA 的社区生活圈文化舒适物组态分析 ………………………… 151

第二节　以传统又不失魅力的创新场景形塑合法精神 ……………………………… 156
　　一、普遍尊重历史并延续传统的社区生活圈 ………………………………… 156
　　二、展现魅力并提倡共同参与的品质生活圈 ………………………………… 157

第三节　以睦邻友好又泛在学习的生活场景形塑戏剧精神 ………………………… 160
　　一、普遍睦邻友好的社区生活圈 ……………………………………………… 160
　　二、塑造泛在学习并展现迷人特质的社区磁场 ……………………………… 161

第四节　以本土又经营永续的产业场景形塑真实精神 ……………………………… 163
　　一、普遍面向本土的社区生活圈 ……………………………………………… 163
　　二、打造更具自主造血能力与国际视野的开放型社区生活圈 ……………… 164

第七章　城市社区生活圈的文化建设经验

第一节　强调空间营造与完整街道的国外城市社区生活圈 ………………………… 168
　　一、以空间改造提升社区活力的场所营造模式 ……………………………… 168
　　二、以社区商业形塑动力的邻里高地模式 …………………………………… 173
　　三、"15 分钟城市"框架下的完整街区模式 ………………………………… 176

第二节　强调服务保障与功能建设的中国城市社区生活圈 ……………… 181

　　一、15分钟社区生活圈 …………………………………………………… 181

　　二、团体激活社区资本模式 ……………………………………………… 186

　　三、艺术社区形塑新型邻里模式 ………………………………………… 190

第八章　城市社区生活圈的文化主体实践

第一节　政府统筹，完善服务保障与机会赋予 ……………………………… 196

　　一、以"文化舒适物"实现服务要素有机配置 ………………………… 196

　　二、给予社会组织与社区企业更多成长机会 …………………………… 197

第二节　社会参与，激活居民参与和活力经营 ……………………………… 199

　　一、理清自我定位，发挥桥梁与动力作用 ……………………………… 199

　　二、对接社区经济，探索永续社区经营方式 …………………………… 200

第三节　自下而上，释放地方魅力与区域蜂鸣 ……………………………… 202

　　一、立足地方，形塑社区特色 …………………………………………… 202

　　二、开放互动，营造区域蜂鸣 …………………………………………… 203

后　记 ………………………………………………………………………………… 205

第一章　从社区到社区生活圈

　　人类生活在一起,从系于"地缘"与"血缘"等亲密关系的传统共同体模式,到如今随着互联网与全球化造就的"地缘"的消解与"人类命运共同体"的重塑,人们逐渐在孤独的"原子化"个人与"趣缘"联结的矛盾运动中构建起了现代化的生活方式。虽然网络社会造就的颠覆依然在持续上演,但是人们对于地方社会的情感依恋也更加凸显,社区正是其中维系家园联系的生活单元。在经历了从单位制大院到社区制小区等系列的形态演变,社区生活圈应运而生,它是后现代城市进化过程中出现的新型社区形态,旨在重新缔结适应现代化方式的亲密邻里与生活共同体的生活方式,它深刻地启示着现代生活"共同体"的回归恰是人们美好生活向往的必需。

第一节 社区的内涵思辨

社会学中通常将社区作为透视城市发展的基础，因为社区是人们社会生活与政治组织的最小单元，它是人们的"家园"所在，为人们提供日常生活所需的一切，正因如此，社区承载了人们对生活的美好向往与殷切期望，为人们在现代都市生活中提供基于特定"地方"的身份认同。最重要的，社区通过缔结"共同体"让城市中的人们不再孤独与紧张，它赋予日常生活以品质与温度。从滕尼斯第一次以"共同体"定义社区后，如何通过社区关系解决愈加凸显的城市问题便成为社会学研究的重点。社区生活圈作为新时代城市高质量发展的社区方案同样致力于此，而要探讨社区生活圈之前，仍需要先从"社区"本质着手。

一、社区与社会的二元对立

西方关于"社区"的讨论集中在社会学的研究中，尤其是以美国芝加哥学派的社区研究最具代表性与影响力。罗伯特·帕克（Robert Park）与欧内斯特·伯吉斯（Ernest Burgess）等人开创的人类生态学被视为社区研究最为成熟与系统的理论体系。需要提出的是，在芝加哥学派之前，滕尼斯、马克斯·韦伯（Max Weber）、格奥尔格·齐美尔（Georg Simmel）等19世纪早期的社会学家们同样有着对社区的思考，他们的思想集中反映了工业革命重塑的社会结构及新的城市社会秩序的建立过程。

滕尼斯被认为是第一位明确提出"社区"概念的学者，他的研究奠定了社会学以社区研究剖析城市问题的传统。在《共同体与社会》一书中，滕尼斯借鉴自然法与历史法的理论土壤，将"社区"定义为"共同体"，认为社区的本质是"真实的、有机的生命"，与之对立的"社会"则是"想象的与机械的构造"[1]。滕尼斯认为，基于"血缘、地缘、精神"所维系的社区，有着"社会"所没有的坚固关系。起初，人们基于血缘依赖"居住在一起"从而形成"地缘共同体"，本姓家族占据一方领地，滕尼斯将这种关系视

---

[1] 斐迪南·滕尼斯.共同体与社会[M].林荣远，译.北京：商务印书馆，2020：67-90.

为一种动物性生命之间的关联。地理位置上的集聚进一步促进了群体交往，帮助形成共同的行为习惯、文化风俗与精神信仰，因而"精神共同体"形成了，滕尼斯认为由精神认同维系的社区是一种"真正属于人的、最高级的共同体类型"，是一种"心灵性生命之间的关联"❶。与"社区"的共同体形态不同，"社会"的形成是理性利益驱使的结果，社会关系更多依靠诸如法律、制度、组织等权力结构的机械式维系，难以形成精神上的共同意识。毫无疑问，"社区"与"社会"的对立格局源于工业革命对城市社区的重塑，缺乏精神认同的城市社区缺少了天然的稳定因素而被滕尼斯认为是不可持续的，传统的社会秩序需要被重新强调，这一点对后工业时代的社会发展来说仍然具有启示意义，当快速的城市发展与迭代的新型技术造成了人际关系的剥离，呼吁"共同体"的建立才是破局之法。滕尼斯对"社区"作为"真实的"及"有机的"两种本质属性的描述，既是对古代社会的真实性阐释，同时也是对超现代理想社会乌托邦的映像素描。

虽然同样在论述"社区"与"社会"，埃米尔·涂尔干（Emile Durkheim）显然与滕尼斯持有不同的观点，他更加支持"社会"的关系结构对城市发展的推动力。与滕尼斯"有机的社区"观点截然不同，涂尔干认为"社区"才是"机械的团结"，"社会"则是"有机的团结"。他认为新兴的工业经济事实上是代表着社会的进步。涂尔干确信新的工业秩序将取代较早的生活方式："伴随着工业经济的来临，村庄社会已经消失，永不复返。"因此在涂尔干的观点中，社区关系原本就是注定的，是无法进行选择的，人与人之间的联系靠着亲属的血缘关系联结在一起，并且只要个体一直留在当地的村庄，社区的格局就不会被改变。而"社会"却不然，在工业的城市中，个体之间的联系并不依赖于亲属，因此也不为其所束缚，反而每个人都能够在不同的劳动岗位上与不同的人进行互动，因此是一种"有机"的团结。然而，涂尔干的观点整体是生产性的，"社会"中劳动关系之间的互动脱离了血缘亲属联系的，仅仅依附于个体行动者自行创造，虽然具有更多的自由性但是并不稳固，也难以形成集体的精神认同。在后工业社会城市发展模式从生产型已经走向生活型的时代，社会的团结显然更加需要精神与心灵层面亲密关系的建立。

从滕尼斯与涂尔干的社会学讨论中可以看出，"社区"的关系结构是理解社区本质的重点，社区不仅作为生活空间而存在，更代表着群体的生活方式。着眼于现代主义的城市生活，齐美尔强调现代性塑造中文化互动的重要性，并将城市生活方式视为文化心灵互动的结果。与涂尔干、韦伯等人传统的社会学观点不同，齐美尔首次从文化的角度去看待城市现代生活，并且更加关注城市中个体之间的互动关系。齐美尔肯定城市生活的益处，认为在传统社会中，个人的行动是受时间与空间的双重束缚的，而在现代城市

---

❶ 斐迪南·滕尼斯.共同体与社会[M].林荣远，译.北京：商务印书馆，2020：87.

中，个人有着容许获取自由，并且发展自己个性的可能性，"城市容许获得这样的文化自由的可能性，以及个体教养的符号——服装、雪茄、朋友、情人、讨论团体、歌剧、艺术、小说——共同地是现代性的标志，我们也可以称作城市生活方式。"❶ 与并不稳定的生产性劳动关系相区别，齐美尔找到了在现代城市建立精神认同的方式——文化互动，城市为更加积极的文化参与提供了活跃的土壤，人们通过文化互动建立心灵关系，进而形成精神认同，这是传统社会所并不支持的，也是现代城市的竞争优势。

"社区"似乎已经被赋予了传统与原始的属性，代表着最为初级的人性与真实，然而生产力的发展虽然在不断重塑着城市社会的关系结构，却也不能泯灭"社区"所代表的初级关系在现代城市生活中的重要性。按照齐美尔的观点来说，这种初级关系表现在人们对亲密关系建立的心灵依附，城市"社区"意味着个体心灵对生活的重新认识，它产生于个体在社交行为互动间对生活的重新演绎，换言之，任何生活于城市社会中的人，在心灵上都有着对稳固的、亲近的、团结的等初级关系的需要，这正是"社区"所彰显的关系含义。因此，受到心灵的驱使，个体因为在城市社会中有着更自由的活动，进而促进着个体的自由创造，这不仅可以解释一些创意社区的产生，而且也是地区文化异质性与多样性的原因。齐美尔关于"心灵"与"互动"的观点直接影响到了后来芝加哥学派的社区研究，他们将城市视为有机的整体，而"社区"则构成了能够影响城市新陈代谢的细胞单元，以毫末之利关乎城市生长。

相比起齐美尔等人较为宏观的城市描述，芝加哥学派进一步将城市解剖，建立起以社区及其内部分析为主的人类生态学研究，形成西方社区研究第一个成熟的理论体系。20 世纪早期，帕克与伯吉斯正式将社区研究带入社会学研究潮流，通过融入生态学概念形成了芝加哥学派的人类生态学城市研究，他们将城市视为"一个有机体，一种心理物理过程"❷，"社区"则构成城市运行的细胞单元，是一种生态"共同体"。人类生态学从社区中的个人、家庭、团体、习俗及制度等不同要素在同一空间中的社会组结、解体、重构、继承等各种联系出发，对"社区"进行了明确的定义：

"社区"一词系指对社会和社会集团的一种称述，当从地理分布上来考虑社会和社会集团所含的个人和体制时，我们就把社会或社会集团称为社区。❸

伯吉斯依照个人与体制在该地区地理分布的不同将社区分为了三种类型。第一种是

---

❶ 马克·戈特迪纳，雷·哈奇森. 新城市社会学 [M]. 黄怡，译. 上海：上海译文出版社，2018：70–73.

❷ 罗伯特·帕克，欧内斯特·伯吉斯，罗德里克·麦肯齐. 城市社会学：芝加哥学派城市研究 [M]. 宋俊岭，译. 北京：商务印书馆，2012：5.

❸ 罗伯特·帕克，欧内斯特·伯吉斯，罗德里克·麦肯齐. 城市社会学：芝加哥学派城市研究 [M]. 宋俊岭，译. 北京：商务印书馆，2012：163.

"生态社区",强调社区的自然组织形式,所谓的"自然",是指不考虑社区所处的位置及社区内部的运动,只考虑社区本身的地形地貌及其他的外部的、物质环境的特征,即地区环境所影响的自然组织形成的社区。第二种是"文化社区",强调社区在情感、行为方式、礼仪、情绪等的地方文化偏好,即具有明显地方文化特征的社区,此类社区中共同生活的居民往往对当地组织构造或者文化特征维持具有明显的影响,如西江的千户苗寨便是具有鲜明民族特色的苗族聚居社区。第三种是"政治"社区,此类社区居民一般有着基于共同目的的协调行动与合作精神,即具有强烈的组织性,因此主要指的是社区组织工作者与政治家的社区。而事实上,相比起单纯的划分社区类型,伯吉斯最为重要的目的在于说明影响社区发展的三大要素,即"个人""体制"及"地理分布"。他认为任意一种社区的形成都是三种因素共同作用的结果,若其中有一项因素的影响格外突出,便会形成特征鲜明的类型社区。

社区内部的活动组织与生态结构是人类生态学研究的内核,作为组成城市的基础单元,城市健康与否可从社区发展中窥见一斑。然而随着城市现代化的发展,尤其是信息技术革命所塑造的城市社区格局已经相较伯吉斯时期发生了重大变化,社区的地方性随着时空压缩愈加模糊,社区人群的异质性愈加鲜明,因此影响社区发展的因素也需要被重新考量。在此背景下,罗德里克·麦肯齐(Roderick McKenzie)进一步发展了人类生态学派的社区观点,他同样认为城市是"一个活动的组织,一个经济和社会的有机体",而在现代化的大都市中,应当着重从功能角度去考虑,以支撑城市的高速运行。麦肯齐提出了以聚居程度和人口密度界定城市社区的方法,他认为不同规模的社区对城市的支撑性不同,也有着不同的功能定义。因而基于社区的科学测度,麦肯齐第一次提出了城市"多核心"的思想,进而为爱德华·乌尔曼(Edward Ullman)与昌西·哈里斯(Chauncy Harris)等人的多核心地域空间论奠定了基础。但是功能主义的城市却并不能具体解释社区内部的人群聚集现象。人们缘何聚集于社区?又形塑了怎样的城市生活?对此,路易斯·沃斯(Louis Wirth)或许提供了一种答案,他认为城市是一种生活方式,即"城市性"(Urbanism),除却麦肯齐提出的人口数量、人口密度能够影响城市性,人口异质性强也是城市的关键特性。然而沃斯却秉持着"社区瓦解论"的消极观点,认为城市社区实际上缺乏能够产生社会联结的关键纽带,城市生活是一种由于高度竞争导致"孤立"的生活。尤其伴随着城市无限制的生长,人们的"社区"观念正在逐渐退化,人们的社会关系不再凝聚于某一个地点,而是依赖于工作与生存。因此沃斯在"作为一种生活方式的城市主义"的观点中,尤其强调"压力"的作用。人口数量庞大、人群密集、异质性更强的城市加重了人与人之间的竞争与个体高度的孤立,个体要想在城市中生活,就必须压制自己,这便是孤独的城市生活。从这一点来看,沃斯的观点似乎与齐美尔的文化互动思想一脉相承,他们都着眼于"心灵"描述社区中的个体对城市主义的塑造，而以社区为依托的城市生活方式也确是由人的活动所定义。

从帕克、伯吉斯到麦肯齐、沃斯，人类生态学在城市现代化过程中也逐渐发展，其将城市视为一个"有机体"的观点影响深远，社区自身的解体与组结构成了城市整体的新陈代谢，人类的活动则构成了社区的脉搏、维持着城市的运行。人类生态学观点最具创新性的地方便是融入了生态观念，它承认社区因为受到来自内部与外部的多种因素影响而具有可变性。关注社区中人口的运动是芝加哥学派一直遵循的社区传统，但是当这一运动偏向于犯罪、贫困等不良因素时，便会积累引发城市的癌变，彼时一个社区无法为共同的价值观所支撑，于是便面临着"社会解组"。而当一个社区长期经受着亲属、友谊、团结等初级关系的削弱时，也会加剧犯罪、贫困与不平等，这正是沃斯所持的观点。因此，从城市细胞单元的定位来说，拥有共同的价值观与稳固的亲属、友谊、团结的关系对社区发展尤其重要，这又与滕尼斯强调的传统"共同体"形态类似。总而言之，即便是在工业社会后期，城市面临极大挑战之时，"共同体"仍旧是社会维稳的关键，因此芝加哥学派又承认了社区邻里效应的持续性。在这里，社区不仅指的是物理上的空间单元，更是蕴含着共同情感与价值信仰的象征单元。

二、地域社会与功能社区

中国城市社区语境与西方不同，一方面中国有着深厚的乡土基础，城市与乡村"落叶归根"式的联结主导着中国新型城镇化与城市现代化的发展，乡土基因的传承、乡土社会的回归与超越及中国长期以来历史积淀的公序良俗都会成为城市社区现代化高质量发展的关键影响因素与文化底色。另一方面，西方城市社区格局的扭转源于生产力的革命，从而驱使城市发展爆发性且大规模地进入现代社会，中国的工业革命却是伴随着改革开放之后"世界工厂"的角色转变与乡镇企业的异军突起开始的，产生的直接结果是乡村社区劳动力向城市工厂的大规模转移，继而独特的"单位制"社区成为中国最为主流的城市社区形态。因此，中国城市社区无论是在社会基底还是发展原动力上都与西方有着本质区别，相比起西方颠覆性的社区变革，中国社区的进化是循序渐进、娓娓道来的，并且每一步都印刻有鲜明的时代印记与文化韵味。其中，在社区研究中，吴文藻、费孝通等人基于西方社区研究的基础，开创出了独具中国特色的"地域主义"的社区研究学派。

20世纪30年代，滕尼斯所提出的"社区"概念在中国一经引入，便带有地域主义的观点。受其影响，中国学者认为，对社区的研究必须要在明确的地理界限内进行。因此，以燕京大学为代表的社区研究学派选择性地引用了人文区位学与功能学派的理论，将"社区"研究聚焦在"地域社会"的定义框架之内，并立足中国乡土社会的现状，开启了一系列以乡村社区为研究对象的地域研究，其中以乡村宗族研究最盛，如林耀华《义序宗族的研究》（1935年）对福州义序乡黄氏宗族村落的调研，黄迪对北京清河街道的社会研究、李有义在山西徐沟县农村的社会组织调查及陈礼颂在福建澄海陈氏家族的宗族研究等皆产生了重要的影响力。这些社会人类学者积极深入乡村，以参与观察和访谈的方法开展田野调查，从微观观察得到宏观通论，初步创立"比较社会学派"的乡村社区研究范式。❶

在社区内涵的理解上，受到滕尼斯观点的影响，吴文藻将"社区"与"社会"重新解释为"自然社会"与"人为社会"，认为两者的区别主要体现在三个方面。首先，"自然社会"由人的本质意志主导，"人为社会"由作为意志主导；其次，自然社会是本质的、必需的、有机的，人为社会是偶然的、机械的、理性的；最后，自然社会是感情的结合，以齐一心志为纽带，人为社会是利害的结合，以契约关系为纽带。❷而在借鉴芝加哥人类生态学派及勃洛尼斯拉夫·马林诺夫斯基（Bronislaw Malinowski）与拉德克利夫·布朗（Radcliffe Brawn）的功能学派观点之后，吴文藻开始将社区视为一个有机的"整体"，指一定空间区域的人民的实际生活，包含了"人民、人民所居地域、人民生活的方式或文化"三个要素。❸人们首先从经验上表现出来的"人民"即人口密度认识社区，进而从地域上区分社区类型，而"文化"则是真正了解社区社会系统的核心。吴文藻认为，文化是"某一社区内的居民所形成的生活方式，所谓方式系指居民在其生活各方面的业果""现代社区的核心为文化，文化的单位为制度，制度的运用为功能"，社区便是文化时空的某一个历史与地理的范围，社区总是处在某一个时代背景并且位于特定的空间地域中。他还将文化进一步分为物质文化（物质生活）、象征文化（语言文字）、社会文化（社会组织）与精神文化（宗教文艺）四类❹，并从地域空间角度将社区分为了乡村社区、部落社区、都市社区三类，这种"功能性整体"的观点为从不同文化层面认识社区及总体概括社区的文化本质提供了有效的方法；但是吴文藻对文化的拆分在本质上仍旧是功能性的，因为无论是物质生活、语言文字，还是宗教民俗等仅仅是文化的个别表现，而社区也是有机动态的结构体，不同类型社区之间的互动与转化问题并未在吴文藻的研究中得到回答。

在吴文藻之后，费孝通进一步将中国社区的研究直接指向了与西方都市社区所不同的乡村社区。费孝通认为，中国社会的本质是"乡土"，虽然城市在不断的发展，但是

---

❶ 郑海花，李富强. 人类学的中国乡村社区研究历程［J］. 广西民族研究，2008（4）：46-54.
❷ 吴文藻. 人类学社会学研究文集［M］. 北京：民族出版社，1990：90.
❸ 齐群. 社区与文化：吴文藻"社区研究"的再回顾［J］. 浙江社会科学，2014（3）：13-18，155.
❹ 齐群. 社区与文化：吴文藻"社区研究"的再回顾［J］. 浙江社会科学，2014（3）：13-18，155.

城与乡系于"落叶归根的社会有机循环"❶，在千百年来互相支撑，本位一体，"由一根根私人联系所构成的网络"构成了中国乡土社会的基层结构，费孝通将其称为"差序格局"。❷在"差序格局"中，乡土社会既传统又稳定，一切社会实践的基础是人与人之间的私人关系，人们由熟悉产生信任，人与人之间的交往遵从着约定俗成的"礼俗"。费孝通进一步指出，在西方都市中，构成都市社会基层结构的是"团体格局"，都市社会实践的基础在于"法理"的约束，人们依从于不同的"团体"，团体意志大于个人意志，人们时刻能够感觉到对"伙伴"的需要；而在乡土社会中人们可以自食其力，犹如老子所说的"鸡犬相闻，老死不相往来"的理想社会。立足于中国的现实情况，费孝通又用"礼俗社会"与"法理社会"作为对滕尼斯"社区"与"社会"的解释。❸与吴文藻的功能论思想相比，费孝通对乡村社区的观察与滕尼斯"共同体"的观点更加接近，他以"乡土"深刻透视中国社会的本质，正是由于乡土基因生生不息地传承才孕育了中国川流不息的文脉之河。新石器时代的村庄聚落带来了改造自然的生产经济与生生不息的子孙繁衍，人与自然的统一、血统和土地的统一构成了原始村庄最基本的生活方式，人类遵从着生存的需要且怀揣着对乌托邦式的美好生活的人文理想从而孕育了城市、村庄的秩序与稳定性，连同它母亲般的保护作用和安适感等都传给了城市，从而使得城市能够时常保持活力，人类文明也得以永续。❹如今伴随着城市化的发展，中国的城市与乡村俨然已经形成了完全不同的生产、生活与生态结构，高速流动与逐渐隔离化的现代城市社区愈加呼唤"乡土"的回归。

　　"社区"与"社会"恰是对"乡村"与"城市"两种不同社会结构与生活方式的描述，滕尼斯、涂尔干及费孝通等所论述的"社区"，是原始村落代表的稳固"共同体"形式，人与人之间基于地缘与血缘的联结而有着共同精神，这种精神性的社会关系深刻于人们的内心，从而使得个体即使离开了土地，实际上仍然存在着以地方为纽带的精神依附，这便是乡土社会的"落叶归根"。乡村作为城市发展进化的母体，不仅是城市现代化发展的压舱石，也是城市危机的蓄水池。在当代城市生活节奏加快、生活方式愈加碎片化的状态下，人们对"共同体"关系的建立愈加强烈，这种稳固而亲密的文化认同，不仅是人们城市生活的精神依附，更是城市高质量可持续发展的重要维系。而无论是乡村社区还是都市社区，抑或是现代社区与传统社区，"社区"存在的意义不仅在于为人提供居所及其他的生活所需。就人民生活而言，社区是特定地域内群体生活方式的

---

❶ 费孝通.乡土重建［M］.北京：中信出版社，2019：87.

❷ 费孝通.乡土中国［M］.北京：中信出版社，2019：41.

❸ 费孝通.乡土中国［M］.北京：中信出版社，2019：7.

❹ 刘易斯·芒福德.城市发展史：起源、演变与前景［M］.宋俊岭，宋一然，译.上海：上海三联书店，2018：13.

反映；就文化传续而言，社区旨在日常生活中孕育文化传承继替的动力。

三、邻里

"邻里"与"社区"密不可分，社区组织中最基础的社会关系便是邻里关系，滕尼斯所论述的"共同体"本质上便是对社区邻里关系的描述。"邻里"反映了人们在城市生活中与人交往的需要，是消解社区哀歌、营造社区和谐的关键，因此在社区生活圈的规划文件中便是以"社会生活共同体"定义社区。

中国的文化历史中一向有着"善邻"的传统，《左传》中写"亲仁善邻，国之宝也"，邻里关系不仅能够影响社会融洽，还关乎国家安全。先秦时期在儒家思想的教化下，邻里关系的重要性愈加凸显，甚至成为国家礼教民众的手段，孟子云："死徙无出乡，乡田同井，出入相友，守望相助，疾病相扶持，则百姓亲睦。"❶《逸周书》中描述乡间之间为"老弱疾病，孤子寡独，为政所先……饮食相约，兴弹相庸，耦耕俱耘，男女有婚，坟墓相连，民乃有亲"❷。由此可见，"睦邻"是当时乡间约定俗成的习俗，甚至已经上升到纲常伦理的标准，德业相劝、过失乡规、礼俗相交、患难相恤也被清楚地记录在《吕氏乡约》中，乡民互助并且建立同盟共谋社区事务、形塑乡村社区共同体的做法与观念早已有之。❸虽然现代社区的建设已经不再依存于礼教的教化，社会关系的建立也不拘泥于地域性的面对面交往，但是威廉·怀特（William Whyte）、玛丽·鲍姆加特纳（Mary Baumgartner）、特里·杰克逊（Terri Jackson）等人的研究发现，无论是在城市还是边缘的小城镇，也不管现代化城市社会如何造成了严重的社区分化与隔离，人们在内心都渴望拥有亲密稳固的邻里关系。近几年波西米亚地区的出现更加证实了这一结论，在旧金山的北滩、芝加哥的柳条公园，再如巴黎的拉丁区及曼哈顿的格林尼治，人们团结起来为社区生活贡献创意，由此驳反了沃斯的社区哀歌，并且重新定义了一种充满蓬勃生机的城市生活。马克·戈特迪纳（Mark Gottdiener）与雷·哈奇森（Ray Hutchison）认为这些社区的出现大部分是由人们内心对初级关系渴望的结果，而非社区本身建设需要，"邻里"与"社区"是差异化的两个概念。他们认为，邻里强调的是生活在同一个空间中由人与人之间的初级关系主导的"圈子"，其可以存在于城市的任何地方，而如果在某个社区中，人与人之间的关系疏离，则不能称为"邻里"。与"邻里"

---

❶ 焦循.孟子正义［M］.北京：中华书局，1987：358-359.

❷ 黄怀信，张懋镕，田旭东.逸周书汇校集注（修订本）［M］.上海：上海古籍出版社，2007：396-398.

❸ 曹丽娟.饮食相约，兴弹相庸，耦耕俱耘：对作为古代社会治理形式的乡约之制的探讨［J］.四川行政学院学报，2017（3）：99-104.

的概念相区别,"社区"是行政区域,并且有着特定的社会组织机构处理地方事务。与此同时,戈特迪纳与哈奇森认为"社区"与"邻里"同样重要,"大都市区域有着活跃的邻里化和社区感的地方被认为具有对一个可持续地区来说重要的品质,不管它存在积极的增长还是倒退"。"社区和邻里福祉一直被认为是一个运转良好的社会的一项重要的甚至是决定性的品质。"❶ 因此简单来说,"社区"是"地方",而"邻里"是"效应",邻里效应可以存在于任何地方,国家与国家之间、城市与城市之间、区域与区域之间都可以产生邻里关系,而在社区中,"邻里"关系是社区营造地方感的关键品质。

罗伯特·桑普森(Robert Sampson)更加强调邻里效应的重要性。他认为虽然现代城市的发展空间已经不再限于"地方",但是城市的很多差异仍然基于地方邻里,持久的邻里效应无论是对城市地方个性的形塑,还是对促进人更好地交往与社会互动,都具有重要意义。桑普森在梳理前人工作的基础之上进一步提出了"邻里效应",而当我们寻此思路追溯看去,似乎自芝加哥学派的人类生态学以来的社区观点都偏向于"邻里"研究。人类生态学所坚持的社区的"生态性"正是邻里效应的表达,包括伯吉斯对社区形成的生态、文化、政治三种作用力的观点更是对不同邻里效应的剖析。但是帕克与伯吉斯的观点却过度强调了自然区域的概念,而僵化了邻里效应形成背后的变化因素。桑普森承认邻里的被动分配,同时也承认个体的主动抉择,邻里的界线既是象征性的,同时也是结构性的,距离上的"邻近"与社会互动的"交往"构成了邻里的双重含义。基于此,桑普森将"邻里"解释为"通常包含居民或机构及有着独特社会属性的较大社区或地区(如城市)中的一个地理片区"❷。

从戈特迪纳、哈奇森及桑普森的观点中,我们可以总结出邻里效应的特性。首先邻里效应具有空间性,邻里效应要求活跃的个体存在于同一单元空间中,这种空间同时包含网络的虚拟空间,虚拟数字空间中的"社群"同样存在邻里关系。其次是亲邻性,邻里意味着亲近、友谊与团结,邻里由初级关系主导。最后,邻里具有可变性,人与人之间交往互动的可变决定了邻里效应的可变,无论是文化认同的不一,还是公民行动能力的参差不齐,都会导致邻里效应的变化。刘易斯·芒福德(Lewis Mumford)曾经提出:"人们无论在哪里聚集,邻里就在那里以一种原始和初期的风格存在。"❸ 邻里带着原始村落中稳固的共同体基因,在现代化的城市社会又集中体现为人们对亲邻关系的内心需

---

❶ 马克·戈特迪纳,雷·哈奇森. 新城市社会学[M]. 黄怡,译. 上海:上海译文出版社,2018:258-260.

❷ 罗伯特·J. 桑普森. 伟大的美国城市:芝加哥和持久的邻里效应[M]. 陈广渝,梁玉成,译. 北京:社会科学文献出版社,2018:45-48.

❸ MUMFORD L. The neighborhood and the neighborhood unit[J]. The Town Planning Review, 1954(24):256-270.

要，人与人之间的社会交往互动不断演绎着全新的城市邻里生活，这一适应了"社会"关系法则的"社区"共同体最终形塑了社区中人们共同的价值观。总体来说，在社会意义上社区并不单纯是某一个场所行政化的代名词，而是代表了一种邻里关系[1]，从物理环境与地理空间上的聚集造就的日常接触与经常邂逅，到人与人之间紧密交往造就的觉知与理解上的改变，最后到人们思维方式与行为习惯上的趋同，正是社区成就了这一切。

---

[1] 大卫·西姆.柔性城市：密集·多样·可达[M].王悦，等译.北京：中国建筑工业出版社，2021：11-13.

第二节　社区营造

一、社区总体营造

20世纪中期，发达国家经济高速增长使得贫富分化与不平等的现象愈加凸显，大量农村劳动力向城市转移，乡村失落，文化凋敝，在此背景下，政府为振兴乡村纷纷采取手段，以社区为基本单元进行积极的乡村再造与地方活化运动，诸如英国"第二故乡运动"、美国"告别街头运动"及日本的"造乡运动"皆为实证，这一行动后续又在我国台湾地区广泛实践，称为"社区总体营造"或"社区营造"。社区营造鼓励空间有机更新、资源创意活化及自下而上的自组织体系的建立，这与城市社区生活圈的理念与实践不谋而合。

日本社区营造最为典型，20世纪六七十年代，日本先后开展"造町运动"与"造乡运动"以振兴乡村，这场大规模的社区营造运动涵盖面十分广泛，从环境美化到资源活化，再到文化复兴，各个方面均有所涉及。日本千叶大学的宫崎清教授将社区营造的议题总结为"人""文""地""产""景"五个部分（见图1-1），"人"指的是人的资源，即满足社区居民的需求、经营人际关系、提高生活福利；"文"指的是文化资源，即继承和发展社区共同历史文化，开展文艺活动，对市民进行终身教育等；"地"指的是自然资源，即保护自然环境和社区环境，促进可持续发展；"产"指的是生产资源，即地区产业与经济活动；"景"指的是景观资源，即社区公共空间的营造、生活环境和独特景观的创造等。❶他认为社区营造不像一般商品需要依据外界的市场需求进行产品的制造与供应，它是一个内发性的过程，需要依靠系列活动由内而外、由表及里地逐步渗透，以达到长期改善社区现状，实现可持续营造的目的。

---

❶　张燕. 经济的追求和文化的维护同样重要：日本"造乡运动"和台湾"社区营造"的启迪［J］. 装饰，1996（1）.

第一章 从社区到社区生活圈

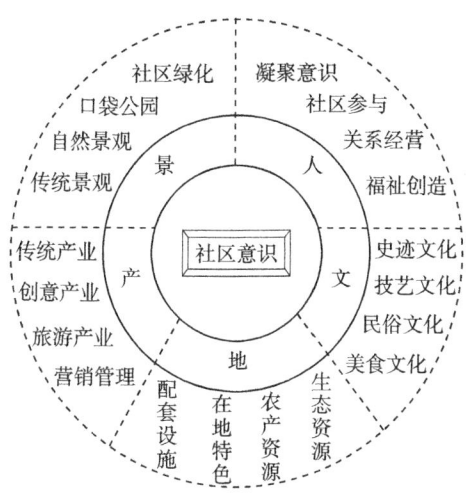

图1-1 社区营造五大元素

中国社区营造的实践最先在我国台湾地区开始。20世纪八九十年代，城乡科学规划的缺乏致使我国台湾地区南北两端发展极不均衡，城乡差异日渐扩大，不同种类的土地竞争、未能及时发展的公共建设及日益恶化的生活环境等突出问题严重制约了经济发展，因此台湾开始重整城市地区开发计划，遵循着宫崎清教授提出的社区营造五大要素，将"造人"——对人素养品德的重塑视为社区营造的根本意旨，配合"生活圈"的相关计划进行地区重振。我国台湾地区的社区营造行动更加重视人的可持续性，台湾联合大学建筑学系教授王本壮直接指出社区营造计划本质上就是"造人"的计划，是为了"从生活出发到市民社会而形成的手段方式"。基于此，他还对"社造"一词进行了重新定义，"社，意指特定时空中人的联结方式；造，为形成人的联结方式而产生的活动"，而未来的社区营造也将走向"市民社会的行动者网络"❶。因此，激发人的主动参与性，实现地区发展的协同共治一直被视为社区营造计划的关键。清华大学教授罗家德从公共治理层面将社区营造看作社区自组织的过程，他认为"社区营造"就是"政府引导、民间自发、社会组织帮扶，使社区居民自组织、自治理、自发展，共同解决社区所面对的公共议题"❷。我国台湾对社区营造区域的划分也依据人性尺度，主张基于个体共识与价值认同划定社区，而非遵循行政区划，相信人的共同行动是形塑社区特色的关键，同样也是振兴社区的动力，这也是社区生活圈建设的核心。

近年来，伴随着城镇化进程的不断加快，社区营造逐渐作为改善社区品质与启发居民行动参与的载体赋能城市的有机更新实践，但是中西方社区营造的着眼点有着根本不同。从学术研究来说，西方城市更加关注社区赋权与能力建设（Community

---

❶ 王本壮.社区营造：政策规划与理论实践［M］.北京：社会科学文献出版社，2017：25.
❷ 罗家德，梁肖月.社区营造的理论、流程与案例［M］.北京：社会科学文献出版社，2017：1.

Empowerment and Capacity Building）及相关市民文化问题，重建社区基层管理治理的体制机制以实现居民权利最大化是其社区营造的核心，很多西方非营利组织皆致力于此，如PPS（Project for Public Space）与美国大都会规划委员会开展合作，倡导社区居民对公共空间开展主动设计、空间改造及业态植入等，以此通过共享场所共同创建社区叙事，建立自下而上与自上而下相结合的场所营造体系。中国的社区营造实践开展较晚，早期集中于个别社会学家或艺术家的主动行为营造，后期逐渐被政府管理者所重视并深入到城市建设层面，相关议题聚焦于地方治理与居民参与、城市规划及"共同体"关系社会的营造。

建筑规划学关注社区营造所带来的景观环境变化。无疑，社区营造为社区带来的直接影响是空间环境上的改变，诸如社区小微花园、口袋公园、社区壁画及存量空间的更新等都是社区营造的关键方法。北京、上海等地的政府还特别引入"社区责任规划师"制度，负责社区整体的空间规划与环境设计。侯晓蕾通过参与北京老城区微花园的相关设计，指出当前城市更新进程中的社区营造，应当同时注重社会治理与空间营造工作，社区责任规划师的引入是将社会与社区主体力量的有效结合，但是在实行过程中既要在社区内部做到细致入微，同时也要注意社区间及街区间的联动工作。❶因此，环境美化仅仅是社区营造的第一步，其目的是撬动社区活力再生与关系构建。王南希等人指出社区景观的营造不应当只是满足娱乐功能，而应当以"花园思维"促进社区交往，"建园"的最终目的是"造人"。❷这种观点偏向宫崎清式的社造思维，但是要真正通过空间更新唤醒居民的参与积极性，当前还需要更多更为接地气的创意方式，不断拓展新的思路，既要满足异质性居民的多元需求，又要考虑到社区可持续的发展与生活品质的长效升级。

基层治理层面较为关注社区营造启发的精细化治理新模式。近几年，实现"精细化治理"成为践行社会治理现代化的主题，也是一线社区工作者的必答题，而社区治理无疑是社会治理最为重要的内容与不可动摇的坚实基础，随着社区营造在中国城市的广泛实践，启发建立自下而上与自上而下相结合的共治体系正在逐渐主导着精细化治理的思维阵线。例如，钱坤认为在当今城市转向"内涵式治理"的阶段，社区营造过程中关于空间重构的内容虽然主要由政府主导，但是也极大地推动了居民参与及社会主体的多元协商，社区营造正是通过这一多方博弈最终和解的过程形塑了共同体精神。❸徐其龙、陈涛等人则是从发展社会工作的角度，认为社区营造通过强调居民的主体性、组织化

---

❶ 侯晓蕾.基于社区营造和多元共治的北京老城社区公共空间景观微更新：以北京老城区微花园为例[J].中国园林，2019，35（12）：23-27.

❷ 王南希，王蓝.促进社区培育的参与式可食性景观：以台北田园城市为例[J].装饰，2020（8）：96-99.

❸ 钱坤.空间重构：老旧小区社区营造的治理逻辑[J].长白学刊，2021（03）：137-142.

及在地化与社区服务相配合，共同促进了社区的可持续发展。❶社区是城市最为基本的政治参与单元与社会生活单元，源于社区营造行动本身强烈的本地属性，不论是环境的美化、空间的设计，抑或是活动的举办与业态的植入，都需要征求居民意见，因此社区营造通常以空间触媒社区从外部环境到内部治理整体生态的重塑，通过协商、建议等非正式的参与形式联结居民、地方政府及社会主体，更为重要的是调动居民的积极性并将主动参与的成果反哺于社区建设，将居民参与实现组织化。对此，梁晓月指出社区内社会组织的产生是一个长期的规律性过程，其中社区能人的关系动员对社区组织的产生尤为重要。❷在意见领袖的带领下，社区营造能够最大可能地诞生集体行动并落实共同愿景。

自党的十九大提出乡村振兴战略之后，探索社区营造与乡村振兴的耦合联动也成为学界普遍关注的议题。乡村社区的现实境况与城市社区颇为不同，城市的社区营造行动关键在于缔结社会联动与交往关系，构建新型邻里共同体。乡村社区由于经济基础相对薄弱、社会关系相对稳定、生产生活相对分散等特点，只是美化景观、完善治理与构建社区自组织网络的城市社区营造模式，显然并不能解决乡村社区本身存在的基础性问题，乡村社区营造的着眼点不仅是生活品质的提升，更是地区重振，因此乡村社区的营造要满足农民的美好生活向往，更加需要有效整合各方面的问题。完善各类生活需要的基础要素以补齐短板，关键在于创新乡村经济的模式，让乡村具备自我造血、自供生产的能力，以更好地推动乡村全面振兴。罗家德教授从"自组织理论"进行延伸，认为乡村社区营造最终落脚点在于使其实现"自组织、自治理、自发展"，尤其要大力发展"后现代的小农经济"。❸我国台湾桃米村通过发展青蛙观光旅游，从贫困的边远农村发展为城市重要的生态基地；四川杨柳村则以羌族少数民族文化为主题，通过发展深度体验旅游在汶川地震灾难后得以迅速重建。种种经验皆表明，落实经济基础对乡村社区营造更加重要，而新时代乡村经济的发展模式也在不断拓展，从休闲农业、乡村旅游到田园综合体、艺术乡建等，乡村重要的生态资源、文化资源在不断赋能乡村生产的创新，乡村市场的潜力被不断挖掘。

因此，社区生活圈不仅是以居住为主要功能的社区建设，而是从社会、经济、文化各个方面优化人民生活质量的过程，它不仅突破了行政化的资源摊派局限，还以空间邻

---

❶ 徐其龙，陈涛.发展性社会工作视角下社区服务、社区营造和社区发展的整合研究［J］.华东理工大学学报（社会科学版），2020，35（3）：76-86.

❷ 梁肖月.如何培育发展社区社会组织：以北京市西城区大栅栏街道社区营造实验为例［J］.中国社会组织，2019（20）：48-50.

❸ 罗家德，帅满.社会管理创新的真义与社区营造实践：清华大学博士生导师罗家德教授访谈［J］.社会科学家，2013（8）：1-4.

近性的原则使地方资源得到更加合理有效的利用。代表着现代城市社区的发展形态需要更加贴近人们的日常生活实践，满足人们对生活品质与日常消费不断升级的需求，诸如产业、商业等各类非生活的元素也是赋能社区生活圈建设的关键因素，如成都便在社区生活圈规划中通过"产业社区"与"社区商业机会"的概念与政策措施，积极鼓励社会组织入驻社区，扶持社区企业发展，推动居住社区向具备自生能力的社区生活圈进化。

二、社区与场所营造

在以社区为目标的城市实践中，公共空间作为创意营造的对象被赋予了诸多功能性的定义。黄瓴认为公共空间是重塑社区公共性和凝聚力的重要抓手[1]，经由社区人力资产推动的公共空间更新能够更好地匹配新生活理念下的居民需求。还有学者认为社区公共空间可以有效鼓励社会互动，空间的可达性、质量、安全性等不仅可以鲜明地影响社会凝聚力，公共空间还可以通过促进社会交往与培养场地依恋影响公众健康[2]。在满足人民美好生活向往的现代社区建设下，社区公共空间更是被认为是塑造生活空间正义、达成居民日常伦理常识、影响居民生活体验的重要因素，是塑造美好生活的重要载体[3]。作为关键的社区留白，公共空间还被视为街道生活的代表，不仅容许了更多创作的自由性，还同时能够展现社会百态。威廉·怀特（William Whyte）曾经指出，人们设计城市，不仅是将其作为汽车与购物的中心，生活邻里与公共空间有着更为重要的社会与文化作用，相比城市中大而宽广但却人烟稀少的空间来说，人们更喜欢在"小的、繁忙的地方"共享城市[4]。简·雅各布斯（Jane Jacobs）更是街头生活的坚定支持者，她指出活泼的社区与小商业、人行道上的芭蕾与街道之眼等这些除交通之外、呈现在公共空间上的混乱生机才是让街区与城市保持活力的关键。霍利·怀特（Holly Whyte）同样认为社会活力的关键生活要素正是在于公共场所。正是基于这些城市先驱者的智慧，以及为应对 20 世纪中后期西方社会由普遍中产阶层化造就的内城社区失落，自 1975 年以来，以公共空间为主体的场所营造逐渐成势。如今，更是作为重新唤醒地方活力的社区方案在各个国家的城市更新过程中得以广泛实践。

---

[1] 黄瓴, 吉悦. 基于社区人力资产的后单位社区公共空间更新研究：以重庆市沙坪坝区中心湾社区为例[J]. 上海城市规划, 2021（5）：23–31.

[2] 阎姝伊, 郑曦. 促进身心健康：社区公共空间对社会凝聚力影响研究[J]. 城市发展研究, 2021, 28（2）：117–124.

[3] 薛东, 翁祖彪. 基于居民美好生活的社区公共空间构建[J]. 福建师范大学学报（哲学社会科学版），2020（2）：75–80+90+169.

[4] 威廉·怀特. 城市：重新发现市中心[M]. 叶齐茂, 倪晓晖, 译. 上海：上海译文出版社, 2020：196–198.

场所营造是一种旨在改善社区、城市与地区的总体思想和动手实践，它通过激发人们集体性的思想重塑公共空间，并且将其作为每个社区的心脏，通过集体性的过程实现共享价值的最大化，同时加强人们与他们共享的地方之间的联系。而场所营造不仅可以促进更好的城市设计，还可以促进创造性的使用方式，通过以社区为基础的参与，有效的场所营造过程可以充分利用本地社区的资产、灵感和潜力，从而创造出优质的公共空间。美国景观设计师琳达·施耐克洛思（Lynda Schneekloth）和建筑师兼规划师罗伯特·希布利（Robert Shibley）认为，场所营造是所有人类将自己发现的地方转变为生活场所的一种方式。❶它是一种渐进的实践和过程，需要决策者、专家及社区的利益相关者共同协作，就建筑环境的变化及社区繁荣的方法达成共识。❷由此可以看出，场所营造实际上可以视为社区营造的形式之一，两者有着诸多相似之处，如同样重视社区本土资源的利用及居民的参与，不同的是场所营造的空间载体是社区的公共空间，通过基于地点的改造带动整个社区的创意活力，而社区营造更加倾向于对整个社区的生态重塑，是一种基于"面"的营造方式。

社区中人员的异质性及不同的社区设施都主导了这一社区将会被营造成为怎样的场所。莎朗·萨顿（Sharon Sutton）通过设计手稿让儿童成为社区场所营造中的积极参与者，儿童的角色可以链接成人与社会机构，从而使得社区主体之间形成相互依存的关系。❸苏拉比·潘乔里（Surabhi Pancholi）着重研究了位于城市创新区的大学在场所营造中的作用，认为大学通过采取外向和协作的方式充当知识交流的平台，大学在社区中帮助建立信任感，并且将创新区建立为民主、团结和繁荣的地区，大学还将集体的文化利益与经济利益有效结合从而促进创新区更快发展成熟。❹

对场所营造的另一种理解着重强调了其创意性，称为创意场所营造。创意场所营造的概念旨在将关注点从物理性的空间改造转移到文化与艺术对地点的刻画，如克利夫兰剧院所推动的商业长廊的重建，伦敦西区与百老汇对地方经济社会发展的带动等，诸如此类的场所营造显示了文化产业对当代社会发展的强大带动力。俄勒冈大学的埃莱奥诺拉·雷达利（Eleonora Redaelli）指出，创意场所营造已经成为美国艺术和文化领域的一个流行的想法。同时她从文化政策的角度阐明了创意场所营造的含义，表示其已经成

---

❶ SCHNEEKLOTH L H, SHIBLEY R G. Placemaking: The art and practice of building communities [M]. New Jersey: Wiley publisher, 1995: 192-201.

❷ KITCHIN R, THRIFT N.International Encyclopedia of Human Geography [M]. Amsterdam: Elsevier Science, 2019: 145-152.

❸ SUTTON S E, KEMP S P. Children as partners in neighborhood placemaking: lessons from intergenerational design charrettes [J]. Journal of Environmental Psychology, 2002（22）: 171-189.

❹ PANCHOLI S, YIGITCANLAR T, GUARALDA M, et al. University and innovation district symbiosis in the context of placemaking: Insights from Australian cities [J]. Land Use Policy, 2020（99）: 105-109.

为政府对艺术进行干预的一种新范式，并显示出政府文化政策从"无处不在"向着"场所影响"的转变，通过自下而上的协同联动，艺术家与政府支持之间的关系也被重新塑造。创意场所营造所体现的创意性彰显着当前城市更新从单纯的物理改造向注重创意效应的理念与范式转变，而在社区这一生活单元的空间萌新中，创意空间营造也能够使得社区更具多元魅力与吸引力，从而能够启发更为持续的社区文化内容生产。

三、社区与文化艺术

后工业社会消费升级的时代，人的审美品位升级带来了文化的崛起，文化艺术也从博物馆、展览馆的高堂殿阁中愈加广泛且深入地进入人的生活与城市的发展中。无论是一场经典的电影节，还是每逢节日的盛大狂欢，都可能成为代表城市底色的性格名片。毋庸置疑，文化艺术的力量在当今时代得以不断增强，文化艺术介入的社区建设更是激活社区活力、形塑社区特色的创新钥匙。日本越后妻有大地艺术节的实践证明，社区公共艺术可以通过该将社区的历史文化、传统风俗及风土人情等文化资源要素的创意转化更好地传达公共精神，进而推动地方振兴。❶而以艺术介入社区应在的方式有多种，特里斯蒂·布朗内特（Tristi Brownett）的实验表明，社区艺术节可以有效地促进人们的幸福生活，并通过加强个体与地方的联系强化归属感，以往的社区场所营造实践多是以空间转化为主，而社区艺术节日同样也可以放大社区福祉，成为重要的社区资产。❷贾亚提·慕克吉（Jayati Mukherjee）则认为社区传统手工艺是艺术介入社区营造的关键载体，传统手工艺是社区文化的一种表达，集中反映了社区的审美观，传统手工艺在社区场所营造中的应用能够极大地丰富社区整体的审美经验，改变当代空间的视觉动力，进而促进社区的可持续复兴。❸

文化艺术在社区日常生活的植入，放大了艺术本身的社会价值，成就了生活美学的常态化，它使得社区中平常或闲置的物理空间向着文化生产空间蝶变，更促进了更为频繁的社区交往与更紧密的邻里关系，进而形塑了地方特质，放大了社区福祉，强化了社区归属感。在城市要求精进、文化逐渐崛起的今天，文化艺术在社区的嵌入也是社区生活圈创意营造的必然。

---

❶ 鲁懿莹.公共艺术介入社区营造研究：以日本越后妻有大地艺术节为例[J].西部皮革,2020,42(23)：129-130.

❷ BROWNETT T, EVANS O. Finding common ground: The conception of community arts festivals as spaces for placemaking [J]. Health & place, 2020（61）：102-254.

❸ MUKHERJEE J, GHOSH M. Traditional Crafts as Materials in Placemaking: Application and Sustainability in Aesthetic Transformation of Geometry of Urban Public Spaces [J]. Encyclopedia of Renewable and Sustainable Materials, 2020（11）：259-291.

第三节　社区生活圈与文化生活圈

一、从生活圈到社区生活圈

"社区生活圈"的出现源于"生活圈"的广泛实践。"生活圈"是区域尺度的城市规划概念，它最先起源于日本的住区规划。1965年，为了平衡日本愈加突出的城乡差异，日本以"广域生活圈"作为公共基础福利设施布局的基本单位。而伴随着日本城市化进程的加快，诸如出生率下降、人口老龄化、人口向大都市区聚集及人才流失导致的地方衰落等城市化问题逐渐对社区的承担能力提出了严峻挑战，单纯依赖"广域生活圈"已经无法解决。为此，日本国土交通省又对生活圈做出了面向未来的新规划——"双层广域生活圈"，其中将"生活圈"定义为"社区中的居住者共享生活服务并且作为生活基础的区域及共享利用社区资源、共建特色未来形象的区域"。❶ 这一规划主要承接四大功能，一是确保生活服务职能，让居住在当地社区的人们能够在日常移动范围内以可接受的水平享受生活服务功能；二是地域资源的活化利用，从地方自然环境到特色的历史人文，都属于其支持的范围；三是高效有效地发展、维护、管理和更新社会资本，包括存量空间的改造利用，以及基础设施的更新等；四是培育吸引与利用人才。除此之外，日本生活圈规划并不依照行政区界进行划分，而是按照人的活动以时间距离与人口规模定义广域化的边界，这也是社区生活圈概念中的邻近性原则要点。

社区生活圈作为一种城市公共政策正式在我国的出现，源于城镇化背景下对城市生活高质量发展的探索。目前我国的社区生活圈实践主要集中于城市区域，暂未广泛延伸至乡村，但将社区生活圈规划作为城市完善公共服务体系的重要手段已经成为全国各省市的共识。最初，社区生活圈是作为"社区公共服务圈"的形态出现的，主要以公共设施及其服务的资源配给为主，随后才出现更为精准的以15分钟、10分钟、5分钟的时

---

❶ 日本国土交通省国土政策局.新たな国土形成計画（広域地方計画）について［EB/OL］.（2016-03-29）［2021-11-27］.https://www.mlit.go.jp/common/001124817.pdf.

间定义的"社区生活圈",虽然大部分城市地区仍然将其看作是优化社区公共服务的手段,但是这时的社区生活圈规划明显更具有可规划性,为让公共资源更加便捷地分配在人们生活的邻近周边,短时间的步行距离提供了直接的分配原则。还有些城市进一步细化聚焦,提出"社区文化生活圈"的概念,如浙江在建设公共文化服务先行省的方案中便提出建设"15分钟品质文化生活圈",以公共文化建设为主要目标,力求在公共文化设施、公共文化服务与公共文化体系中实现专业化与品质化的目标。

在内涵的理解上,"公共服务""15分钟""以人为本""社区共同体"皆是社区生活圈的核心概念。在中国,社区生活圈被普遍认为是聚焦公共服务的创新规划理念,最新版《城市居住区规划设计标准》中将"生活圈居住区"定义为"满足居民物质与生活文化需求为原则划分的居住区范围",步行15分钟的标准配置也旨在完成满足居民日常生活所需的基本目标,然而"15分钟"能否成为划分社区生活范围的指标仍旧存疑。上海市城市规划院的张帆认为,社区生活圈要紧扣其人本的本质,不应当局限于"15分钟"等的时间定义,而是应当将其作为满足人民多元诉求的长效规划。中国城市规划设计研究院的杨保军则认为"15分钟社区生活圈"不仅是优化治理体系的基层单元,也是解决当前大城市病、构建高品质生活格局的重要空间载体。❶ 于一凡则认为社区生活圈的本质是改善生活质量,而不是进行资源的空间摊派,社区生活圈的内涵是"社区"的延伸,要以居民参与为主导,营造和谐包容的社区感。❷ 李萌同样认为人本的本质体现的是社区生活圈的概念核心,社区生活圈的本质内涵是以人的需求去治理社区,以人的尺度去更新社区,以人的体验去重塑社区。❸ 总之,对社区生活圈概念的理解仍然要从人的需求行为的角度去定义,人的活动可以定义空间,同样也可以更新与重塑空间,社区生活圈对人的活动定义了一个活态的空间范围,并通过布局不同的资源设施引导着人的活动去塑造持久的邻里性与空间感。因此,在自然资源部出台的《社区生活圈规划技术指南》中,将社区定义为"聚居在一定地域范围内的人们所组成的社会生活共同体",并将社区生活圈定义为"在适宜的日常步行范围内,满足城乡居民全生命周期工作与生活等各类需求的基本单元,融合宜业、宜居、宜游、宜养、宜学多元功能,引领面向未来、健康低碳的美好生活方式",步行时间也仅仅是范围参照物,并非社区生活圈建设的根本目的,其真正本质是为了营造"社区生活共同体"而进行的以人为本的生活性规

---

❶ 概念·方法·实践:"15分钟社区生活圈规划"的核心要义辨析学术笔谈[J].城市规划学刊,2020(1):1-8.

❷ 柴彦威,于一凡,王慧芳,吕海虹,程蓉,王德,王兰,黄瓴,武凤文.学术对话:从居住区规划到社区生活圈规划[J].城市规划,2019,43(5):23-32.

❸ 李萌.基于居民行为需求特征的"15分钟社区生活圈"规划对策研究[J].城市规划学刊,2017(1):111-118.

划，公共服务则是改善人们社区生活质量的切入点。

既然时间尺度并不能成为划分社区生活圈范围的绝对标准，那究竟如何确定社区生活圈的边界？如何规定社区生活圈的时间距离？至今仍未确证。造成社区生活圈划分困难的原因在于社区尺度的空间差异实际上相比于城市、国家等大尺度空间有着更为细微的区别，多元社区的差异及社区内居住人群的异质性使人们日常生活的活动存在广泛的差异，因此很难以统一的标准去划定不同地区的生活圈边界。此外，社区生活圈在实际规划中必然有一定的区域界线，而大部分未被划分到圈内的区域事实上并没有被明确的安排，要想实现全域规划必然存在着圈际重叠。诸如此类的问题使得寻求合适的社区生活圈资源配置方案与社区生活圈的实际操作之间的矛盾愈加突出，以至于很多地市的社区生活圈规划仍旧是以社区为基本范围单元，并未实现"生活圈"的规划理想，而此类问题也一直是学界讨论的重点。柴彦威等从时间地理学的理论话语入手，通过对北京市居民日常生活活动发生的时空特点与功能特征，将城市生活圈划分为了社区—基础—通勤—扩展—协同五个圈层❶，后又根据北京清河街道15个社区居民活动的分析，认为社区生活圈的设定应当将地理环境因素纳入其中。柴彦威等结合居民的行为轨迹确定不同社区的生活圈边界，提出过去对居住区边界的明确界定不符合居民行为，不同的社区生活圈在空间上应当是叠合的等方法观点。❷ 吴夏安等建议可以利用TOD模式建设社区生活圈，以轨交站点作为社区生活圈的节点❸，TOD与人们日常行为轨迹的相似性使得这一建议具有一定的可操作性，然而以TOD串联社区生活圈的相关设施并且进行范围划分的方法并未考虑到社区生活圈不能以轨交所能到达的无活动区间，而这些区域往往也是社区生活圈在进行空间活化之时更具潜力的区域。萧敬豪等人则是通过POI❹数据分析，认为地区开发强度、人口密度及与地铁站的距离是决定社区生活圈发展条件的关键因素。❺ 由此可见，在现有研究中，居民个体多元的行为活动如何与时间距离、人口规模的硬性划分进行耦合联结被认为是社区生活圈划定的关键。

如今社区生活圈虽然在划定方法等方面仍然存在不同见解，但是并不妨碍社区生活圈的理念在城市建设中的广泛深入，而从社区生活圈切入城市高质量发展与人民美好生

---

❶ 柴彦威，张雪，孙道胜.基于时空间行为的城市生活圈规划研究：以北京市为例[J].城市规划学刊，2015（3）：61-69.

❷ 柴彦威，李春江，夏万渠，王珏，张雪，孙道胜.城市社区生活圈划定模型：以北京市清河街道为例[J].城市发展研究，2019，26（9）：1-8，68.

❸ 吴夏安，徐磊青.利用TOD模式建设社区生活圈的可行性及关键指标分析[J].城市建筑，2020，17（31）：28-33.

❹ POI，又叫兴趣点，泛指互联网电子地图中的点类数据。

❺ 萧敬豪，周岱霖，胡嘉佩.基于决策树原理的社区生活圈测度与评价方法：以广州市番禺区为例[J].规划师，2018，34（3）：91-96.

活建设的角度也多种多样。常玮等人基于社区生活圈的更新与复兴价值，提出将城市触媒理论应用到社区生活圈的构建中，以点状节点激活空间，以线状维度联动发展，以生态策略优化环境提升价值。❶ 周岱霖等人从供需视角提出社区生活圈的公共服务设施配置应当构建差异化的策略，进一步精细化社区生活圈的半径，同时结合不同生活圈的人口变化优化设施配置的标准等。❷ 胥建华、韩云月是从居民幸福感有效提升的角度，认为环境与品质是决定社区生活圈质量的关键要素，诸如便利的公共交通及活跃的社区开放空间都是能够有效提升居民幸福感的方法。❸

从社会学的观点来理解，任何一种社会单元的整体性建设都是社会生态优化或重塑的过程。对社区生活圈来说，空间的活化、设施的建设、环境的优化等物理设施建设是第一步，而如何以此激发更为持续的幸福生活与更具韧性的社区发展，都需要从人的角度出发去考量，城市不同区域功能的差异、社区不同发展状况的差异、不同人口特征的差异、不同层次需求的差异等都是关键的要素，要实现人与社区生活圈的异质性互嵌还需要在不断地实践与探索中理正思路。

二、文化生活圈

文化生活圈最初是在我国台湾地区提出的，是由社区营造延伸出来的一种区域发展的思路。辛晚教、古宜灵等台湾学者将"文化生活圈"定义为"依地区内居民各种不同的文化性活动差异而划分出来的一种圈域及其体系，在该空间范畴内的居民常从事着极具地方特质而异于他地的文化活动"❹。辛晚教将"文化生活圈"划分为一般性的文化生活圈与功能性的文化生活圈两种，并指出"文化生活圈"实际上并非单纯的空间分割，从空间面上来说可以分为一般性空间与功能性空间，前者指的是根据行政区域划分出来的空间，后者则是依照不同的文化特质指标，如文化产业、文化活动等划分出来的空间，而随着文化资源在空间上的流动，又形成了模糊的文化空间，使得不同的文化生活圈在空间上可能是重叠的，这才是真正现实上的文化生活圈。

关于"文化生活圈"的营造意义，台湾屏东商业技术学院休闲事业经营系副教授黄胜雄认为，文化生活圈的构建或发展的过程，也是帮助圈域内人们找寻文化与生活共同

---

❶ 常玮，郑开雄，伊丽孜热·居来提，薛艳府. 活·络·场：基于城市触媒理论的厦门营平社区生活圈构建研究［J］. 城市发展研究，2020，27（8）：117-124.

❷ 周岱霖，黄慧明. 供需关联视角下的社区生活圈服务设施配置研究：以广州为例［J］. 城市发展研究，2019，26（12）：1-5+18.

❸ 胥建华，韩云月. 以提升居民幸福感为导向的社区规划实践评估：以上海新江湾社区为例［J］. 城市规划学刊，2019（S1）：158-167.

❹ 古宜灵，辛晚教. 文化生活圈与文化设施发展之研究［J］. 都市与计划，1997，24（1）：43-68.

点的一种方法，让传统文化的脉络在无形之中得以保存与维新，也激发出地区内居民共同的生活文化情愫及相互认同感。❶黄玟莹以台湾高雄市文化生活圈为研究对象，通过对高雄市文化特质的分析与文化资源的梳理，认为文化生活圈的规划建设是地方文化建设的重要趋势，有助于地方文化特色的形塑；与此同时，文化生活圈未来的发展应该在文化设施的扩展与完善、特色型文化生活圈的深入规划、文化产业的带动及人的需求方面更加完善。❷台湾实践大学休闲产业管理学系助理教授李宜欣则从社区营造的观点出发，认为文化生活圈可与社区营造相结合，联结学校、企业及其他文化据点、民间组织，地、产、官、学同心协力，实现跨域整合，共创地方生活环境博物馆。彭双燕则以桃园市永扬社区为研究对象，指出可以通过社区营造及文化生活圈营造重振客家文化，营造客家文化共同体。❸与社区生活圈的基本做法相似，我国台湾地区的文化生活圈建设同样是以文化场馆作为串联人们行为活动的关键据点，不同的是其更加注重文化场馆的市场性经营，尤其是对地方文化资源的活化作用。洪荣杰以台湾爱河文化生活圈中的文化场馆为对象，探究文化场馆在面向民众、产业与都市行销三大经营模式之后所取得的效益，研究结果表明，面向市场的经营模式在整体上都有利于提高民众对都市或者是社区的认同感，但是在细节操作上，需要加强与民众的情感互动以凝聚社区向心力。❹

"文化生活圈"是"社区生活圈"以文化建设形塑人民美好生活的衍生形态。"社区生活圈"强调从环境治理到人民精神等全方位的重建，以社区的可持续发展为最终目的，因此无论是社区生活圈的空间方案还是规划理念，都强调社区整体的营造。"文化生活圈"则旨在以文化建设带动社区的发展，强调文化价值在社区发展中的内生作用，因此"文化生活圈"事实上对现阶段"社区生活圈"规划建设当中文化缺位问题的解决起到了良好的补充与指导。

三、创意生活圈

"创意生活圈"的概念源自美学家伊波利特·丹纳（Hippolyte Taine）。1865年，他在《艺术哲学》中提出"艺术环境"的概念，并不同于我们日常理解的地理环境。艺术环境是"关于礼数和心智的普遍状态"，是由集聚产生的氛围，丹纳将其进一步解释为"一种确定的'道德温度'"，它允许一种特殊类型的天才在一种环境中发展，而另一种

---

❶ 黄胜雄.从文化生活圈中窥见文化的脉络与资产延续[J].文化生活，2013，72（2）：10-14.
❷ 黄玟莹.高雄县文化生活圈发展策略之研究[D].广州：中山大学，2001.
❸ 李宜欣.社造与文化生活圈的跨域整合[J].文化生活，2013，72（2）：6-9.
❹ 洪荣杰.地方文化馆执行都市行销策略所产生之效益研究：以高雄市爱河文化生活圈纹理[D].衡阳：南华大学，2009.

类型人才在别处谋生，这样就鼓励了一些人超越一些人，这便是创意生活圈。在"艺术环境"概念的基础上，丹纳在关于古希腊、15世纪的意大利及16、17世纪的荷兰的研究中，又首次强调了"种族"。"种族"超越了我们日常理解的"民族"概念，其意指一个民族在一个特定地域长期生活所获得的一种累积性文化和生活方式，从而能够产生某种精神文化，这种精神文化往往不需要产生一种显著的文化表达，而是产生"自发意象"就能够兴盛。❶ 此外，丹纳还提出了"时代"的概念，它既可以指一定历史时期的精神文明思想、社会制度及政治文化，也可以指环境气候，是一个十分庞杂的整体性的概念。"环境""种族"与"时代"构成了艺术发展的三要素，种族决定艺术的本质，环境赋予艺术的动力，时代引导着艺术前进的方向，三者相互作用共同影响着文化的发展。

丹纳的理论并不是完整与具体的，他对艺术哲学的研究集中于几个特定的时代，且皆是历史上文化鼎盛的黄金时代，因此难免带有时代的偏见与局限性。但是丹纳理论中对地点与环境的偏重却也彰显了生活圈的圈地属性，以及文化与艺术的繁荣对某个区域整体风格气质的影响。

1978年，瑞典地理学家贡纳·托尔韦斯特（Gunnar Tornqvist）发展了创意生活圈的理念，更强调创意环境。在其论证中，创意生活圈具有四个关键特征：人群中传播的信息；知识，包括在真实记忆或人工记忆里的信息储存；特定相关活动中具备的能力；创造力。斯特认为，在创意生活圈各种因素的协同之下能够产生长期发展起来的具体能力，从而使得某个地方具有磁力，进而促进不同个体及不同能力领域之间的沟通交流。❷ 创意生活圈整体结构是动态且不稳定的。对此，瑞典学者阿克·安德森（Ake Anderson）做出了解释，他认为创意生活圈的形成，源于地理上邻近区域且具有文化多样性环境中小规模活动的"动态协同过程"所发挥的作用。换言之，人们由于地理位置上的相近而具有更多聚集与交往的可能性，从而往往能够引发极具创意性的活动，进而使得地方具有吸引力，是一种地方磁力，创意生活圈便是地方磁力作用的结果。

丹纳与斯特的创意生活圈理论是艺术哲学的概念，它超越了文化生活圈的简单形成，更强调创意生活引起的系列文化嬗变，深刻诠释了文化与艺术在一定区域范围的地域性聚集及由小地区向更为广域甚至整个时代环境的影响作用。与此同时，这一概念也与社区生活圈有着一定的共通性，他们仍然强调基于地点的文化元素流动及其化合效应，这无疑也是社区生活圈中文化营造的核心。

---

❶ 彼得·霍尔. 文明中的城市［M］. 王志章, 译. 北京：商务印书馆，2016：20-21.
❷ 彼得·霍尔. 文明中的城市［M］. 王志章, 译. 北京：商务印书馆，2016：24-25.

第四节　从文化建设到文化生产

一、文化的概念

究竟什么是文化？当谈到这一概念时，我们常常会想到文学、美术等艺术文本或产品的形式。诚然，文化与艺术有着密不可分的联系，但是以艺术定义文化未免太过偏狭。文化是一个颇为复杂的概念，在不同的时代、环境之下其含义也在不断地发生变化，文化的概念是动态的，因此很难将其进行明确的定义，但是在历史原野与时代前潮中却也不乏对文化的剖析与探讨。

"文化"的拉丁语词根 colere，意为"种植、栖息"，带有"自然"的原始要义。爱德华·泰勒（Edward Tylor）第一次从人类学角度定义了文化，他认为文化是一个复杂的整体，既包括知识、信仰、艺术、伦理道德、法律和风俗习惯，也包括作为一个社会成员的人通过后天学习获得的任何其他能力和习性。❶ 简单来说，泰勒认为，文化与各种智慧性的元素有关，不仅整个人类群体知识积累的结果可以称为文化，单个人习得的能力也可以称为文化。而在哲学视域中，关于文化的讨论更为明确。最初从哲学视域定义文化的是古罗马时期的哲学家马库斯·西塞罗（Marcus Cicero），其将文化比喻成为人类心灵的培育。后在 1790 年，伊曼努尔·康德（Immanuel Kant）在《判断力批判》中将文化指意为"理性存在者能够将杂乱无章的目的概括起来，做出自由选择的能力"❷。而无论是"心灵"还是"能力"，抑或是泰勒所说的"习性"，皆将文化看作是形而上学的精神性存在。在理性主义主导一切的时代，与康德同时代的哲学家约翰·赫尔德（Johann Herder）开创了文化民族主义的思想，他认为人归属于民族中才孕育出独一无二的有意义的文化，每一个民族都像是生物"有机体"一般，存在着成长进化与递嬗迭代，而民族文化则是支撑民族有机体运转的无形力量，它反映民族精神、彰显民族性

---

❶ TYLOR E B. Primitive culture: Researches into the development of mythology, philosophy, religion, art and custom [M]. London: J. Murray, 1871.

❷ KANT I. Kant's Critique of judgement [M]. New York: Oxford University Press, 2008.

格，并帮助人们建立深刻的民族认同。赫尔德还特别指出，民族精神并非束之高阁的无知事物，它存在于底层的大众文化中、隐藏在民间的市井生活里。赫尔德的文化民族主义思想将抽象的理性主义分崩离析，将文化的起源第一次指向了群体性的人的生活。❶

受到赫尔德的影响，格奥尔格·黑格尔（Georg Hegel）进而将文化的地域影响范围扩展至国家，认为文化实际上是"一国之文化"。此外，他还指出文化是一种形式上的东西，虽然其中内容各异，但是理性的思想却是不变的，这一观点与黑格尔主张的"理式"一脉相承。❷

除却这些哲学先锋的文化思想，当我们谈到文化理论就不得不讲到卡尔·马克思（Karl Marx），虽然马克思并未明确界定文化的内涵，但是其在关于经济基础与上层建筑，以及意识形态的相关理论中却有着对文化理论的构想。他频频将"文化"与"文明""精神生产""意识形态"等概念互释，并将前人唯心主义的文化观点补过拾遗，将文化放置在辩证唯物主义的认识论与劳动生产中。在《政治经济学批判》（*Critique of Political Economy*）中，马克思对"意识形态"做出了清晰的阐释：

人们在自己生活的社会生产中发生一定的、必然的、不以他们意志为转移的关系，即同他们的物质生产力的一定发展阶段相适应的生产关系。这些生产关系的总和构成社会的经济结构，即有法律的和政治的上层建筑竖立其上并有一定的社会意识形式与之相适应的现实基础。物质生活的生产方式制约着整个社会、政治生活和精神生活的过程。不是人们的意识决定着人们的存在，相反，是人们的社会存在决定人们的意识。……随着经济基础的改变，全部庞大的上层建筑也或慢或快地发生变革。在考察这些变革时，必须时刻把下面两者区别开来：一种是生产的经济条件方面所发生的物质的、可以用自然科学的精确性指明的变革，一种是人们借以意识到这个冲突并力求把它克服的那些法律的、政治的、宗教的、美学的或哲学的，简言之，意识形态的形式。❸

在这段论述中，马克思将社会生产中的"上层建筑"分为物质的与意识形态的两种形式，很多人认为马克思所指的"意识形态的形式"便是文化的形式，因为其所指代的法律、政治、宗教、美学或哲学都与前人所定义的文化形式大致相同。马克思之所以将其看作是"意识形态"，原因在于他将其放置在了"社会生产"中进行讨论，而如何定义意识形态也并非马克思所强调的重点。此段论述的核心意义还在于阐明了物质生产的基础性，即"存在决定意识"，一切意识形态的生产皆需要以物质生产为现实基础。然而，文化能否与"上层建筑"完全等同？文化是否属于"意识形态"？马克思在论述剩

---

❶ 倪泽飞.赫尔德的文化民族主义思想[J].大众文艺，2017（17）：238-239.
❷ 黑格尔.历史哲学[M].王造时，译.北京：三联书店，1957：2.
❸ 马克思恩格斯选集（第二卷）[M].北京：人民出版社，1979：82-83.

余劳动时指出，资本家占有"整个社会发展和全部文化的物质基础……资本创造文化，执行一定的历史的社会的职能"❶。在这里，"文化"显然是与"物质基础"相互作用的，属于资产阶级的意识形态，但是我们仍不能够将文化与意识形态完全等同。马克思在晚年时期从人类学的角度再次提及了文化，在《1844年经济学哲学手稿》中，马克思指出"粗陋"的共产主义是"对整个文化和文明世界的抽象否定"❷。由此可见，在马克思看来，"文化"与"文明"是不同的事物。马克思还曾多次使用"文化初期"的概念，用以表示处于野蛮与蒙昧时代的社会状态，在这里"文化"又代表着一定时期的观念认知。除此之外，马克思曾多次提及"文化"，然而大部分都比较零散，并未有专门的论述，这表示"文化"在马克思这一时期还未能够成为主流的议题，但是从中可以看出，马克思的"文化"理论遵从了其一如既往的唯物观点，他将"文化"视为了人类社会关系的产物，无论是物质基础还是事物只有置于有生产关系的劳动中才有意义。西奥多·阿多诺（Theodor Adorno）与沃尔特·本雅明（Walter Benjamin）等人大体上继承了马克思的观点，他们批判唯心主义，否认将文化视为独立于物质世界的纯自由属性的精神产物，在强调文化自由的同时，认为文化仍然受到物质生产的制约。❸

雷蒙·威廉斯（Raymond Williams）在对文化的讨论中梳理出了一条关于"文化"词义变迁的清晰逻辑线。他着眼于工业革命以来的文化观念及其现代含义，对"文化"的内涵做出了梳理及基于时代背景的重新诠释。他指出，最初，"文化"一词基本上指的是"对自然生长的扶持"，此后发展为对人类训导过程的表示，是针对某个对象的教化。到了19世纪，又转义为一种自在之物，大体有着四种含义：第一种指的是"心灵的普遍状态或习惯"，与"人类完美"的观念有着密切联系；第二种是"整个社会智性发展的普遍状态"；第三种是"艺术的整体状况"；19世纪末产生了第四种意义，即"包括物质、智性、精神等各个层面的整体生活方式"。❹从威廉斯的梳理来看，文化从自然的属性向整体生活演变的过程，总体上也大致符合哲学家们对文化的讨论。显然在当前时代，我们已经很难单纯从精神上去理解文化，而是更要将其作为一种社会存在，可以进行文化的生产与再生产，因此只有将文化置于人的社会关系实践中才具有价值和意义。

---

❶ 马克思恩格斯全集（第46卷上册）[M].北京：人民出版社，1979：47.
❷ 马克思恩格斯全集（第42卷）[M].北京：人民出版社，1979：118.
❸ 谢永康.文化与启蒙：阿多诺的辩证文化观念[J].求是学刊，2010，37（3）：16-22.
❹ 雷蒙·威廉斯.文化与社会：1780–1950[M].高晓玲，译.北京：商务印书馆，2018：19-20.

二、文化生产

（一）马克思精神生产

虽然在马克思的论著中鲜有讨论"文化"的内容，更没有对"文化生产"做出直接的论述，但是马克思第一次创立了科学的"精神生产"概念，如今我们所讨论的"文化生产"，也大多被认为起源于此。

在精神生产观点中，"文化"是一种明显与"自然"的原始状态相区别的社会存在，其最原始的生产形式是"物质生产"，最终的生产形式则是"思想、观念意识的生产"。精神生产有其文化价值，对应着文化的社会效益，作用于人性本身，帮助养成人的自由精神与崇高，精神生产还具有经济价值并对应着文化的经济效益，简言之能够创造资本利润。❶ 物质生产与精神生产密不可分，物质生产是基础，精神生产是最高旨归，物质生产在一定条件下可以转化为精神生产，精神生产具有一定的独立自由性并且可以影响物质生产，两者的有机互动构成了文化生产的内在机制。而在以往的文化生产理论中，大多是从文化产品生产的角度进行论述。例如，罗红杰等人认为，精神生产与物质生产之间的相互作用构成了马克思精神生产理论的内在张力，当今时代要满足人民对美好生活的向往需要从精神生产的供需两侧来进行，不仅要加大精神产品的生产，还要对人们的精神需求进行合理的引导。❷ 刘倩着眼非物质文化遗产的保护，认为非遗是精神生产的本质典型，当非遗作为一种生产形式，应当将其所具有的主体生命的表达最大化，不能仅仅强调其物质性的生产而模糊了其精神生产的本质。❸ 而甘子成认为，非遗是属于精神产品，如今对非遗的生产性保护不仅要将其精神价值放于第一位，还要因应人的需求、时代的变迁与地域等因素有差别地处理非遗生产、传播与消费之间的关系。❹ 由此可见，现今对"文化生产"或说"精神生产"的认知大多是物质性的，即文化产品的生产，而非思想意识的生产。对此，荣跃明依据马克思的精神生产理论重新界定了"文化生产"，指出文化是一种总体性的概念，文化可以见于人的一切活动中，并且进一步将

---

❶ 黄力之.马克思精神生产理论中的文化价值问题[J].上海师范大学学报（哲学社会科学版），2009，38（3）：1-10.

❷ 罗红杰，平章起.马克思精神生产思想的生成逻辑、理论要旨及其当代启示[J].中共福建省委党校学报，2019（6）：9-14.

❸ 刘倩.马克思精神生产理论视域下的非遗保护[J].人民论坛·学术前沿，2017（17）：107-110.

❹ 甘子成.马克思精神生产理论对非物质文化遗产保护的价值阐释[J].理论与改革，2016（5）：33-37.

文化生产划分为了内容、符号和媒介三个层次。❶无论是精神生产还是文化生产，虽然都脱离不了物质生产的形式，精神生产与文化生产也无法完全等同，因此马克思精神生产理论对当代文化发展最重要的价值启示，恰恰在于阐明了物质生产与精神生产之间的关系并明晰了文化生产的本质，具有方法论的意义。

（二）文化工业与艺术生产理论

"文化工业"的概念最先见于德国法兰克福学派的观点中，西奥多·阿多诺（Theodor Adorno）与马克思·霍克海姆（Max Horkheimer）聚焦资本主义生产方式下文化艺术与工业之间的关系，在《启蒙辩证法》中对文化艺术为商品拜物教所支配的现象进行批判，"文化工业"即源于此。他们提出"文化的商业特征导致文化与日常实践生活的区分逐渐走向消失，审美的幻象沉浸于商业广告所持续营造的商品光环之中"❷。在商品交换关系占据统治地位的社会中，"文化工业"使得包括文学在内的文化生产，成为按照计划生产出来的具有消费性质的文化产品，艺术生产也不再是自律性的个人创造，而是成为模数化、商业化、平面化的流水线产品。

同一时期的沃尔特·本雅明（Walter Benjamin）则在相对矛盾的对立框架中对技术性的文化生产进行了辩证分析，他一方面认为"机械复制"造成了艺术"光晕"的凋谢，相比艺术原作，艺术复制品被蒙上了一层伪造的真实；另一方面又承认了工业技术作为生产力形式本身的不可抵抗性。从这一方面来看，技术事实上推动了艺术生产，因为艺术本身便是社会生产的一种形式，艺术生产与物质生产无差别，同样是由生产与消费、生产者、产品与消费者等要素构成，也同样受到生产力与生产关系的矛盾运动的制约。

总体来说，法兰克福学派的艺术生产理论着重于"物质生产"，其更加关注资本主义工业化时代下文化艺术创作的"物化"，并专指文化艺术作品的工业化生产，而并非马克思观点中的"精神生产"，两者关注点并不相同。

（三）意识形态生产

英国伯明翰学派代表人物雷蒙·威廉斯是马克思精神生产理论的继承者，也是20世纪英国马克思主义的主要奠基人，其理论核心之处在于从整体性文化生产的角度对马克思意识形态理论做出了重新诠释。马克思意识形态理论本质上是对资本主义统治阶级精神控制的描述，威廉斯将其描述为"阶级论""虚假论""生产论"三种形态。①一

---

❶ 荣跃明.马克思哲学视域中的文化生产[J].毛泽东邓小平理论研究，2007（1）：35-43.

❷ THEODOR W.ADORNO.The Cultural Industry，ed[M].London：Routledge Press，1991.

定的阶级或集团所特有的信仰系统；②一种由错误的观念或意识构成的幻觉性的信仰体系，这种体系同真实的或科学的知识相对立；③生产各种观念和意义的一般过程。❶在威廉斯看来，对意识形态的解释不应当将其看作是统治阶级的专属，更不应该将其与"错误的观念"等同，过去马克思主义的研究者过分强调"阶级论"与"虚假论"，遮挡了意识形态应有的生产属性，而"生产论"恰恰在更为广泛的意义上回归到了意识形态的实践本质，应当加以重视。因此，威廉斯将意识形态看成了整个社会生产过程的一部分，意识的形成具有能动性与物质性，对意识形态的理解应当回归到社会生产实践的整体过程中，而不是从维护统治阶级利益的角度将其看作是权力工具。由此可以看出，威廉斯所强调的意识形态生产更接近于文化生产，当意识形态从统治阶级的权利走向普遍性的权利，从精英阶层走向大众化，就已经触及了文化的本质。

威廉斯意识形态生产理论构建的另一重大意义在于打破了"经济基础"与"上层建筑"之间决定与被决定关系的固有认知，赋予了"上层建筑"更为广阔的社会活动空间，经济、政治与文化应当是一体的，经济基础和上层建筑之间既是浑然不可分离的整体，又遵循着人的意志创造生产力。特里·伊格尔顿（Terry Eagleton）承续了其导师威廉斯的"文化唯物主义"倾向，认为文学和文化是一种"意识形态产品"。作为"意识形态的艺术""它包含在意识形态之中，但又尽量使自己与意识形态保持距离，使我们'感觉'或'觉察'到产生它的意识形态"❷。"作为生产的艺术"它无法摆脱资本主义社会的资本逻辑。总之，对"作为意识形态的艺术"和"作为生产的艺术"需要进行辩证分析。

（四）后现代的文化生产理论

后现代的文化生产理论继承了法兰克福学派与伯明翰学派文化研究理论的观点，并将理论焦点从"文化工业"转向了"文化商品"本身。以弗里德里克·杰姆逊（Fredric Jameson）为代表的西方马克思主义批评家仍然批判资本主义时代文化的物化，并认为包括建筑、绘画、摄影、电影等后现代的艺术作品已经无法摆脱资本物化的趋势。美国文化批评家约翰·费斯克（John Fiske）等人则从传播与文化研究的角度对文化生产、文化再生产等概念进行了界定，认为文化生产是指"感觉、意义或意识的社会化生产，文化商品的工业化生产"。这里指出了文化生产的双重属性，一方面强调了其精神生产的社会价值，是无形的"感觉、意义或意识"；另一方面是物质性的，指代文化商品的生产。费斯克将"文化生产"区别于泛化的文化定义，强调这里的文化，并非源于个体的

---

❶ 俞吾金.意识形态论（修订版）[M].上海：上海人民出版社，2014：97.
❷ 朱立元.二十世纪西方美学经典文本（第三卷）[M].上海：复旦大学出版社，2001：241.

灵感与想象，而是具有制度化与社会化特征的实在。

在"文化生产"一词的基础上，费斯克等人还提出了"文化再生产"（Cultural Reproducion）的含义，即某种社会结构力图永远保持其意义生产（Sense-Making）的结构、形式与既定主体的总体过程。相对文化生产，文化生产是未来式的权力关系再生产。❶

后现代文化生产理论明显更为关注利益与文化、物质与精神之间的矛盾问题。批评家们认为资本主义方式的大规模的工业生产消解了文化的"精神"价值，而使其陷入了资本的利益旋涡，而围绕着文化产品社会效益与经济效益、精神价值与经济价值之间的博弈与讨论至今也未停息。

三、资本视域下的文化生产

（一）文化产业与文化空间生产

无论是马克思"精神生产"视域下的文化生产，还是后现代对"文化物化"观点的强调，对文化生产的讨论事实上都脱离不了"资本化"的解读。

伴随着文化极大丰富时代的到来，"文化"愈加成为国家、城市竞争的核心力量，"文明的冲突"日益变身成为"文化"生产之间的博弈。国外对文化生产的研究更加聚焦于艺术、创意及涉及性别、身份、种族、平等的文化认同问题，国内的研究则更加关注文化资本价值的"文化产业""文化资本""文化消费"及文化空间营造的"空间生产""文化生产场"等。

文化产业的发展是进入20世纪以来城市文化经济崛起的重要标志，彰显着一个以"软实力"为主要竞争手段的新世纪的到来。最初围绕着文化产业的学术探讨还存在着"文化生产能否产业化"的质疑，如李贤沛、毛三元提出文化生产的产业化要区分具体的文化生产的类型，如一些高雅的艺术作品就难以产业化，但是对一些大众娱乐的文化内容可以产业化为取向；其同时也提出，市场对文化而言是一把双刃剑，文化产品不能够仅以利润为准。❷ 谢名家提出，文化产业事实上是精神生产发展到现代展现出来的生产形态，其本质上是精神生产的，但是又与物质生产密不可分。❸ 李康化则从文化遗

---

❶ 约翰·费斯克. 关键概念：传播与文化研究辞典［M］. 李彬，译. 北京：新华出版社，2004：69.

❷ 李贤沛，毛三元. 文化生产能否产业化：关于发展文化产业的几个观念问题［J］. 中南财经大学学报，2000（2）：5-9.

❸ 谢名家. 文化产业：精神生产发展的现代形态［J］. 思想战线，2007（1）：47-59.

产向文化生产的转化探索了文化产业的意义，❶其"文化生产"概念虽然更加接近于"开发"，是一种技术性的概念，但是也指出"文化生产"是文化资源得以发挥持续性传承效应的进阶形式，这对社区生活圈的文化资源转化同样具有意义。文化产业是文化生产的具体表现形式，而对社区生活圈的文化生产来说，社区内的文化资源、历史建筑、民风民俗等都是文化生产重要的原材料，通过产业化的形式实现创造性的转化是社区文化实现可持续生产的应有之义。

"空间"的含义十分广泛，不管是物质空间、精神空间，还是社会空间、理论空间，抑或是虚拟空间与网络空间，事实上都属于空间的范畴，它具有结构性与关系性。西美尔将空间区分为了两种不同维度，一种是物理意义上的空间，其作用主要是作为一种场所进行使用，在这种维度下的空间"是毫无作用的形式"；第二种是其主张的心灵互动的空间，心灵的作用划分了空间的不同类型，在这里"空间从根本上讲只不过是心灵的一种活动"❷。对心灵互动的空间而言，空间的形成源于接近距离形成的深刻关系，这种空间具有流动性，同时也具有生产性，因为这种空间能够在关系运动中去塑造人与人之间的交往、生活形态及精神品质。社区本身便是这种亲近关系互动的空间，而其中又有着物质性的空间基础、空间有边界，但是人与人之间的关系互动使得这种边界具有极大的张力，因此社区生活圈本身是对社区概念的超越，社区生活圈允许更大程度的人际互动交往与创造的自由，从而使得社区空间具有生产性。

对"文化空间"及"空间生产"，其研究与讨论的理论源头仍然是基于马克思对资本主义生产关系的空间描述，如任平认为马克思在对资本集聚所造就的城乡结构及工厂制度等问题的描述即是其空间思想的表现。❸其观点聚焦城乡关系，但是事实上马克思所主张的社会存在与社会关系本身便是一种空间观点。而对"空间生产"概念的理论阐释，西方马克思主义哲学家亨利·列斐伏尔被认为是第一人。

亨利·列斐伏尔（Henri Lefebvre）以马克思主义的经典理论作为起点，以开放灵活的立场将马克思主义置于日常生活的批判中。"日常生活、都市、重复与差异、战略、空间、空间的生产，这些其实都是一些近似的问题，其母体都是马克思主义的社会关系生产与再生产的辩证法原理。"❹列斐伏尔将社会矛盾的解决寄希望于改造日常生活，而唯有空间的生产可以实现这一改造。列斐伏尔的空间生产理论遵从了马克思社会存在的理论原石，因此他将空间视为一种社会存在，他强调"空间是一个社会现实，就是说

---

❶ 李康化.文化遗产与文化生产的创造性转化［J］.江汉大学学报（人文科学版），2011，30（1）：37-42.

❷ 西美尔.社会学：关于社会化形式的研究［M］.林荣远，译.北京：华夏出版社，2002：459-460.

❸ 任平.论空间生产与马克思主义的出场路径［J］.江海学刊，2007（2）：27-31.

❹ LEFEBVRE H, NICHOLSON-SMITH D. The production of space［M］. Blackwell: Oxford, 1991: 7-8.

空间是一组关系和形态……必须同时说明得到表征的各种空间和空间的各种表征，但首先必须说明的是它们之间的交互联系及它们与社会实践的各种连接"❶。在他的理论中，每一种社会都生产着它的空间，而空间自身的生产是空间知识的核心。而对具体的空间生产机制，他又提出了著名的空间生产的"三位一体辩证法"，即空间实践（Spatial Practice）、空间的表征（Representations of Space）和表征的空间（Representational Spaces），空间的生产需要从这三方面的辩证关系中进行把握。空间的实践是指空间的具体行动，包含着空间的生产与再生产，空间的表征与"生产关系及这些关系所强加的秩序联系在一起……是被概念化的空间，是科学家的、规划师的、城市学家的……空间的概念倾向于一种被设计出来的符号体系"❷。因此空间的表征带有一种专业化概念的意味，如"书店""咖啡厅"，其空间的表征指向便是书与咖啡。表征的空间则是想象的、感知的、符号化的空间，其存在于日常生活的经验中，并且可以被改变，如"咖啡厅"所表征的空间不仅是咖啡售卖的场所，在当代还是可以获得休闲娱乐体验的场所。

列斐伏尔的空间生产理论对社区生活圈的文化生产与马克思精神生产理论具有同样的指导意义，其从空间的角度指明了从物质生产向精神生产的转化过程，社区生活圈从一个实体的物理空间，经由人的活动交往形塑起某种基于共同意识的空间精神，进而向着文化空间转化，这一过程实际上也是空间的表征主导着空间实践，形塑表征的空间进而又促进空间实践的辩证互动过程。

（二）文化再生产

文化生产作为文化整体生产过程的提炼，其包含了文化再生产的过程。而所谓"再生产"，指的是生产过程中的再生产。狭义上的再生产是基于马克思对资本主义总生产过程"生产、分配、交换、消费"中的直接生产过程提出的，其中不仅包括物质生存条件的再生产、还包括资本主义生产关系、劳动力本身及日常意识的再生产。❸

真正提出"文化再生产"理论的是法国社会学家皮埃尔·布尔迪厄（Pierre Bourdieu）。在《再生产》一书中，布尔迪厄将教育在赋予人知识的同时，本质上是统治阶级为了巩固其权力关系所施加的"符号暴力"，这便是教育的文化再生产，简言之"文化专断"。❹布尔迪厄从教育社会学的视角阐述了"文化再生产"的作用过程，将教

---

❶ LEFEBVRE H, NICHOLSON-SMITH D. The production of space [M]. Blackwell: Oxford, 1991: 116.

❷ LEFEBVRE H, NICHOLSON-SMITH D. The production of space [M]. Blackwell: Oxford, 1991: 38-39.

❸ 孙乐强. 马克思再生产理论及其哲学效应研究 [M]. 南京: 江苏人民出版社, 2015: 7-11.

❹ 布尔迪约, 帕斯隆. 再生产: 一种教育系统理论的要点 [M]. 邢克超, 译. 北京: 商务印书馆, 2002: 13-15.

育工作描述为一种"长期的灌输工作",其所生产出来的"文化专断"以一种习性的方式内化进而作用于人,激起深刻而持久的变化。❶ 因而文化再生产的过程强调文化资本的时间传续及对人自身习性的长期养成。因此在后期学者对布尔迪厄"文化再生产"理论的演绎中,逐渐将其看作是用于文化传承的理论,即文化通过再生产的方式得以传承永续,而对文化再生产的作用机制也有着不同的解释。有部分学者认为文化再生产是通过符号编码作用于权力关系,进而促使人们的情感共鸣。❷ 有的则认为文化随着时代的发展有着不同的存在形式,即使文化所依附的自然环境会遭到破坏,但是文化本身依然可以在新的条件下不断创生出新的存在形式,因此对文化再生产来说,除却其本身符号化的意义提炼,文化再生产所依附的条件诸如文化政策、技术性的传播及传承文化的人才等也尤为重要。❸ 因此,"文化再生产"所强调的是文化资本在社会条件中可持续存在的问题,而文化要实现再生产不仅需要文化本身符号化价值的转化,还需要依附于一定的外在条件,诸如制度、经济及社会基础等。

---

❶ 布尔迪约,帕斯隆.再生产:一种教育系统理论的要点[M].邢克超,译.北京:商务印书馆,2002:40-41.

❷ 赖星星,唐远清.符号·关系·情感:春节在抖音平台的文化再生产研究[J].新闻爱好者,2021(6):20-24.

❸ 宁晶,陈华文.外推与内生:乡村传统民俗文化再生产的动力机制[J].文化遗产,2021(5):126-132.

第二章　城市社区生活圈的文化命题

　　"文化"作为"人类生活之总体",代表了群体生活在空间的实践与实践的绵延中所形成的共同行为方式、生活习性或精神认知。因而,文化诞生于生活日常,又作用于生活日常,作为涵养城市文明的资源引领着更具品质的生活方式。城市社区生活圈的文化命题,立足于满足人们对于美好生活的需求,通过文化在日常生活的浸润,连接社区的文化历史,讲述现代的社区故事,塑造更具素养的人文风气,构建更加文明的社区共同体。

第一节　文化发展进入新阶段

从19世纪泰勒第一次提出"文化"的概念，文化在社会空间、经济发展的蔓生便如从夸克到宇宙的无尽转化般复杂。一百五十多年来的文化谱系，从文化概念、文化创作，到文化参与、文化生产，皆随着时代生产力与生产关系的流转发生嬗变。面向21世纪，数字互联语境下的文化逐渐突破时空壁垒，愈加走向日常生活与人之本位，在社会经济发展及城市动态时空演进中发挥着全方位的作用。社区生活圈是对"生活日常即是文化"的现代社区的新诠释，它为文化可以更为活跃地在日常生活中迸发活力、产生动力提供了更为自由的空间。

一、文化存在从精神领域走向生活日常

在19世纪之前，文化存在被认为是"精神"领域的现象，从马库斯·西塞罗的"心灵"，到康德的"理性"，再到黑格尔的"绝对精神"，哲学领域内的文化存在整体是形而上学的，并未形成系统的定义。至1871年，泰勒第一次将"文化"定义为"包括知识、信仰、艺术、伦理道德、法律与风俗习惯，也包括作为一个社会成员的人通过后天学习获得的任何其他能力和习性"[1]，文化才突破了抽象，并逐渐具体化，进而完成了其作为"复杂整体"的现代概念的初步构建。进入19世纪后期，工业革命推动着资本主义社会化生产走向福特式的大规模化，由文化的商业化带来的"文化工业"的滥觞招致德国法兰克福学派的批判，他们倡导现代社会的审美拯救，却也未能阻止报纸、广播、电影电视等文化经济形态在全球引起的生产变革，文化存在也正式从仅由艺术家掌握的文艺作品中走向大众化的文化消费，这也标志着原先精神指向的"文化"的概念化特征消解，"文化"成为社会生产的一部分，并且逐渐演变为了"包括物质、智性、精神等各个层面的整体生活方式"[2]。因此文化的现代性集中体现在"文化生活"之上，文化是

---

[1] TYLOR E B. Primitive culture：Researches into the development of mythology, philosophy, religion, art and custom [M]. London：John Murray Press, 1871.

[2] 雷蒙·威廉斯. 文化与社会：1780—1950 [M]. 高晓，译. 北京：商务印书馆，2018：19-20.

现代人在城市中自由演绎的生活方式，文化态度、文化习性与文化实践上的差别构成了现代文化的多样性，并在不同的地方空间形塑相异的文化生产模式。

关于现代社会文化存在的方式，布尔迪厄用"文化资本"一词予以代称，用以泛指任何与文化活动有关的有形与无形资产，并将其具体分为了实体化的文化资本、客观化的文化资本及体制化的文化资本，可以简单理解为文化能力、文化产品及文化制度。与其相似，戴卫·索罗斯比（David Throsby）同样定义了"文化资本"，并且将其与"可持续性"联系在一起。但是与布尔迪厄的社会学观点不同，索罗斯比的观点是经济学的，其聚焦于文化经济现象中"文化价值"与"经济价值"的矛盾问题，提出以文化价值为核心的"文化资本"是文化经济得以持续的观点。[1]在它的理论中，文化资本分为有形与无形两种，有形的文化资本在外部特征上趋同于物质资本，诸如建筑物、遗址、绘画、雕塑等。无形的文化资本是一种智力资本，表现为群体所共享的思想、习惯、信仰和价值观等，也表现为像音乐、文学等作为公共商品的艺术品。文化资本具有"存量"与"流量"的特征，在给定时间点上，有形文化资本与无形文化资本都属于资本存量，它们本身作为资产拥有文化价值和经济价值。这类存量所引起的资本服务流，可以直接进入最终消费领域，或者可以与其他投入品相结合，用以进一步生产具有经济价值与文化价值的商品和服务。然后，这些商品与服务本身可以作为最终消费品，或者可以再与其他投入品相结合，进入下一轮生产过程，以此类推。

显然，布尔迪厄与索罗斯比都对文化资本具体的表现形式做出了明确的划分，同样都将文化资本大体分为了无形和有形两种，也同样强调了文化资本的代际传递性，即"可持续性"。不同的是，布尔迪厄的"文化资本"偏向于人的文化能力与文化素养，而索罗斯比的文化资本则更强调在经济运行中的文化资源存在与文化价值的经济转化。但是，两者对文化存在的认识皆有着一定的角度局限，或者说只是涵盖了文化存在形式的某一个具体的方面。而21世纪的文化存在，不仅是以无形的力量浸润个人素养的提升，也不仅是作为文化创意资源介入到经济运行，文化还在人们日常生活中得以孕育，并且以促进个人及群体的行动表现为文化价值观的塑造。

不管是泰勒或是威廉斯对文化的定义，抑或是布尔迪厄与索罗斯比对文化资本的讨论，纵观文化历史的时间轴，对文化的理解必须基于特定的时间与空间坐标才具有意义。因此，要理解文化在生活日常中的存在及文化资本的作用形式，我们需要对文化的内涵做出适应现代语境的内涵解释。进入21世纪，"文化"最为突出的特征便是明显地突破了以往在文化作品创作或是文化经济内嵌的话语局限，而逐渐在国家、城市，最重

---

[1] 戴卫·索罗斯比. 经济学与文化 [M]. 王志标, 张峥嵘, 译. 北京：中国人民大学出版社, 2015：30.

要的是在地方日常生活层面发挥着创造作用。

在国家层面,提升国家文化软实力、增强文化自信在国家的政治与思想话语中受到前所未有的重视,尤其在全球文化互通互融的背景下,国家之间的竞争已经进入到亨廷顿所预言的"文明的冲突"的阶段,在文化对话中掌握绝对话语权成为近些年国际社会的共同呼求。❶ 在城市层面,文化在城市形象的形成、城市品牌的构建及城市发展模式的各个方面发挥作用。我国学者张鸿雁聚焦世界城市化发展的现实,将"城市文化资本再构建"作为21世纪城市可持续发展的方法论,并着重探索了城市文化资本在城市空间价值、城市形象构建等方面的作用。无疑,21世纪的城市发展已经逐渐甚至彻底摆脱了20世纪以工业规模化大生产所主导的粗放模式,转向以高质量发展为总要求的精进式发展方式。所谓"低碳友好"并不仅指城市环境改善,在城市产业结构、社会发展方式及人文理念塑造等方面皆在新的世纪大门打开之时发生了颠覆性的改变,因此因应迅速时代变革的城市需要具备可持续的意义,寻找"崇高的影响",并创造"永恒的利息",这便是"城市文化资本"。由此可见,"可持续性"是"文化资本"的主要特征,并已经脱离了经济资本的逐利性质,而更强调文化的传承与繁衍利益,是一种新时代的文化动力。

国家与城市层面的文化转向显现出文化在社会经济生活中的外拓性,而体现在地方则表现为新时代的文化使得日常生活日益突破了"日常性",一场"日常生活的文化革命"❷ 已经到来。这场革命是文化现代化的产物,表现在技术所改变的人的主动参与及日常生活审美化的崛起。列斐伏尔最先关注到日常生活的这一变化,并将日常生活作为一种整体,聚焦日常生活中的关系与精神过程,认为技术自动化与信息化解放了劳动力,进而推动了人的极大解放,人们获取愉悦的方式不再完全依赖于艺术,反而更依赖于日常生活的满足。列斐伏尔的敏锐观察不仅透露出了文化在生活、消费领域的物质关系,更透露出了文化在空间生产领域的创造性,这种生产既不是产品的经济创造,也不是抽象的文化想象,而是日常生活赋予每个差异化个体的创造性权利,这也是日常生活被赋予革命性的所在。❸

文化是特定社会成员的行为规律,特定群体在实践中生产出相似的文化,而也正是因为文化的规约,才孕育了地方特色的文化。如今文化在日常生活中的行为革命,也并

---

❶ 金惠敏.文化帝国主义与文化全球化:约翰·汤姆林森教授访谈录[J].陕西师范大学学报(哲学社会科学版),2012,41(6):11-20.

❷ 易晓明.日常生活的文化马克思主义:列斐伏尔的日常生活理论作为一种文化理论[J].社会科学文摘,2020(6):100-102.

❸ 易晓明.日常生活的文化马克思主义:列斐伏尔的日常生活理论作为一种文化理论[J].社会科学文摘,2020(6):100-102.

不止于审美经验的泛化，而是文化内容生产在日常生活层面的普及。着眼美好生活向往的满足这一社会主要矛盾背景之下的文化存在，从社区环境风貌的改造、空间有机更新，到社区居民文化消费、文化参与，形塑社区的精神文化生活。

二、文化生产从文化经济走向文化社会

从法兰克福学派提出"文化工业"开始，"文化生产"一词似乎已经被界定为了文化商品的工业生产，这种生产是物质的而非精神的。而伴随着后工业化时代文化的崛起，人们逐渐在各类文化消费、文化娱乐及文化参与中得到自我满足，并上升至精神层次与素养的提升，文化生产便已经脱离了物质，走向了精神层面。布尔迪厄、列斐伏尔等一众后马克思主义学家率先关注到了这一变化，并将理论关注点从资本主义工业生产下的社会异化转向对文化的关注，昭示着文化生产大时代的到来。

美国著名的批判社会学教授丹尼尔·贝尔（Daniel Bell）将人类历史划分为了三个阶段，即前工业社会、工业社会和后工业社会。后工业社会最突出的特点便是以文化为重要经济增长动力的萌芽出现，并塑造了一种完全区别于工业驱动的城市发展新模式，城乡中的大量劳动力走出工厂并走向第三产业，人们对物质的精神性需求直接转化为了消费增长，消费物欲控制下的社会又借助信息技术革命的东风，使全球贸易开始了去工业化的进程，国际化分工从制造业逐渐向文化艺术倾斜，包括工业设计、数字出版及媒体等文化创意活动要素直接承接了福特主义下的产业和劳动力，成为当代城市文化经济发展第一个"吃螃蟹"的人。因此，自世纪之交开始，文化经济开始走向繁荣，英国的创意产业、美国的版权产业、日本的内容产业及中国的文化产业等，各国皆开始明确文化经济发展的主要方向。中国的文化经济是伴随着市场经济体制诞生的，自此逐步建立了文化产业与文化事业双轮驱动的文化市场体系，而也同样是在2001年，中国加入世界贸易组织之后，在跨国企业的作用之下，以文化创意产业为代表的竞争成为世界各国争取文化话语权、提升国家文化软实力的主流。

城市文化经济的兴起与信息技术革命有着直接的联系，或者说信息技术革命对文化经济的繁荣既是直接动力，也是反向动力。信息革命催生了全球生产领域的变革，使得以往的生产模式逐渐突破了时间与距离的限制，并且直接拓展了文化创意产业的生产与消费的空间，数字互联环境下的公众文化参与呈现在线与在场叠加的时空秩序，并且借以现实空间与虚拟空间相互作用的时空动量重构着城市文化空间。但是，信息技术同样造就了人们文化信息接受的碎片化，以及现实交往的冷漠疏离，使得高速现代化的城市陷入"地方终结"的陷阱。曼纽尔·卡斯特（Manuel Castells）直接宣称了"网络社会"的到来，在这个虚拟社会中，时空压缩消解了人们现实的时空感知，"地域的概念从文

化、历史与地理的要义当中解脱出来,并且被重组进类似形象拼贴的功能网络中",❶ 资本脱离了时间,文化逃离了时钟,人类进入了共享的时间逻辑,人们的空间感知附属于网络的流变,并变身为"无结构的空间"。❷ 网络社会的时空同构让人们对地方的感知愈加消弭,地方终究会成为"无地方","无地方"将会通过持续的循环、传播及消费来切断社会纽带及人与世界的联系❸,并愈加支配着地方的意义与活力,而使得地方空间愈加丧失了权力。

网络虚拟社会对现实时空强大的支配逻辑反而让"地方"重塑变得愈加重要,虽然对城市问题的讨论已经不再囿于现实的空间,但是不得不承认,城市是否具备鲜明的可读性是由地方差异决定的。相比起卡斯特对地方消逝的担忧,多琳·马西(Doreen Massey)显然态度积极,其认为数字互联事实上让"地方"的产生变得更为开放并且多渠道了。❹ 然而,网络虽然让知识信息的流动更为自由,人们的文化参与更为活跃,但是信息技术毕竟仅是一项人类社会发展的辅助性工具,并不能从根本上代替人的现实生活,称为"网络社会"及"地方产生"还言之过早。数字互联重塑的文化生产,需要走出文化经济的物质生产局限,扩大文化生产的社会容量,以对适应网络社会语境下时空逻辑的定义重设恢复地方的权力地位,重构现实的人地联结。

因应现实人际关系的疏离及"地方"的失语构成的数字互联环境下的传统叙事嬗变,以社区为中心的营造计划不再以灾后重建为主要功能,而转向以社区美好生活为主要目标。起源于日本的社区营造自20世纪90年代传入我国,当时并未引起足够的重视,而近几年伴随着城市精进化高质量发展目标的日渐明确,各个地方均涌现出以社区营造重塑地方活力的计划与组织,诸如北京的史家胡同,成都的"梦想社区"计划,以及地瓜社区、青年空间等新型创意社区等,皆致力于重现亲密的人际关系与美好的社区生活,这些社区新模式的出现也恰恰说明现代城市社会人们仍然存在着对以传统血缘、地缘的初级关系依恋,当代文化生产最终也必然以人对美好生活的永恒追求为圭臬。

对"地方"重塑的强调并非回到传统的固化的"地方",而是城市"地方感"的塑造,以增强城市差异多样性,塑造城市特色。同时,在全球化已然无法剥离于社会经济发展的今天,需要明确的是全球视野与国际眼光并不是城市发达地区的专属,城市地方感的塑造同样需要与全球联通,因为仅仅依靠地方,或社区赋权并不能够改善当地的经济与社会发展困难。因此"地方"重塑需要以更为开放与长远的视野构建与国际化社会联结沟通的渠道,树立文化生产与成果共享的全球空间意识,在地方重塑"全球—地

---

❶ 卡斯特.网络社会的崛起[M].夏铸九,王志弘,译.北京:社会科学文献出版社,2006:383.

❷ 卡斯特.网络社会的崛起[M].夏铸九,王志弘,译.北京:社会科学文献出版社,2006:566.

❸ CRESSWELL T. Place [J] .International Encyclopedia of Human Geography, 2009, 23(4):174.

❹ MASSEY D. A global sense of place [M] . London: Routledge, 2008: 269–275.

方"的联结,这对实现文化空间生产的公平正义尤为重要。

三、文化参与从被动关注走向多元共享

后工业时代文化的崛起在改变了文化生产从经济导向转向文化整体的同时,在社会层面最广泛的影响便是改变了个人的文化行为实践,并体现为文化参与从个体的被动关注转向多元共享的文化生态。文化参与者愈加明确其文化生产主体地位,在积极的文化参与中塑造自我、体现个性。文化参与的组织模式开始突破以往政策与政府资助安排的有限的传统文化形式,嵌入日常生活并吸引多元社会主体共同组织。

文化参与的转变仍然要从行动者层面寻找原因,追溯文化参与的历史踪迹,可以更为鲜明地看到文化主体的审美转向。工业革命将文化的生产资料属性进入大众视野,在此之前,文化活动并未得到政府管理部门足够的重视。中华人民共和国成立初期,文化部门一直被视为传播意识形态的喇叭,只具有宣传功能与教化的性质。而在西方,对纯艺术形式的欣赏则变成了区分社会地位高低的标志。在布尔迪厄文化资本理论的框架中,文化参与是文化资本产生的来源,不同的文化参与者因其地位阶层的区别而展示出不同的文化品位,而根植于18世纪占据主导以纯艺术欣赏形式为主的"高雅文化"被其视为神圣化与合法化,古典音乐、现代文学、美术等元素被认为具有作为高等社会地位、教育及培养良好品位标志的持续价值,相关文化活动的组织也由国家机构进行赞助、支持及补贴。❶工业革命之后,文化生产力的解放推动着大众文化参与越来越关注个人选择,即使社会精英阶层的文化参与也越来越趋向兼收并蓄,甚至"杂食"。标记着精英地位的文化基础发生了定性的改变,过去被认为是低级、腐败及有损道德的流行文化在社会各个阶层得到普遍接受,到20世纪80年代,几乎所有年龄段的精英阶层已经完成了"杂食"队列的替换❷,大众狂欢时代开启。在中国,以《正大综艺》《超级女声》为代表的综艺类节目的出现,也成为中国从计划经济体制转向社会主义市场经济的文化风向标,文化内容也不仅只作为意识形态宣传的符号工具,更在人们日益高涨的文化需求下具有了娱乐功能,并以短信投票的形式开放了文化参与准入的门槛。

新的知识经济与创意阶层的兴起让文化参与持续处于动态变化与创新的过程之中。尽管罗伯特·帕特南(Robert Putnam)在《独自保龄》一书中宣言自20世纪50年代开始公民参与已经开始下降,但是其中却并未说明特定类型活动的变化,保龄球俱乐部可能变得越来越少,但是其他类型活动及其所创造的归属感正在不断增强。尤其是伴随着

---

❶ WARDE A. Reassessing Cultural Capital [M]. London: Palgrave Macmillan, 2017: 127–153.

❷ PETERSON R, KERN R. Changing highbrow taste: From snob to omnivore [J]. American Sociological Review, 1996 (61): 900–907.

信息技术革命卸掉的时空围墙，文化参与正在变得更为开放主动。根据《世界文化价值观调查》发布的1989—2019年艺术组织参与成员的数据汇总（见图2-1），在30年间，参与教育、艺术、音乐及其他文化活动组织的人数在世纪之交，即进入21世纪之后总体呈现大幅增长趋势，而从20世纪90年代到现在，在艺术组织成员增长的15个国家中，中国增长趋势最为明显，在30年间增长了1倍左右（见表2-1）。

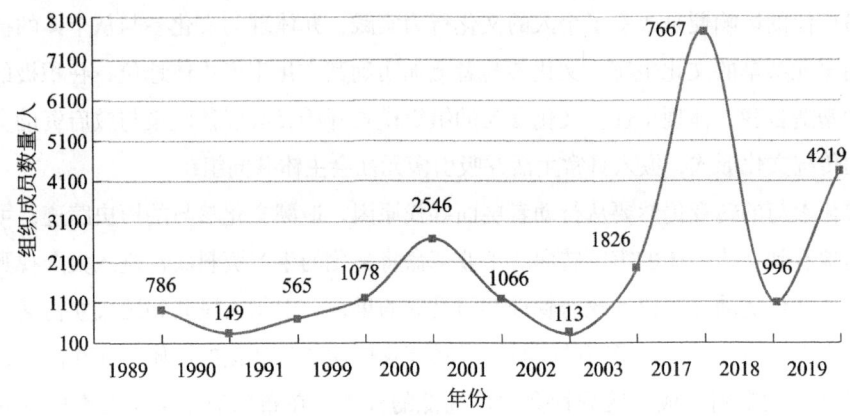

图2-1　1989—2019年参与教育艺术等组织成员数量变化

注：数据来自《世界文化价值观调查》，这项调查涵盖了77个国家，样本设计均采用随机抽样，每个国家样本量为1000～3200份。

表2-1　艺术组织参与国成员增长前15位　　　　　　　　单位：人

国家	1995—1998年参与成员	2005—2008年参与成员	2015—2020年参与成员	增加人数
加拿大	—	2164	4018	1854
中国	1500	1991	3036	1536
巴基斯坦	733	—	1995	1262
印度尼西亚	—	2015	3200	1185
美国	1542	1249	2596	1054
巴西	1143	1500	1762	619
土耳其	1907	1346	2415	508
新加坡	—	1512	2012	500
日本	1054	1096	1353	299
墨西哥	1510	1560	1739	229
秘鲁	1211	1500	1400	189
马来西亚	—	1201	1313	112

续表

国家	1995—1998年参与成员	2005—2008年参与成员	2015—2020年参与成员	增加人数
罗马尼亚	1239	1776	1257	18
约旦	—	1200	1203	3
安道尔	—	1003	1004	1

注：由于此项调查个别国家加入时间并不统一，因此在调查时间上存在一定的错位，此表仅统计了在一定时间段内能够查阅到的国家数据，并未涵盖所有样本国。

大众文化参与的空前高涨推动了文化休闲娱乐业态的繁荣，也让政府的文化政策开始从中央转向地方。"繁荣发展文化事业"成为地方政府满足群众性基础文化需求的规范动作，《中华人民共和国公共文化服务保障法》也是继《中华人民共和国著作权法》《中华人民共和国非物质文化遗产法》《中华人民共和国文物保护法》之后的第一部基础性、综合性的法律。同时，伴随着政府权力下放，众多社会组织及企业也开始加入文化建设，它们入驻社区并以重启地方文化活力、重塑社会凝聚力为目标，以创意与开放的文化活动组织吸引社区居民参与，自下而上的自组织参与加快了我国文化服务体系的去中心化进程。聚焦地方的文化参与，英国艺术与人文研究会在《理解日常参与——阐明文化价值观》项目中，基于21世纪英国文化偏好与活动的性质带来的新启示，直接阐明过去文化政策导向与国家资助的文化参与项目需要彻底改革，其掩盖了某些文化参与形式在日常领域中的重要性，而这些日常参与形式恰恰对发展社会资本、维持社会网络、重新定义社区具有重要作用。❶ 发生于文化领域的一系列参与实践表明，过去布尔迪厄所构建的以精英阶层文化偏好为正统的"高雅"文化框架已经不再适合于文化实践的包容性语境，因此需要将地方纳入分析框架重新定义"文化参与"，以此发现并识别现代文化治理的核心逻辑。

从关于"文化参与"的官方定义中，我们仍能看到文化参与的地方转向。联合国教科文组织引用了托尼·贝内特（Tony Bennett）的观点，将文化参与定义为可能与特定文化相关的艺术和日常生活活动。它指的是"文化品位、价值观和行为方面的种族差异不仅体现在艺术和媒体偏好上，还体现在不同生活方式的日常节奏中；以及这些与其他相关社会特征（如阶级和性别特征）的联系方式"。❷ 欧洲委员会（Council of Europe）根据联合国教科文组织的定义，进一步将文化参与分为"积极的文化参与"与"被动的

---

❶ MILES A, GIBSON L. Everyday participation and cultural value [J]. Cultural Trends, 2016 (3): 151-157.

❷ BENNET T. Differing diversities: Transversal study on the Theme of Cultural policy and cultural diversity [M]. Strasbourg: Council of Europe Publishing, 2001.

文化参与"两类。积极的文化参与主要是指艺术表达与创作，既有助于充满活力的文化发展，也有助于表达和接触差异化的观点而促进民主社会的运作；被动的文化参与主要是指看电影等日常文化活动，此外还包括通过互联网参与的被动文化接受。在欧盟文化委员会的文化统计中，将电影、现场表演、参观文化遗址及进行艺术创作活动（如演奏会、唱歌、跳舞或绘画）视为文化参与的主要形式，并认为文化参与主要体现的是文化和创造力，影视视听、音乐、文学、现场表演及其他形式的文化表达最主要的作用在于构建了人与社会沟通的桥梁，能够提高个人的生活质量，并增强社会整体福祉与社会归属感。从以上定义中可以发现，现代转型的文化参与包含了至少三个关键方面：一是文化参与作为产生社会资本的一种方式从特定艺术形式转向日常生活实践，文化的参与不再是某些特定人群展现文化品位的专属，而是大众娱乐与日常生活所需的一部分；二是文化参与的情境性，即将"地方"概念纳入文化框架，进而将"参与"定义为一种过程、关系与感觉结构，日常生活的文化参与明显区别于纯艺术的欣赏与创作，而是一种情境化的感受，并以此代替纯社会价值观的口号式的直接输入，提升生活质量、提高人文素养；三是文化参与的动态变化性，无论是从"高雅"到"文化杂食"，还是从被动到积极，文化参与也是一个从理念到形式不断创新的过程。现代社会的文化参与主体扩展为了全民娱乐，互联网社交媒体、短视频社交平台等新型文化形态，不仅扩大了文化参与的空间，更在互联网生态中塑造了无数知识社群。因此，现代社会文化参与在日常生活的嵌入，也必然脱离不了数字互联的技术语境，以实现对线下城市社区的反哺。

第二节　城市发展探索新模式

社区是城市最为基础的政治施策、社会施予及文化实践的生态单元。现代城市社区生活圈规划的诞生，源于城市现代化的高质量转型的要求，也是对城市发展人本转向的积极回应。回溯城市建设的过程，从大拆大建到有机更新，从扩大增量到优化存量，从生产型到消费型，再到诸如田园城市、海绵城市、韧性城市及公园城市等城市概念的兴起，城市模式的迭代联结着人民对美好生活的向往，而在城市化进程依旧持续加速、城市问题愈加突出的今天，如何以一种更趋向于整体城市发展的方式引导城市通往宜居，才是城市可持续问题最重要的方面。正因如此，地方社区才被重新提起，并成为城市持续创新、提升生活质量的末端技艺。

一、从城市蔓延到有机更新的城市建设人本转向

21世纪的城市建设已经逐步从物质性的经济生产空间转向生活空间，城市规划方法的"人本"转向及对需求结构的适应响应孕育了城市社区生活圈的方法样本。从原始村落到现代都市，人类文明的生长进化已经证明了城市是人类生活的最佳去处，正如爱德华·格莱泽（Edward Glaeser）所宣称的"城市的胜利"一般，城市的发展与人的发展不可分割，并且是"最健康、最绿色、最富裕、最宜居的地方"。日本、澳大利亚及英美等发达国家的城市化率皆在80%以上；同时自改革开放以来，中国的城市化率同样持续提升42.1%，2022年达到了65%以上。在未来，城市化将是全球经济社会发展的主旋律。然而，在新型城镇化持续深入、城市化率仍在不断提升的同时，诸如环境污染、交通拥堵、盲目开发、绅士化及生活空间碎片化等"新城市危机"[1]问题也愈加凸显，并直接影响到城市的发展甚至引起城市的日益衰退，城市作为宜居之所的中心地位正在受到挑战。

---

[1] 理查德·佛罗里达.新城市危机：不平等与正在消失的中产阶级[M].吴楠，译.北京：中信出版社，2019：14-24.

20世纪初期的城市是工业与经济发展的中心,城市建设遵从着工业化的机械技术化思路,重点平衡工业空间与生活空间的矛盾,解决工业化造成的住房资源紧张及卫生问题。自勒·柯布西耶(Le Corbusier)提出的建设"光辉城市","功能分区"思想占据了城市规划建设的主导地位,柯布西耶大力鼓张"集中",倡导高层建筑摩天大楼、立体化的城市交通、严谨的城市格网及大片绿地。❶ 简言之,即城市各种功能元素需要以严谨的规范机械组合,城市才能可控并充满效率。柯布西耶的机械理性,尤其是其"功能分区"的核心思想影响深远,但是单纯凭借机械理性仍然无法解决城市中"人"的问题,特大城市无限制扩张、人的生活空间被严重挤压、贫富分化及犯罪等社会问题开始让一些城市学家思考机械理性思想的突破。埃比尼泽·霍华德(Ebenezer Howard)基于膨胀的核心城市带来的社会问题,提出城市应当回归人本,并提出了一种田园牧歌式的城市乌托邦,即著名的"田园城市"。沿袭霍华德的人本主义思想,在西方的城市规划中又陆续涌现了诸如"有机城市""广亩城市"等城市发展模式,但是这些城市思想过于凸显了个人平均主义,反而进一步加速了西方国家郊区化的进程。一方面城市核心区充斥着密集的城市街道与摩天大楼;另一方面城市中心区的吸引力却在逐渐消逝,原先在城市中心区占据主导的中产阶级大量涌向郊区。尤其在20世纪后期,西方国家去工业化进程加快,城市在不断"蔓延"的同时也在"收缩",诸如底特律一般的铁锈城市迅速衰败,反城市主义的最终结果是城市的整体破产。

在同一时期的中国,城市现代化的进程与西方有着明显的差别并相对缓慢。我国真正的工业化进程是从中华人民共和国成立初期开始的,为保障工业发展所需的生产资料供给和原始资本积累,国家通过征收农业税、工农产品"剪刀差"的统购统销与计划配售,从农村统调大量资源给城市。因此,中国的城市现代化很大程度是由政府主导的,广袤的乡村成为城市化初期的资源供给地,农村人口大量向城市转移但是又受到户籍制度的限制,城乡矛盾制约城市化发展。自21世纪初期,我国加入世界贸易组织以来,因大量劳动力与低廉的土地价格更是成为全球向往的"世界工厂",制造业迅速崛起的同时也产生了与西方国家工业化时期同样的城市问题,以经济开发区为载体的城市土地开发速度加快,中国同样驶入郊区化与城市化并行的轨道。同一时期,互联网的迅速普及直接扭转了城市产业结构,从2012年开始,第三产业所占GDP的比重超越第二产业并逐年增长(见图2-2)。城市,尤其是一线城市中位于经济技术开发区的工厂逐渐转移甚至迁出城市,软性服务业进驻城市中心形成中央商务区,产业的集聚重新刺激了大

---

❶ 勒·柯布西耶.明日之城市[M].李浩,译.北京:中国建筑工业出版社,2009:15.

量人口，尤其是知识分子、科学家、工程师等"创意阶层"❶重新进驻城市，并被认为是促进城市经济增长的核心力量。但是，伴随着集聚程度的加深，人口与用地、收入水平与高昂房价之间的不对等逐渐凸出。

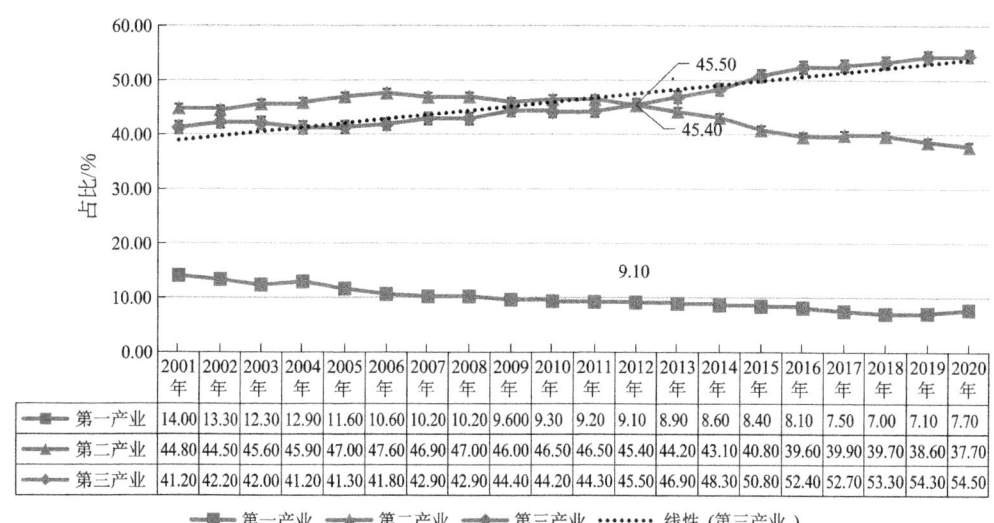

图2-2　2001—2020年中国三大产业占GDP比重

数据来源：国家统计局。

城市化进程中显现出的城市蔓延与人民生活之间的矛盾要求城市需要探索更加可持续的发展思路，这不仅涉及单纯城市风貌改造的"美化"问题，更需要重建城市肌理为城市空间注入活力，以及重塑邻里关系促进社区整体协同、培育社区凝聚力量。因此，在21世纪兴起的"新城市主义"，就城市蔓延及城市扩张带来的系列问题提出可持续发展与"精细增长"的回答，新城市主义不再停留于霍华德时期"田园牧歌"式的城市乌托邦，而是聚焦城市社区空间与步行邻里的建设，以此启发可持续的社区关系与城市发展。在具体的城市建设中，小尺度的城市有机更新逐渐取代了过去大拆大建的规模化模式，着眼于城市公共空间、社区邻里空间及存量空间活化的有机更新，在中国乃至全世界的城市运动中推广开来。

社区生活圈概念的诞生正是源于对郊区化的城市担忧，2014年时任巴黎市长的安妮·伊达尔戈（Anne Hidalgo）在其施政纲领中明确要"坚定不移地去汽车化"，并提出了"15分钟生活圈"的概念，竭力要从汽车的受众夺回城市街道的控制权，将城市空间还给居民。因此，"还权于人"成为社区生活圈的概念核心。而在中国，城市问题明显更为复杂。一方面，中国特有的乡土基因要求城市的发展必然不能脱离乡村，然

---

❶ 理查德·佛罗里达.创意阶层的崛起：关于一个新阶层和城市的未来［M］.司徒爱勒，译.北京：中信出版社，2020：24-35.

而持续近百年的城乡拉锯战仍在继续，在城市集群不断从乡村吸引着资源与人才的同时，城市人口的生活环境却每况愈下，因此新时代的城市建设必然要在宜居之外考虑平等。因此，中国的社区生活圈是以公共服务性质为鲜明特征的新社区模式，打破以往的资源空间摊派，以需求定制资源，在更好地平衡城乡差异的同时，也避免了资源浪费。另一方面，空间资源投入的最终目的仍是生活环境的改善，城市高密度环境下的人际关系疏离造成的家园感丧失、城市蔓延与土地垄断造成社区隔离与生活空间分散等问题，要求城市必须走向多功能的去中心化过程。上海市首先意识到这些问题并率先发布《上海市15分钟生活圈规划导则》，将城市街道定义为城市最基本的公共产品、城市居民关系最为密切的公共活动场所和城市历史文化重要的空间载体。随之"城市更新行动"正式纳入"十四五"规划纲要，同时住房和城乡建设部明确城市更新要控制大规模增建与拆除，而是就地安置，在保留城市记忆、维护城市肌理的同时，更主要的目的是保留人、地及文化的关系。❶因此，社区作为城市更新的重要空间载体，已经不仅是生活空间，在城与乡、人口与土地、互联网社群与现实社区等充满矛盾的宏大叙事中，社区更是启迪亲密关系建立的中间组织，支撑着当地社会更多元的需求。

二、从生产型城市到消费型、生活型城市的主导功能转型

后工业化时代与全球化趋势影响下的城市主导功能转型与发展动力转变决定了社区生活圈的文化性存在。早期在韦伯的观点中，城市的本质被认为是密集的"市场聚落"，经济的职能贯穿始终，而决定城市发展动力的是消费者的"购买力"。❷前工业化时期，决定城市发展的购买力主体集中于地主官僚等上层坐食者手中，权力者财富集中直接推动了大型工商业的发展，城市整体偏向"消费型"，韦伯则将其称为"君侯城市"。❸新中国成立之前的城市功能形态便是韦伯所说的"消费型"城市，但是与西方城市君侯统领不同的是，我国城市消费功能主要体现在为作为商品交换的中心及行政中心。在20世纪50年代之后，伴随着新中国成立，国家战略转向重工业带动与经济发展为先，城市不再作为权力者进行集权式控制与思想渗透的工具，而是作为生

---

❶ 住建部.城市更新不准大拆大建,尽量保持老城区格局和肌理[EB/OL].（2021-08-31）[2021-11-26].https://baijiahao.baidu.com/s？id=1709596687462166914&wfr=spider&for=pc.

❷ 马克斯·韦伯.非正当性的支配：城市的类型学[M].康乐,简惠美,译.桂林：广西师范大学出版社，2005：1.

❸ 马克斯·韦伯.非正当性的支配：城市的类型学[M].康乐,简惠美,译.桂林：广西师范大学出版社，2005：5.

产中心开启了工业化动力的城市化进程，城市人口与购买力的增加取决于大型国有工厂及私营制造业，以超大型国有企业的建立为契机，人民生活形态逐渐集中在以工厂为中心的"单位制"集体中。以单位大院为载体的"单位办社会"具有强烈的封闭性，优越的社会福利保障制度更使得单位人不愿离开体制内的社会空间，且这种单位制逐渐蔓延到商店、学校、医院等各类社会组织与机构中，封闭的生活空间事实上是高度行政化管理的产物，社会交往关系相对局限在单位大院中，这种高度集中的"综合性社会管理体制"使得中国社会整体呈现出一种"蜂窝状"的结构。❶ 改革开放之后的单位制社会一度达到高潮，而随之而来的计划经济向市场经济的转型却使得更多城市人口的生活无法依附于单位的行政供给，而是依附于社会。自20世纪八九十年代起，社会生活形态从单位制向"社区制"的过渡侧面反映了城市主导功能从生产型向"消费型"的转型。这种转型并非前工业化时期社会生活形态的回归，而是城市发展动力从工业制造向文化动力转变的体现。

后工业化时代城市主导功能的"消费型"转变以消费便利设施，或称"舒适物"❷的大量出现为标志。特里·克拉克（Terry Clark）通过对美国1200多个城市和世界38个国际大都市的研究发现，自1980—2008年的近三十多年时间里，消费型舒适物的数量显著增加，原先用于解释工业时期城市增长的模型——"福特主义"的资本主义已经过时了，城市重工业的消失增加了城市作为"消费空间"及作为具有明显"象征性与表现力"的"生产"场所的重要性，文化正在主导着后工业化时代和全球化趋势影响下的城市生产与劳动力。延伸哈维·莫洛兹（Harvey Molotch）将土地集约化的城市比喻为一台旨在创造"增长的机器"，克拉克将文化动力驱动下的城市称为"娱乐机器"，认为城市长期以来一直是消费和审美创新的场所，早在本雅明探索巴黎拱廊的时期，城市作为"文化空间"的重要性便已显现，而后工业阶段文化参与的兴起正在成为城市经济活力的关键。与克拉克稍显激进的消费观点不同，爱德华·格莱泽则将现代城市吸引力的着眼点放在城市密度上，伴随着工业社会孕育的工人阶级在现阶段已经得到了自我成长，而决定其居住选择的城市吸引力已经从工资转向了生活质量，西方城市的"逆向通勤"，以及工资降低但房租上涨等现象都可以印证这一点。城市作为高密度的生产中心，无论是低廉的交通还是节省思想交流的成本，都使得人与人之间的接触更加便利，由密度主导的规模化经济也同样促进了类似艺术、博物馆、剧院等非工业制成品的聚集，因此城市的生活质量显然更高。

虽然中西方城市化的进程与动力机制颇有不同，克拉克与格莱泽所论述的后工业时

---

❶ 田毅鹏，吕方．"单位共同体"的变迁与城市社区重建［M］．北京：中央编译出版社，2014：9．

❷ 西方学者将这种消费便利设施称为"舒适物"，以此更为形象地赋予了设施以符号价值的属性。

代城市变身成为"娱乐机器"及消费型舒适物的集聚地的观点也稍显偏激，但是从工业时代到后工业时代人们的生活观念转变却是一致的，即对生活质量的追求及"日常生活审美化"的趋势。丹尼尔·贝尔曾经指出，后工业社会的个人身份已经从生产性的主体设备中得以转移，"随着传统社会阶级结构的瓦解，越来越多的人不希望根据他们的职业基础，而是根据他们的文化品位和生活方式来确定身份"，消费型舒适物的数量增长仅是表面，人们对生活质量的追求从消费型舒适物中获得的简单感官感受进一步升级为符号价值的审美体验，遗留的老旧工业厂房因其美学潜力而被挖掘变身成为创意产业聚落的案例不计其数，现代咖啡厅也从单纯的饮品间成为集娱乐、议事等多重功能的休闲空间。

城市文化的本质是一种"累积"结构，因而消费方面的灵活积累使得现代城市人更加关注快速变化的时尚，并以此获得生活质量上的满足。与其说现代城市的主导功能是消费型的，倒不如说是生活型的，越来越多的人源于对美好生活的向往而来到城市，而非高额的工资。近年来诸如北京等特大型城市的人才流失事实上也说明了这一点，《中国科学基金杂志》统计的杰青人才流动大数据发现，自 1994 年以来，北京市是人才流失最严重的地区。❶2019 年北京市人才净流入占比下降了 3.9%❷，而深圳、杭州、上海、成都则超升北京成为人才流入的首选城市。❸ 与此同时，在以国内大循环为主体、国内国际双循环相互促进的发展格局中，建设"国际消费中心城市"正在成为新一轮的国家发展战略与城市的竞争选择，核心目的旨在强化消费力量促进经济发展。因此，正如克拉克与格莱泽等新城市主义倡导者所预示的那样，制造业在从城市中心转移的同时也塑造了新一代的社会公民，传统城市重生产而轻消费的模式已经无以为继，消费文化在未商品化的日常生活领域的渗透不仅正在创造一种新的城市财富密码，也在重塑人们的生活理念。

城市社区生活圈的出现便是城市主导功能向消费型与生活型转变的产物。从城市规划的角度说，城市社区生活圈的建设是以城市消费便利设施为载体的社区治理手段，从城市发展的角度说，社区生活圈既是对传统行政规制式社区的突破，也是以突破传统吸引人才居住选择的重要载体，通过重理社区生活形式，重塑人民生活状态，进而提升城市生活质量。而从城市发展动力的文化转型的角度来说，文化动力在日常生活

---

❶ 高校网大秀.北京高端科研人才外流？主要原因是中科院高端科研人才流失严重！［EB/OL］.（2020-05-19）［2023-03-09］.https://baijiahao.baidu.com/s？id=1667132787559230376&wfr=spider&for=pc.

❷ 澎湃新闻.2020 中国城市人才吸引力报告［EB/OL］.（2020-10-28）［2023-03-09］.http://www.199it.com/archives/1146046.html.

❸ 脉脉.2020 人才吸引力报告［EB/OL］.（2020-12-23）［2021-11-26］.http://www.199it.com/archives/1174713.html.

层面的渗透性存在预示着无论是新时代的城市发展还是社区生活圈的建设，皆不是仅能够通过环境美化或设施布局来完成，而是需要以整体情境化的思路考虑非硬件的文化内容生产，社区内任何设施的布局与文化活动的组建皆需要关注其符号与审美体验层面的价值。

三、从经济资本主导到创意资本主导的高质量发展规约

城市社区生活圈的出现是城市发展迭代的产物，因应生活质量提升的需求，也是城市增长模式转向创意资本驱动的适应性空间变革。当前，与区域发展从工业化时代向服务型的后工业化时代转型的进程同步，人们的消费模式也从物质型、生活型的消费转向发展型、享受型的精神文化消费转变，因此在消费需求驱动下的城市产业空间，挖掘创意资源、吸引创新人才、发展文化产业成为全球各个城市实现经济增长的要点。❶

工业化时代的城市经典理论将土地、劳动力、资金作为驱动城市增长的关键要素。威廉·配弟（William Petty）将"土地"认为是"财富之母"，而"劳动是财富之父"❷，亚当·斯密将工资、利润及地租视为劳动价值决定论的关键要素。❸ 简言之，即用生产视角解释价值创造，土地与资本存量是城市财富增长的关键。20 世纪 50 年代，"二战"结束之后的德国与日本城市的快速经济复兴开始反映出传统经济理论的不足，着眼于财富增长与土地、劳动力、资本等生产要素之间的发展错位，西奥多·舒尔茨（Thodore Schults）、加里·贝克尔（Gary Becker）、罗伯特·卢卡斯（Robert Lucas）等人开始将城市财富的密码聚焦于"人力资本"之上，将人本身作为可以通过投资实现经济增长的关键，而投资的方式则主要是通过教育、培训及保健等。❹ 人力资本理论进一步启发了过去城市过度依赖资源开发的建设模式，进而转向对教育学习的重视，并通过吸纳知识型人才谋求人口红利、提升城市竞争力。20 世纪 70 年代以后，在城市化迅速扩张的同时也剥离了原先村居式的集体传统，人际关系交往的疏离造就了"原子化"的个人，"独自打保龄"❺ 成为当时城市社会的缩影。帕特南详细描述了美国社区在 25 年间的社会

---

❶ 褚劲风. 创意城市：国际比较与路径选择［M］. 北京：北京大学出版社，2014：34.

❷ 成敏忠. 威廉·配弟经济增长思想述评［J］. 温州师范学院学报（哲学社会科学版），1997（2）：44—46.

❸ 康珂. 亚当·斯密价值理论的梳理及思考：《国富论》的启示（完结篇）［J］. 现代商业银行，2021（3）：48—51.

❹ 杜育红. 人力资本理论：演变过程与未来发展［J］. 北京大学教育评论，2020，18（1）：90—100，191.

❺ PUTNAM R D. Bowling alone：America's declining social capital Culture and politics［M］. New York：Palgrave Macmillan，2000：223—234.

关系衰落，他观察到人们对参与集体组织包括进行民主投票的意愿明显下降，社区意识正在当前的城市社会中逐渐消逝，因此，他呼吁重新重视起"社会资本"，以重建集体团结的美国梦。法国社会学家阿历克西·托克维尔（Alexis Tocqueville）进一步将帕特南所论述的公民参与积极性的丧失归结于政府干预，认为政府制度框架下过度强调的社会平等反而会造成人与人之间的孤立，因此亟待构建起一个赋予公民个人自由的公民社会。然而帕特南等人的城市社会资本观察却并未注意到数字互联语境下的公民参与，因此克拉克在其基础上重新剖析了现代公民参与的形式，并受到约瑟夫·熊彼特（Joseph Schumpeter）及雅各布斯观点的启发，将"创新"作为经济发展的重要驱动力，而公民则以独特与分散的方式成为经济增长的推进器。❶ 因此，进入20世纪90年代之后，"创意资本"作为一种城市增长的新模式被广泛提及，理查德·佛罗里达（Richard Florida）将科学家、工程师、艺术家等高阶知识分子统称为"创意阶层"，并认为能否吸引并留住创意阶层是城市成功的关键，创意阶层的品位"不仅重塑着城市，还影响着文化、工作方式和整个社会的发展"。❷ 而在佛罗里达之前，创意所孕育的城市繁荣事实上已经在彼得·霍尔（Peter Hall）的研究中得到证实，其通过世界城市历史学的考究，包括公元前5世纪的雅典、14世纪的佛罗伦萨、莎士比亚时期的论断、19世纪的维也纳、19世纪晚期至20世纪初的巴黎及20世纪20年代的柏林，这些黄金时代的城市都有着某些共同的特质，即都是处于社会动荡时期的世界大都市，并且都吸引着"天才"，才创造出辉煌的艺术。因此，创意资本所驱动的城市增长，事实上便是对以往城市发展模式的重整并使其适应未来，而毫无疑问，对人才的吸引在城市发展的各个阶段都是核心的要素。

21世纪的城市新经济，是一个脑力劳动已经明显取代体力劳动的时代，城市需要超越过去一味降低成本及提高产能的发展模式，转向谋求创新型人才，并为其提供便利的、密集的知识交流与思维碰撞的平台渠道。对一座城市要如何吸引并留住"创意阶层"，构建"创意城市"，除却发展创意经济，查尔斯·兰德利（Charles Landry）指出了非常重要的一点，即构建"地方认同感"，并且认为一座城市事实上就是各种认同感的集合体，互联网技术营造的虚拟世界使得这种认同感可能存在于城市中的各个地方，并且以不同的生活方式呈现，❸ 而最为持续的现实认同感无疑存在于社区

---

❶ CLARK T N. Can Tocqueville Karaoke：Global Contrasts of Citizen Participation,the Arts and Development [M]. Bradford：Emerald Group Publishing Limited，2014.

❷ 理查德·佛罗里达. 新城市危机：不平等与正在消失的中产阶级 [M] 吴楠，译. 北京：中信出版社，2019：6-8.

❸ 查尔斯·兰德利. 创意城市：如何打造都市创意生活圈 [M]. 杨幼兰，译. 北京：清华大学出版社，2009：181.

之中。

　　构建地方认同感是城市社区生活圈的使命。帕特南所强调的公民参与积极性的下降及公民意识的丧失，是对现代城市建设"社区感"消逝的哀叹。而在克拉克的城市秘方之中，托克维尔不仅能够 K 歌，甚至还能微信点赞，因为文化与艺术已经开始跨越社会组织和公民团体，成为促进参与、吸引人才集聚的魅力场景。因此，城市社区生活圈要摆脱"独自保龄"的原子化社会，便需要依靠文化与艺术的力量吸引人才的集聚并孕育贡献城市的创意，从文化这一思想意识形态的根源起构建其地方认同感。

第三节　社区发展寻求新方向

从单位制的生活集体，到"社区制"的出现，我国城市社区作为一种居住的生活空间形态，长期处于行政制度管辖下的"严谨"中。然而，社区最早作为一个社会学与人类学的概念，作为从传统原始村落牢固稳定的社会关系网络演化而来的生活形态，血缘与地缘凝结的亲近邻里与共同体应当是社区概念的本质。因此，在全球化与数字互联技术所塑造的既互联互通却又彼此愈加疏远的现代都市里，重塑"社区感"、构建"共同体"应当是社区发展的新方向。

一、从社区到社区生活圈，文化触媒现代都市邻里重建

从社区到社区生活圈，既是我国在居住空间规划层面的一次改革性尝试，也代表着城市发展进程中社区治理层面的人本化转向，旨在回归"社区"概念，触达邻里本质，唤醒社区关系，重缔人际联结，摆脱"原子化"个人。

从过去群聚而居的原始村落，到现代商业大都市里所充斥着的门禁社区，社区的空间形态随着时代逐一演化。相对原始村落来说，我国较为成熟的城市社区形态起源于春秋至唐宋时期的"里坊制"，里坊制建立的初衷是为了防止偷盗，里坊外建立高墙与外市相隔，以此作为居住生活空间的"里"与作为商业活动空间的"市"通过坊墙划定了明显边界，"凡仕者近宫，不仕与耕者近门，工商近市"❶，空间功能的鲜明分异及居住空间的相对封闭构成了里坊制的典型特征。然而随着商品经济的发展，封闭的里坊已经不能够满足各类商业活动的需求，至北宋末年，沿街建市的现象愈加普遍，里坊制也正式解体，开放的街巷取而代之成为我国传统社区的典型形态并保留至今。相对里坊制，街巷形态更加开放，且空间功能混合并未有明显空间分野，居住社区内配置瓦子、酒肆、茶坊、浴室等，社区内也开设学校及商铺。❷直至清代，社区形态与届时的官朝制度联

---

❶ 徐菊芬.中国传统与现代居住空间形态对比研究：兼论现代居住区的社区性不足[J].住宅科技，2012，32（10）：1-5.

❷ 魏群.中国传统居住社区的空间形态及其流变[D].泉州：华侨大学，2007.

系紧密，社会组织功能鲜明，清末保甲制作为社区管理制度更加强化了行政职能，成为统治阶级掌握意识形态的管治工具，里坊时代的严格城市管治复现。中华人民共和国成立之后，计划经济时代大兴建"厂"催生了我国又一代表性的居住社区形态——单位制。单位社区作为一种生活居住形态，源自苏联在布尔什维克堡垒构建的"社会凝结体"。❶我国依托国有企业单位工厂，以及各类学校、医院等建立的单位社区不仅有着封闭的边界，更有着统一标准的设施配置、福利制度等。因此，单位社区带有着强烈的标准化特点，是一种强化政治权威及工人阶级集体主义意识的空间模式。❷

除却传统街区形态的社区，如现在的老北京城，仍然相对完整地保留着街巷形式的城市肌理与传统文化风骨，以及经典单位制形态的社区，我国现代都市中的社区空间形态皆是类似于"门禁社区"的形式。门禁社区最早源于国外，伴随着从福特主义向后福特主义的过渡，在城市蔓延中的郊区地带分布着带有门禁隔离设施的住宅区域，此类社区一般为高收入家庭居住。伴随着全球化趋势演进，以及我国在市场经济驱动下的土地有偿制度，城市中的各类商品房住宅区也同样采用门禁社区的形式，传统的坊墙被门禁及保安所替代，居住空间隔离于生活、工作空间之外，且收入的差距也随之导致了居住水平的空间分异。我国社区居住空间再度趋向了封闭，并带有明显的职住分离特征。

居住空间的相对封闭及诸多高楼商品形成的垂直型居住空间，在破坏了传统街区型居住空间的城市肌理的同时，使得人与人之间原先平面化的面对面交往愈加淡薄。强硬行政手段下的社区治理，也亟须摆脱设施配置等各类资源要素的空间摊派型分配。而现代都市的发展势必不能再回到传统居住街区的形态，这并不符合现代化背景下人们对居住生活的社会化需求，而是要重构人性化的空间肌理，重塑城市社区的亲密邻里，重构人们基于地点的情感感知。佛罗里达将基础设施的配置作为创造基于地点的新经济，并吸引创意阶层入驻城市的手段。❸雅各布斯则将"街道之眼"作为稳固街区关系、促进公共交往的媒介。在此背景下，因应现代城市高质量发展转型下的人际交往需求及物质生活需求的日益精细化，以社区生活圈为载体的居住空间规划改革在各大城市兴起，代表着当今社区治理与空间规划的人本化转型。

社区生活圈的基本功能不仅是满足物质生活的需求，更需要文化触媒以重建社区邻里。最初，生活圈作为一种居住空间规划的概念最先在日本兴起，旨在为平衡区域发展及城乡差异，并迅速扩展到整个亚洲国家。然而日本生活圈规划区域较大，大部分皆是"都市"级别，旨在构建城市与乡村之间的联动发展。但是"生活圈"作为一种通过空

---

❶ 张纯.城市社区形态与再生[M].南京：东南大学出版社，2014：32.
❷ 张纯.城市社区形态与再生[M].南京：东南大学出版社，2014：32.
❸ 理查德·佛罗里达.新城市危机：不平等与正在消失的中产阶级[M]吴楠，译.北京：中信出版社，2019：211.

间营造缔结社会关系的载体,最终被普遍应用在了社区尺度。社区生活圈最初在我国台湾地区得以应用,主要方式是通过整合社区中的文化资源,并通过社区中各个文化馆舍的功能混合带动居民参与,并以常态化的文化活动连接人与人之间的关系。由此可见,文化内容实际上在社区生活圈中充当了重要的媒介作用,而在如今传统街区型居住空间及单位社区形态依然存续、商品住宅楼房社区充斥城市的情境之下,社区生活圈也将会以文化带动异质性社区空间肌理的打通。

社区应当更像是一个生活的网络,人们自己的生活所需甚至是工作都想要在自己理想的社区里。社区未来的发展,也一定是生活圈形式的,人们能够在最短的时间内实现生活所需。人们对社区的认知也不应当仅局限在居委会驻扎的区域,而应当是地方文化凸显、邻里关系和睦的"共同体"单元。社区生活圈的核心理念便是重建紧密的关系网络,其所代表的城市发展观念的人本转型,构建起了现代城市社区建设的基本指引,启发居民自下而上的主动参与并积极唤醒社区内在活力势必是未来城市社区建设的基本方向。

二、从个体关注到场景构建,情境化社区启发身份认同构建

社区生活圈是位于家庭小共同体与社会大共同体之间的媒介,在工作、学习、生活等人们日常空间行为在现实有限的时间内快速交替的现代都市生活中,人们对各类信息接受及社会关系交往的价值感知愈加碎片化与隔离化,基于"家庭"的空间感受也愈加从单个事物转移到事物之间的关系中来,换言之,地点空间所承载的便利设施、活动事件等内容所涵盖的价值已经不能够再单纯局限于使用功能,而更多需要产生联系、促进交往等。与此同时,新一轮科技革命的大潮正在重新塑造一批习惯于虚拟网络空间的社会青年并重塑他们的价值观,而重大疫情下造成的交往隔断也启示当前生活空间功能需要重新审视。

实际上,现代城市中人们对社区的概念认知是相对模糊的,过去乡村社区和谐邻里的亲密关系不复以往,相比起邻里人们似乎更加关注于自身。在过去工业化时代,单位社区老旧的生活空间虽然相对封闭,但是却也是一种高度集中的群体化状态,而在后工业化时代,现代城市主体结构的社会化进程使得原先的大集体瓦解,罗伯特·帕特南(Robert Putman)与托克维尔所哀叹的各种公民组织力量消失,城乡二元结构所造就的城乡分化也进一步消解了乡村稳固的社会结构,越来越多的农民涌入城市成为"新市民",然而户籍制度却将其隔离于城市身份之外使其成为短期的雇佣者。与此同时,伴随着新一轮的技术革命浪潮,现代语境中对各种生活方式的描述也更加脱离了现实空间而流行网络化的语言表达,诸如"佛系""躺平"等词汇所引起的广泛社会讨论却也亮

起了"社会原子化"的警示灯。这些词汇的背后反映出个体排斥群体化社会及对独处状态的追求，这既源于对强大工作压力与生活压力下的自我逃避，同时也说明这种逃避已经成为一种普遍的社会状态，势必会影响到城市与社会的良性发展。社会原子化是城市现代化进程中不可避免的现象，芝加哥社会学派的沃斯就已经预示了城市生活的高度竞争，并认为这种竞争势必会导致"孤立"的生活进而造成"社会瓦解"，城市主义是一种社会发展的进程，同时也是一种孤独的生活方式。社会原子化的直接结果便是社会生活的碎片化，个人脱离于各种"共同体"之中呈现独立状态，最终结果便是唯我主义与自私主义。归根结底，社会原子化的本质实际上是现代个人身份认同的缺失，个体无法在现代城市生活中完成自我身份的构建便造就了离群索居及常态化的竞争与孤立。现代城市社会需要形成更大的包容力以求更可持续的发展与稳定的城市增长。

源于对城市中生活主体——人的关注，现代城市更加明确了以高品质生活、高质量发展为目标的未来畅想，而未来的社区在社会原子化走向愈加明显的背景之下，可能将从以居住为主的功能板块转变成为社会交往、展览展示甚至是工作学习等多种功能高度混合的生活集群，而社区生活圈正是对未来社区的实践演绎。早期科拉伦斯·佩里（Clarence Perry）的邻里单元理论提出的组织家庭生活的社区计划中便强调了各种资源要素的功能组合，住房、教育、零售、娱乐设施、交通及外部的环境等应当是构建健康而又安全社区的基本要素，各个要素通过有机组合构成的整体被学术界认为是社区生活圈形态的雏形。因此，以功能丰富要素、以场景整合要素是社区生活圈实现系统思维与情境化营造的基本路径，上海"15分钟社区生活圈"规划技术指南中便强调要素的集聚促进空间的共享，以场景的思维激发要素的效能，以创新、协调、绿色、开放、共享的新发展理念为基本指引，采取包括学校分时段进行开放为社区提供共享的公共资源，丰富菜市场的功能内涵，鼓励形成社区居民社交互动的公共活动场所，以及完善居家养老、增加文体设施类型等方式，整合碎片化的社区关系，重建快速城市化下的社区归属感。

回到"社区"，回归"邻里"不仅是社区生活圈理念的核心，也是城市高质量发展的必然趋势。城市社区生活圈下的新型社区一定是整体性的、综合性的、倡导情境化的社区。社区生活圈不仅在丰富居住之外的公共生活空间，同时也在连接社区内人与人之间的关系，以社会生活圈为载体的社会创新也正在强势蔓延，在现有经济结构下改善人们的生活质量，同时也丰富了社会结构，增加了人与人之间的信誉维度。它们以社区为单位，从艺术、设计、生产等不同角度，理解社区和解读城市，并为剥离于现代都市的原子化个人重构精神上的文化认同，持续创造社区价值，启发处于同一社区的个体通过共同生活达成和谐的理法公式。

三、从"惠民"到"永续",文脉传续引导社区自立

提供惠民的公共服务、满足居民的日常生活需求是社区治理的基本,我国社区生活圈实践的初级阶段仍是以提供便民的基础服务功能为主。但是伴随着人们物质生活与精神生活的精细化追求及社区居民构成的异质性特征,摆脱过去过于僵硬的行政化管制并促进自下而上的居民自主参与已经成为必然趋势。而除却在社区治理方式上的转变,因应城市塑造高品质生活的内在要求,促进社文化存续与文脉传承,塑造社区特色,发展社区经济,培育社区培力,以此构建一个"永续经营"的社区则更加重要。

中华人民共和国成立以来的社区治理与社区建设具有明显的行政化特点,城市社区居委会拥有社区的管辖权与议事权,具有一定的政治符号化功能。传统社区治理在行政管制之下主要体现服务职能,以政府分配的工作任务为主,在社区的行政区划内进行资源的摊派分配。

伴随着改革开放之后市场经济的发展,政府职能逐渐开放,市场主体与社会资本愈加频繁地参与到社区建设中,社区活化与地域振兴已经成为必然趋势。要进行社区的活化振兴首要的是要培育社区经济,这一层面的创新探索必然不能够再局限于政府补贴与计划分配的"奶妈式"供养,而是应该像经营企业一样实现自立自主与自我造血,而新的经济创生也必然要开放社区准入机制,引导政府、社会与市场等多方力量的参与合作进行协调治理,同时引入文化资本与社会资本,而不是经济资本层面的唯利是图,从而才能在最大程度上促进社区从人才引流、公共福利、官民合作、民企合作等方面进行自发的探索。但是,在传统行政明确界定的社区空间内,如果要进行创新改良必然会存在一定的地权冲突,而社区生活圈则通过社区之间资源的共治共享提供了解决方案,如北京、武汉等地的责任规划师制度,广州的社区设计师制度及上海的社区规划师制度等皆是社区生活圈内进行社区协同治理的典型实践,而各类社会创意组织在社区的介入及政府为此提供的便利也使得社区空间资源得到有效的利用与转化,存量空间的有机更新、文体活动的全民参与及社区创业的萌芽都在社区生活圈的营造中成为可能。

社区经济是培育社区培力、实现社区可持续发展的重要内容。在这个全球化与数字互联正在逐渐抹平文化差异的时代中,形塑"地方"正在成为城市竞争力的重要方面。在城市发展的历史长河中,社区是强烈地方意识的凝结,承载着地方厚重的文化记忆,并有着深沉的地方文化积淀。即使在如今高楼林立的都市中,地方文化的特色仍然能够在社区邻里的市井烟火中依稀可见。因此社区是形塑地方的着眼点,文化创意则是创建地区记忆点的有力载体,随着近年来文化旅游、文化内容生产、文化创意设计等文化产

业的蓬勃发展，文化经济正在社区空间中得以广泛实践，如北京史家胡同的文创社、成都清源社区的蜀绣经营等，社区文化经济不仅在惠及当地社区，更在社区生活圈的广阔范围内形成区域文创产业的社区联动与文化共享。

从社区到社区生活圈，是为回到作为"共同体"的社区理念，让社区治理、社区建设与社区发展真正秉承着"人"的尺度进行。在现代城市中资金、劳动等各类生产要素快速流动的信息社会中，社区生活圈也是为原子化社会中的独立个体提供城市关怀，构建身份认同，自由定义城市生活方式的平台。而在所有这些城市发展的社区行动中，文化一直都是启发社区创造性实践的关系媒介，文化以其思想、观念与意识的属性在日常生活中无形的浸透进而凝聚社区意识，又以其可生产的产品属性振兴社区地方经济、活化文化传承方式。因此，日常生活的文化生产，是从社区进阶到社区生活圈的根本特征，其既包含了物质层面的产品生产，也包含了精神层面的关系生产。

第三章　城市社区生活圈的文化现状及反思

　　中国城市社区生活圈是一种公共服务的概念，它的建设更加偏向将教育、医疗、养老、购物等生活设施配置在社区家庭居住地5~15分钟的较近步行距离内，以为人们的生活提供方便。文化建设作为其中满足人们精神消费需求的功能元素之一，因此也较多地体现在公园绿道、文化馆等设施建设及文化活动的配置中，还处在物质性的初级阶段，缺乏大文化的属性。因而当前社区生活圈中的文化，应当从功能主义的文化建设思维向文化生产思维拓展，赋能于对人性的关怀、对人的成长的需要。

第一节 多元学科视角下的社区生活圈"文化"

一、规划学：作为公共服务设施配置的功能性组成

"社区生活圈"最初便是作为规划概念被提出，文化在规划方案中被定义为实现人民日常生活所需的服务型功能要素，包括文化活动、文化设施及功能性文化空间配置等。

在自然资源部发布的《社区生活圈规划技术指南》中，将"社区"定义为"聚居在一定地域范围内的人们所组成的社会生活共同体，是社会治理的基本单元"，同时将"社区生活圈"定义为"在适宜的日常步行范围内，满足城乡居民全生命周期工作与生活等各类需求的基本单元，融合'宜业、宜居、宜游、宜养、宜学'多元功能，引领面向未来、健康低碳的美好生活方式"[1]。作为第一部系统性指导进行社区生活圈要素配置的指南，规定各类服务要素配置以保障社区生活圈健康有序运行是其主要功能。其中文化内容同样在要素配置行列之内，体现在"文化活动"和"休闲空间"两个方面。在基础保障型服务要素配置中，"文化活动"是用于满足居民日常生活所需的社区基础服务的一部分，"休闲空间"则是社区公共空间，尤其是绿地空间改造实施的一部分。在品质提升型服务要素配置中，文化内容更加丰富，文化活动、终身教育及体育健身等皆被视为提升居民生活品质的多元社区服务要素组成，作为硬件设施建设的"休闲空间"也从绿地扩展为由公园绿道、小微公共空间等点线面结合的绿色开放空间网络，包括口袋公园及满足社区文化表演、小型展览、集市需求的活动场地。特色引导型服务要素的配置更趋向更具专业性的大型文化设施配置，包括文化展示场馆与体育运动场馆。

---

[1] 自然资源部.社区生活圈规划技术指南（报批稿）[EB/OL].（2021-07-30）[2021-11-18].http://www.cacp.org.cn/u/cms/www/202105/261638573kgl.pdf.

第三章 城市社区生活圈的文化现状及反思

在国家正式发布关于社区生活圈规划技术指南之前，全国各省市的相关规划方案中对社区生活圈文化也有着不同内容方面的表示。例如，上海社区生活圈规划是以"15分钟社区生活圈"为核心功能载体，考虑到不同社区主导功能的差别，在居住、就业、出行、服务及休闲方面进行服务要素的分层配置，而文化在这六个方面分别有着不同体现。在居住空间打造上，文化内容体现为对住区建筑风貌与肌理格局的保护；在就近就业方面，文化体现为培育"传承历史文脉的创新空间"，即利用城市既有存量空间，如老厂房、空置老旧建筑，通过创意设计实现空间改造，实现低成本的邻近就业；在服务方面，文化体现为体育场馆、图书馆、博物馆及棋牌室、阅览室等文体场馆设施的配置，上海在服务要素的配置上还创新提出"社区设施圈"的概念，依照5分钟、10分钟、15分钟的社区层级，以及老年、青年、儿童等异质性人群的需要，分层分级实现服务精准配置；在休闲方面，文化内容则体现为绿地、广场、步道等休闲娱乐性的公共空间。此外，上海还尤其注重在历史风貌保护区公共空间与历史文化空间之间的肌理过渡与空间串联。❶ 济南市也是我国最早提出城市社区生活圈规划方案的城市之一，与上海市集中强调生活品质提升规划不同，济南社区生活圈规划主要在于满足生活基本需求，协调老城区、新城区及新规划区发展，因而其公共服务功能更强。文化在济南社区生活圈规划中与国家规划技术指南类似，主要体现为康体娱乐活动与设施配置，以及社区公园、口袋公园、街头游园、袖珍广场等休闲空间。

从国家及各个省市的社区生活圈规划方案来看，虽然不同城市对社区生活圈规划理念与规划维度有所差别，但是文化在社区生活圈规划中普遍体现为文化硬件设施与服务要素的功能性配置，并以更好地满足居民日常生活需求为基本目标，通过社区生活圈规划解决城市发展问题。上海城市社区生活圈的规划总体是品质导向的，基于特大一线城市的社会经济发展基底，提升人民生活品质是其社区生活圈规划的基本，因而文化内容除却文化设施与文化活动还有着更为丰富的体现，如保护历史街区空间肌理、营造特色人文魅力在规划中反复出现。而自然资源部及济南市的社区生活圈规划方案整体是基础导向型的，对济南城市发展来说，核心问题在于平衡区域之间的发展差异，因而在老城区、新城区及新规划区的城市功能分区主导下的社区生活圈规划与文化建设也具有鲜明的功能性特点，并集中体现在公共文化服务设施在不同城市功能区的布局优化上。

在关于社区生活圈文化建设，以及社区文化发展相关的规划学科研究中，研究主题与规划实践主题趋同，同样体现在公共服务要素的空间布局优化及设施可达性研究上。在公共服务要素的布局优化上，公共文化服务设施布局的公平性与适需性、适老化研究

---

❶ 上海市规划和自然资源管理局.上海市15分钟社区生活圈规划导则［EB/OL］.（2016-08-29）［2021-11-19］.http://hd.ghzyj.sh.gov.cn/zcfg/ghss/201609/P020160902620858362165.pdf.

是前沿主题，如城市公共文化服务设施与社区人口数量的匹配性、设施适老化改造、公共服务水平评价等。在设施可达性研究上，更加强调公共服务设施与居民日常生活活动的效率匹配与空间绩效，步行友好被视为社区生活圈服务要素配置的核心评价指标。

总体而言，不论是国家及各个省区的社区生活圈规划实践方案，抑或是规划学科研究，规划学视角下的社区生活圈文化主要作为功能性服务要素，并集中体现为空间尺度下社区生活圈功能优化的一部分，文化设施的配置、文化活动的供给及公共文化空间的布局是社区生活圈规划中主要承载的文化内容。

二、管理学：作为新型社区治理方式的人本体现

管理学学科视角下的社区生活圈着重突出社区精细化治理的主题，是社区生活圈规划实践在机制体制上的鲜明体现，其中文化在社区治理方式中不仅体现为某种功能性要素，也体现为新型社区治理的文化转型。

在社区生活圈概念出现之前，对社区管理与治理理论的研究偏向于对整体治理观念理论的宏大叙事，近几年随着政府职能的转型进而将研究重点集中在对多元主体参与进而实现高效共治的理论性探讨上。随着社区生活圈所倡导的自下而上的社区自治理及多元共治理念的出现，各大省市在社区生活圈治理中不断创新出多样化的共建共治模式，并将治理主题聚焦在以"家"为总纲领的体系构建中。在社区生活圈理念还未明晰、社区生活圈实践经验尚未充实的初期实践阶段，社区生活圈治理仍然遵循着传统社区管理的方式，强调通过网格化治理不断完善"家门口"的要素供给，并在城市与乡村之间通过构建分层与分级的治理体系实现服务要素分配的均等化。随着"人"之个体在社区生活圈实践中的主体观念愈加明晰，社区生活圈治理方式也逐渐从服务要素的均等化分配转向对"人"的需求的关注上。在此背景下，诸如社区规划师制度、社区家园体系等新型社区治理模式出现。

社区规划师制度与社区家园体系是社区生活圈管理中的代表性机制。社区规划师是促进社区生活圈落地规划的重要中间角色，也是政府与居民之间实现有效沟通的桥梁纽带。在城市社区更新改造过程中，从需求调研到资源挖掘，再到规划制定、描绘蓝图皆需要社区规划师的介入。文化内容在社区规划师制度中体现为促进社区价值认同的手段，在社区规划师介入城市社区生活圈规划过程中，首先必须了解当地社区的人文风俗与价值观，以此才能与居民之间达到高效的交流沟通，进而提升其参与社区规划的积极

主动性与自主创造性，实现"社会学习与交往式规划"❶。与社区规划师制度不同，"社区家园体系"是社区生活圈服务要素配置中的功能模块概念，是对"社区邻里中心""社区综合体"的家园化理念重构，既是为社区生活圈提供公共服务综合治理的联合平台，也是促进社区居民交往的文化媒介。相比传统社区邻里中心的公共服务功能，社区家园的功能性体现在对各类社区生活要素的高度空间集成与片区联动中。在社区生活圈整体空间布局中，社区家园类似于一个个功能节点，将居民生活所需的居住、娱乐、学习、商业、健康医疗等需求服务要素集中在社区家园空间中，依照社区生活圈的大小可以配置多个社区家园，由点及面，由面成网，形成稳固的社区家园体系。因此，社区家园的概念是将原本分散的生活功能要素实现高效整合与协同治理，而文化治理在社区家园体系构建中是打破邻里壁垒、凝结交往纽带、凸显聚合效应的重要方式。❷

无论是社区家园体系，还是社区规划师制度，都代表着一种以交往式与介入式治理实现社区共治的精细化治理模式的转型，本质上是以社会治理驱动的文化治理。文化在社区生活圈治理中，不仅作为一种功能性服务要素被动地接受制度分配，而且体现为当代社区治理方式对通过建立社会关系进而凝聚文化共识的重视，文化逐渐突破了具象化的硬件设施与文化活动，以"家园"式的文化价值观念表现以人为核心的社区生活圈。

三、经济学：作为社区商业品质进阶的重要动力

经济属性并非社区生活圈的主导属性，社区生活圈中的"经济"含义本质上与"文化"相似，皆是作为社区生活圈功能性元素存在，具体表现在社区生活圈中满足居民日常生活需求的各类消费业态，如社区商业等。因此在经济学视角下的社区生活圈文化讨论中，也多是围绕着服务型文化经济业态进行。

伴随着新时代，城市整体向着消费型城市的转变，以消费者为主体的注重品质与个性化体验的消费社会已经到来。中产阶级人数增加，超过半数的中国家庭年收入在14万到30万元之间，诸如剧本杀、密室逃脱等新型多元的消费形式已经逐渐代替了传统娱乐并成为人们日常生活的一部分。经济新常态背景下的经济增速放缓与生活成本提高等因素也进一步转变着消费心理，北京、上海等一线特大城市的消费者愈加理性并追求

---

❶ 冯斿，金云峰."促实施为目标"的社区生活圈规划变革及其对我国社区规划师的启示[J].现代城市研究，2020（12）：120-125.

❷ 黄瓴，骆骏杭，宋春攀，赵畅，李茜，周觅.基于社区生活圈理念的社区家园体系规划：以重庆市两江新区翠云片区为例[J].城市规划学刊，2021（2）：102-109.

更高的性价比。❶ 在承接城市生产整体消费转向的社区生活圈经济学研究中，关于社区商业的讨论也从市场流通模式转向对社区建设与文化消费关系的关注，社区生活圈建设过程中社区商业的业态布局也更加注重品质型文化消费在畅通城市经济微循环中的作用。

  社区生活圈的经济功能是通过社区商业来完成的。佛罗里达曾经指出："城市应当让每个社区都能给居民提供经济机会和向上流动的可能性，地区投资不能像挤牙膏一样碎片化投入，而应提供全面的重要社会和经济服务。"❷ 对一个可持续发展的城市来说，社区商业机会的赋予是实现社会效益与经济效益双效结合的动力源；对一个永续发展的韧性社区来说，社区商业消费场景的营造是为自身实现功能造血、提升社区内生动力、助力城市整体提档升级的蓄能环。在商务部所发布的《城市一刻钟便民生活圈建设指南》❸中，从经济学视角将社区生活圈描述为社区商业在15分钟范围内的多业态集聚，即"伴随社区商业发展而产生，以社区居民为服务对象，服务半径为步行15分钟左右的范围内，以满足居民日常生活基本消费和品质消费为目标，以多业态集聚形成的社区商圈"。这一定义明显区别于单纯商业集聚的社区综合体，而是强调多类型的社区商业在15分钟生活圈范围内的合理分配与有效集聚，核心目的在于"便民"，而非消费与商业盈利。在社区生活圈所包含的社区商业中，文化主要满足居民品质消费的功能。传统意义上的社区商业一般是指菜市场、便利商超、图文快印、家政等基础保障型消费业态，而在品质消费需求升级所驱动的新型社区商业中则覆盖更多休闲娱乐的消费业态，诸如体育健身、新式书店、旅游服务、茶艺咖啡馆等，具有文化消费的属性，是社区文化经济的主要体现形式。

  在社区生活圈的商业动能提升实践中，成都市以"社区商业机会"诠释社区便利程度，回应消费需求关切。社区商业是社区生活圈服务业态中的主体构成，在新加坡、日本等国，社区商业占社会消费品零售总额的比例超过了70%。为推动生活性服务业发展，并进一步推动消费升级、激发消费活力，成都市在社区商业配置中更加注重文化体验要素的植入。在成都市发布的《成都社区商业机会清单》中，其将社区商业定位为向着场景体验、社群空间、颜值经济进阶，由"满足基本生活配套的功能逐渐向生活休

---

❶ 199it互联网数据资讯网.麦肯锡：2021中国消费者报告［EB/OL］.（2020-12-01）［2021-11-22］. http://www.199it.com/archives/1162618.html.

❷ 理查德·佛罗里达.新城市危机：不平等与正在消失的中产阶级［M］吴楠，译.北京：中信出版社，2019：221-224.

❸ 中华人民共和国商务部.商务部办公厅等11部门关于印发《城市一刻钟便民生活圈建设指南》的通知［EB/OL］.（2021-07-22）［2021-11-22］.http://www.mofcom.gov.cn/article/h/redht/202107/20210703179512.shtml.

闲、娱乐配套功能转变"❶的机遇载体，在传统社区生活圈、产业社区生活圈、新型社区生活圈、区县社区生活圈四大不同城市功能区域中梳理了近27个生活圈，涵盖成都201个社区商业项目，着力构建起基于地点的新型商业经济。因此，社区商业的进阶同样是文化作用的结果，在社区商业4.0时代，将更加注重IP植入、全场景化营造思维、社交属性及体验感，并且将塑造一种新的生活方式。

---

❶ 成都市人民政府.成都社区商业机会清单［EB/OL］.（2020-01-03）［2021-11-23］.http://www.chengdu.gov.cn/chengdu/home/2020-01/03/content_1a6683a6eabf435596a3933a42d3176b.shtml.

第二节　社区生活圈的文化实践困境

当前，我国城市社区生活圈的实践仍处于初级阶段，然而实际规划建设与"社区"核心理念之间的脱节造成了社区生活圈中文化内容的严重缺位与实践空白。对从"社区"到"社区生活圈"的转变，我国现有实践更多是对西方社区治理方式的精细化描摹，强调公共设施的圈系分配、自下而上的公众参与及物理环境的改造设计是我国城市社区生活圈实践的共性做法。但是，社区不仅是城市建设的物理行政空间，还是地方情感凝结的空间载体，市民社会的归属感构成社区最重要的社会价值，然而现有实践专注于物质层间的改造建设，却忽视了社区本身社会价值的挖掘和对居民日常生活文化的塑造，更忽视了对社区生活圈建设作为一种生态过程的文化价值塑造，从而导致现有的社区生活圈实践仍然停留在以往社区行政的僵化界限内，使得无论是公众参与、设施的精准化适需配置还是社区经济的发展都处在分散的系统中，难以得到有效整合。

一、作为地方秩序口袋结构的情境优化不足

社区是人的行为网络中组织日常生活的地方秩序口袋。❶ 个体作为活跃主体，其行为往往受到家庭与组织单位的制约，进而表现出较为稳定的空间秩序，因此社区在时空地理语境中实际上是个人、家庭、组织组成的情境化功能网络。同时，在信息化、全球化、城市化等形塑的各类资本要素高速流动的现代城市社会中，人的行为活动愈加难以受到地理位置等物质空间条件的制约，并更明显地表现为社会文化关系条件的制约。在情境化功能要素与社会文化关系要素所共同营造的制约条件中，看似杂乱无章的个体日常生活行为形构的地方秩序，本质是对"人地关系"的理思。

社区语境中的"人地关系"即亲密的邻里关系，从"社区"到"社区生活圈"即对构建稳定地方秩序的人地情境的进一步优化，让人的行为活动所依存的各种时空"口

---

❶ 柴彦威, 李春江, 张艳. 社区生活圈的新时间地理学研究框架 [J]. 地理科学进展, 2020, 39 (12): 1961–1971.

袋"即家、学校、工作单位等组织，能够在一定的空间情境范围内持续产出文化关系。瑞典的时间地理学家凯莎·埃勒加德（Kajsa Ellegard）将人类的活动比喻为舞台演出，个体角色的构建在人与人及人与集体的互动实践中完成，舞台场景即环境，既包括物质环境、文化环境，也包括人的精神世界❶，因此要营造有利于关系构建的社区"舞台场景"，可以从物质、文化及精神三个方面进行考虑。

当前，我国城市社区生活圈的实践对地方秩序的思考还未达人地关系构建的本质，大部分社区生活圈规划仍然停留在物质层面的存量积累。一方面表现在我国城市社区生活圈的策划重点在基础保障层面的公共服务设施配置上，如居民日常生活所需的健康管理、为老服务等，但是利于社区生活品质提升与特色引导的文化设施却不在很多城市的规划样本中。另一方面，社区生活圈虽然改变了以往依照社区行政区划或自然分界线采取"千人指标"的均等化要素配置，转向"结合居民生活出行特点和实际需要"❷确定社区生活圈的范围边界，突破了资源配置的空间摊派，但是实际上各个省市城市生活圈的实践依然遵照着社区原有的行政界限进行资源划定。因此，过分关注范围的划定与设施的配置往往造成对社区生活圈真正含义的本末倒置。

无论是5~10分钟满足居民400米步行范围内基础生活所需的日常生活圈，还是15分钟时间范围内满足居民丰富生活所需的生活圈，"时间"定义所局限范围的重点实际上是"日常生活所需"，服务要素配置的重点则是旨在实现设施资源的"共享"，边界的模糊性恰恰是"社区生活圈"的本来含义。现代城市中，人们的活动范围虽然更加广阔，但是社区作为家园归属仍是最终的行为归点。源于社区家园地方秩序情境中人们日常生活行为的弹性，人们对社区的边界认知日益模糊，并且跨社区的行为活动成为常态。社区生活圈通过改变资源要素配置为人的模糊认知赋权，通过容纳更多的社区为人的模糊行为赋权。简单来说，在社区生活圈中，各种资源要素的隶属关系不再局限在某个社区，而是多个社区共享，当人们日常生活路径集结的节点从"家"变成了各种共享的"场所"，人与人之间的交往便成为可能。在现在国内外城市生活圈建设以促进学校分时开放及设施功能混合定义"包容共享"时，虽然节约了建设成本，但是也容易出现区域间的协调性交叉及效率低下的问题，因此社区生活圈建设的重点不应当仅仅停留在公共服务设施的配置上，而是应当重视设施所能够产生的情境化价值。文化设施及其活动，恰恰涵盖了物质、文化及精神三种环境营造的要素，因此文化要素作为最有利于引导建立社区关系的环境载体的重要性在我国城市社区生活圈的建设中很大程度上被忽

---

❶ KAJSA ELLEGRD, 张雪, 张艳, 柴彦威. 基于地方秩序嵌套的人类活动研究［J］. 人文地理, 2016, 31（5）: 25-31.

❷ 中华人民共和国自然资源部.《社区生活圈规划技术指南》行业标准报批稿公示［EB/OL］.（2021-05-26）［2021-11-26.］. http://gi.mnr.gov.cn/202105/t20210526_2633012.html.

略了。

　　社区生活圈作为地方秩序口袋引导社区关系凝聚的重点在于社区参与。构建自下而上的公众参与体系一直是社区生活圈规划的重点，但是在实践中居民参与能力的制约却使得建立公众参与的机制难以实现，居民、社会组织和政府之间也难以得到真正的协调。例如，社区生活圈的建设往往伴随着对社区空间环境的改造，无论是国内还是国外，进行改造的手段通常是艺术介入的有机更新，国内城市社区生活圈的做法是让居民共谋蓝图，因此需要引导居民参与从物质环境美化到未来愿景谋划的各个阶段，但是居民意见往往存在一定的认知与眼界的局限，或者根本就不懂所谓的"艺术"，因此在实际社区生活圈工作中往往并不能够实现全方位的居民参与或者居民参与未能起到很好的效果，因此权衡居民参与的尺度并平衡好政府、居民及社会组织之间的权责关系，对提升社区生活圈实践的效率来说是有益的。另一方面，无论国内还是国外的社区生活圈实践事实上都存在普适性文化参与的不足。对文化参与的强调源于文化本身的包容力与开放性，文化是一种互动关系并具有广泛的自由性，个体互动与群体演绎"簇生"了新型文化的产生，现代信息技术下催生的网络新媒体平台更赋予了公众随时随地进行文化生产的权利，因此作为具有强烈互动背景的文化能够促进主体之间进行持续的有意义的交流，进而形成共同认识，形塑社群文化。而社区生活圈中的文化参与却往往局限在参加文化活动中，个体未被赋予内容生产的权力。此外，文化艺术本身往往也被神圣化，所谓的"文化参与"并不意味着要进行精英化的艺术创作或艺术设计，降低文化参与的门槛、提升文化参与的丰富性才能够激发居民主动参与的活力，重视文化参与的本质在于以文化凝聚社区人气、实现积极的社区交往，进而形塑良好的自组织生态，实现"社区"作为邻里关系的真正价值。

二、作为生命历程记忆场所的动态延展不足

　　社区是有时间性的，社区的时间性既体现在生活在社区中的行动个体互动共存所共同创造的共时时间，也体现在社区作为个体生命历程记忆场所展现的历时时间。人的日常生活的持续性与需求性重复构成了个体生活的单向时间，营造出"超个体"的绵延，而个体生命历程的各种阶段与重大事件则构成了持续稳定绵延时间中的创造节点。芝加哥学派的人类生态学研究将社区看作是一个可见而真实的生态实体，社区本身作为一种生态过程的展现便是源于无数个体生命历程在社区的动态延展。在社区生活圈中，任何个体生命事件的上演都是对社区社会价值与文化价值的创造，以场所营造为特征的西方社区生活圈的建设尤为注重对个体生命历程与日常生活行动绵延的呵护，寻求机会创造个体与环境之间的互动恰是社区生活圈应当关注的内容。

第三章　城市社区生活圈的文化现状及反思

社区生活圈作为个体生命历程记忆场所的价值在于能够创造社区依赖感、归属感与幸福感。社区是居民家园的所在地，是居民日常生存与生活行为的展现场所，社区同时还承载着居民长期以来共同生活的情感记忆，情感记忆的代代传递形塑出社区作为"地方"的独特价值观，情感依附是社区可持续发展的核心动力。在经济发展驱动的城市规模化的发展之下，帕克的社区经济理性观点遭到批判，一些学者认为尽管规模性的土地开发能够带来经济效益，但是却左右不了社区居民对地方的情感依恋进而保护社区，因此灯塔山（Beacon Hill）的居民在那里居住了150年，意大利贫民窟恶劣的环境也未能驱赶第一代移民。在我国，大量的工业遗产虽然已经不具备使用价值，但是仍然被完整地保留，城市现代化发展的进程虽然造就了由高楼大厦充斥的城市肌理，但是在城市中心或边缘的角落仍然保留着具有高度社区活力的城中村与单位制社区。以深圳城中村为例，快速成长的深圳虽然有着短暂的城市历史，大量的移民人口却丰富了城市的文化环境、造就了独特的移民文化。水围位于深圳中轴区域，既是20世纪城市建设移民人口的首站之地，也是现代城市角落环境杂乱的城中村。自发生长的社区单元提供了低成本的生活与工作空间，高度的社区活力使其避免了大规模的推倒重建，600多年的历史、独特的发展轨迹成就了唯一与不可复制的氛围。种种实践表明，具有强烈情感依附与社区意识凝结的社区，在其发展过程中，居民对文化价值的重视要高于资本开发所带来的经济价值，文化在社区主体间的意义是解释社区土地利用模式的重要变量，因此在城市社区生活圈的实践中对物质性力量的关注必须有所转变。

当前我国城市社区生活圈对人的需求层次的把握仍然是在现有需求精准化分析下的整体把控，最为常见的方式是通过现状评估与居民意愿调查分析存在的问题，突出问题导向与目标导向。❶然而社区生活圈规划主体的组织性与个体流动性及居民认知的差异性不仅带来了进一步治理的难度，在居民需求的主动性反馈方面也存在着难以协调与供需错位的矛盾，因此长期以来的社区生活圈实践都存在难以统一认识的难题。而在前期社区生活圈的调查中也是基于现状分析的考现，主要从社区生活圈的空间容量出发，而未能考虑到时间容量及对需求容量的深层次挖掘。囿于居民个体的生命认知，其日常生活的需求大部分体现在衣食住行等基础层面，然而对原社区空间中没有但是事实上能够对生活质量有所助益、居民心存向往的需求的发现在当前社区生活圈规划实践流程中一直存在空白，如西方社区生活圈所强调的创意设计的力量、文化艺术是否在居民的现实需求中占有一席之地现在还不可断论，但是文化艺术对提升居民生活质量、启发居民交往、存续生活记忆、形塑社区价值方面的动力作用却不容忽视。在这一点上，阿那亚艺

---

❶ 中华人民共和国自然资源部.《社区生活圈规划技术指南》行业标准报批稿公示［EB/OL］.（2021-05-26）［2021-11-26］.http://gi.mnr.gov.cn/202105/t20210526_2633012.html.

术社区的成功，证明人们对高品质的文化需求具有强烈的追求，现代大城市中物质生活的满足已经能够支撑起人们对文化艺术的欣赏并创造出持续的经济价值。因此当前我国城市社区生活圈建设中对个人需求的精细化把控，更需要突破对物质需求的考现，转向以时间角度在个体生命历程的共时与历时的分析中发现需求，并进行具体分析与文化功能的解释。

社区是由生活在社区空间中的居民个体实现意义建造的。将对需求的了解从整体转向个体意味着重视对生活在社区中个体的生命事件的关怀，西方国家通过对公共场所的营造构建生命事件发生的场所，从小孩呱呱坠地、牙牙学语到第一次学会走路，再到上学、成年与工作，巴黎力求通过15分钟城市的打造将所有个体生命历程的需求都包含在社区生活圈范围内，旨在形塑更具有团结力与凝聚力的价值社区。而文化艺术在社区场景与个体生命历程中的植入，是对形塑社区文化认同最有力的媒介，在新芝加哥学派城市研究代表人物克拉克对全球城市文化的研究中发现，文化艺术不仅在全球城市提升城市竞争力的政治战略中占据重要地位，而且在城市特质日益趋同的情境下对塑造地方特质诠释了新的城市增长动力。因此无论是对个体需求的发现，还是对社区文化认同的构建，抑或是对地方文化特质的形塑，文化在个人、社区及城市层面都具有鲜明意义与独特价值。

三、作为去中心化资本破壁革新的动力展现不足

伴随着全球化、信息化驱动的资本要素跨区域流动愈加频繁，各类产业、社会空间、区域发展之间的边界日渐模糊，进而创造了经济资本、社会资本与文化资本之间转化的通道。尤其是以创意资本为动力的文化产业，近几年在全球竞争语境中愈加占有重要地位并成为国家重要的战略性资产。在我国，城市经济增长动力也正在从生产驱动转向文化驱动，2019年全国文化及相关产业增加值占到GDP的4.5%❶，北京市文化产业占到本市GDP的9.64%❷，广州市为6.34%❸，2018年上海市文化创意产业占GDP的12.9%❹，城市发展的文化动力渐成。

---

❶ 国家统计局.2019年全国文化及相关产业增加值占GDP比重为4.5%[N].中国信息报，2021-01-06（001）.

❷ 皮书数据库.北京文化发展报告（2019—2020）[EB/OL].（2020-07-01）[2021-09-29].https://www.pishu.com.cn/skwx_ps/bookdetail？SiteID=14&ID=11782398.

❸ 皮书数据库.广州文化产业发展报告（2021）[EB/OL].（2021-08-01）[2021-09-29].https://www.pishu.com.cn/skwx_ps/bookDetail？SiteID=14&ID=12870394.

❹ 中经文化产业.上海文创产业最新"家底"：4227.72亿，占GDP12.9%[EB/OL].（2019-07-26）[2021-09-29].https://www.sohu.com/a/329638634_160257.

第三章　城市社区生活圈的文化现状及反思

文化资本的高融合性与渗透性推动着资本形态的去中心化进程，文化深入城市社会经济发展的各个方面并创造新的时空动量。发展经济是社区可持续不可避免的现代化进程与社会化成长的一部分，虽然社区本身作为居住生活的空间，经济资本并不属于其原生属性，然而伴随着政府角色的转变，原先依赖政府资金支持的"奶妈式"供养已经不再利于社区可持续的发展与居民生活质量的提升，社区同样需要不断探索自身角色的转变，在此背景下，实现经济创生成为社区自我造血的必然选择。从美国西雅图的公共市场，到日本传统商店街，国外社区生活圈促进经济创生的模式是通过对本地原有产业形态的进一步拓展不断衍生出多种经济形态，如文化旅游产业实现经济商业空间与生活居住空间的共生与互补。在我国城市社区生活圈的实践中，以成都市发布的《社区商业机会清单》为主要代表性模式，无论是所谓的"社区商业"，还是发展"产业社区"，可以发现政府角色仍在于"保基本"，即"社区商业"主要指的是满足居民基本生活需要的教育、超市、康养、体育等商业零售业态，或者是大型的社区商业综合体的模式，是对居民日常生活需求的"商业化""品牌化"与"消费化"，与国外所提倡的本地经济创生的观念差异甚远。

社区文化经济的发展注定是社会价值、文化价值和经济价值的三轮驱动，不同于一般城市文化经济，实现经济获利并非社区文化经济发展的本义，也并非社区生活圈主导的社区资本创生的核心。社区文化经济的发展应当与社区本身的生活、生态、生产深度融合并相互促进，对社区居民生活质量的提高、社区环境风貌提升、社区地方特色的彰显、社区本地产业的发展，甚至是失落社区的重振等皆有所助益。在我国当前较为成功的社区文化经济发展模式主要集中在乡村社区，乡村自然的文化风貌是发展乡村文化旅游产业的天然基础，城乡之间愈加紧密的互动也为乡村社区文化经济的发展提供了持续性的人流红利保证。四川蒲江甘溪明月村因艺术驻地铸就了如画田园，西安袁家村通过发展本地集体经济带动全村致富，云南丽江古城、宝山石头城及北京爨底下村、灵水村等诸多乡村社区同样通过文化旅游实现地区重振。实践证明乡村社区文化经济的发展不仅为乡村地区带去了新的经济动力，促进地区焕然新生与居民体面就业，还启迪了乡土文化的现代活化与创新传承，促进了社区新的共同意识凝结与价值创造。同样，乡村社区文化经济发展的经验也可以在城市社区实现，在城市千年的成长进化历史中，虽然从乡村社区到城市社区的进化痕迹几乎已经被现代化进程湮没，但是我们仍旧可以在遗留的城市社区建筑中、环境里和邻里间看到我国乡土文化的影子。

生活日常即是文化，对生活日常的经营定义了文化经济发展的未来。文化一定是不离生活的，文化产业的发展也一定是紧贴生活的。我国历经千年的历史沉淀所形塑的乡土文化基因，更需要基于一种生活范式的经营，以"新乡土"形塑城市社区"新邻里"。城市社区生活圈提供了这样一种文化生活经营的最佳模式，物质层面整合城市社区内的文化景观、地方人文、文化空间及产业发展的内在资源,强调社区本土文化的生活经营,注重地方文化团体的培育及地方居民的积极性调动。社区生活圈中所谓的"文化"内涵,不仅是指当地的文化遗产景观等极富文化价值的资源,还包括地方特色的生活产业,诸如小吃、特产等,降低"文化"准入门槛,来让社区居民更加积极地参与营造。营造基于本土生活的社区文化共同体,是城市社区生活圈的本质。

第三节　社区生活圈的文化理论反思

伴随着新阶段城市增长动力的转变，文化成为推动城市高质量发展、创造高品质生活的关键要素。城市社区生活圈的文化生产是在现有新型城市发展思想理路下的文化反思，以往的文化研究皆集中在国家战略与城市竞争方面，从宏观视角剖析文化功用而非注重文化在人们生活中的实践。然而，长期以来我国城市发展以西方理论为解释工具，在我国与西方城市化进程、文化传统和生活方式等各个方面存在明显差异的背景之下，需要对西方理论进行适合中国国情的理论反思与调适。当前我国城市社区生活圈所出现的各种问题源于实践先于理论的矛盾，理论未彰、思路未清、概念未明等未能解决的问题造成了实践与思想的断层错位，因此当前亟待构建适合中国语境的城市社区生活圈文化生产的理论框架，通过对现有城市、社区和文化三个方面进行综合反思与系统重整，让理论能够更好地指导实践。

一、城市功能主义视角对社区生活圈"文化"的误读

在规划学、管理学与经济学所定义的社区生活圈中，"文化"的内涵或是作为满足居民需要的服务要素，或是作为城市社区精细化治理转型的介入手段，抑或是作为社区商业品质升级的消费形态，文化的表现形式也局限在图书馆、博物馆等文化设施及自发或人为的文化活动中，文化整体是城市发展功能性的组织元素，而未曾深入社会结构。

"文化"本身的定义是复杂性的，但是自始至终都与"生活"分离不开。雷蒙·威廉斯将其定义为"一种整体的生活方式"，钱穆先生亦将其定义为"时空凝合的某一大群的生活之各部门、各方面的整一全体"，简言之即"人类生活之总体"，并有着"传统性""综合性"与"融凝性"三大特征。[1] 在上述两种定义中皆阐明了文化的"生活整体性"，个体的生活虽然并不能够称为文化，但是集体却能够塑造独一无二的文化。因此文化的定义虽然复杂，但是文化的表现却能够被精准捕捉，每个集体都有其特色的文

---

[1] 钱穆. 文化学大义 [M]. 北京：九州出版社，2012：4.

化表现形式。从空间上来说，文化体现为地域的差别，如闽南文化、蜀都文化等；从时间上来说，文化则体现为传统文化与现代文化的差别；从组织上来说，文化表现为不同群体生活方式的凝练，如宗族文化、二次元文化等。文化既赋予了集体生活方式的身份象征，同时也赋予了稳定性，布尔迪厄将其称为"文化再生产"❶。社会的稳定性与持续性需要文化的延续，正如钱穆先生将文化看作是对人生三界的解读般，从物质性的"小我人生"，到社会性的"大群人生"，再到精神性的"历史人生"❷，人类生活虽然必须依附于自然物质提供的生存基础，但是社会的持续存在需要的却不仅是简单的物质再生产，而是需要通过文化再生产，将文化内化为社会文化。

社区生活圈的文化生产本质上是将文化内化于社区生活的过程，文化的每一个阶层都有着独特的意义与价值。文化的第一阶层主要目的在于满足人们生活基础的物质需要，即"自然的""经济的"人生。文化的第二阶层，即"社会的""政治的""集团的"文化，主张人与人之间关系的凝结，家庭组织、国家体制、宗族分类等皆属于这一阶层。文化的第三阶层，即"精神的""心灵的"人生，强调人的更高的精神需要，人的观念、理性与趣味能够超越一切物质与社会的存在，这便是文化的传承。

当前社区生活圈中对"文化"已有的定义大部分仍然局限在文化的第一阶层中。规划学中将其看作公共服务要素，经济学中将其看作社区商业的高级形态，皆是基于城市功能主义视角下的物质性解读，而很大程度上忽略了文化及其传承作为社会稳定器的重要作用。例如，在当前社区生活圈中所主张的城市更新改造及所提倡的设施功能复合，虽然其目的在于提供便利的服务，但是设施更新改造的过程同时也是新的文化关系建立的过程，对设施新的功能定义应当是基于对居民需求探索的基础上，对新型设施在社区生活圈中的空间布局也应当注重与社区本身文化肌理的融合。管理学中将文化看作城市精细化治理的关系介入手段，一定程度上超越了文化的物质性表现。上海社区生活圈规划指南中所强调的对"历史街区文化肌理的保护"也同样是对文化传承的重视，这体现了社区生活圈建设过程中真正文化正义的实现。社区生活圈的"文化"是一个长期并且复杂的过程，并非某一个文化设施或者是文化活动所能直接定义的。未来社区生活圈的"文化"需要在物质性生产的基础上实现向文化生产的跃升，需要摆脱单纯文化设施、文化活动的功能性思路的局限，注重对"社会的"文化与"精神的"文化塑造，在尊重社区生活圈原有文化关系的基础上不断探索建立新的文化关系，在传续社区生活圈原有文化精神的基础上不断塑造新的文化价值观，以生生不息的文化生产形塑稳定绵延的社会秩序与社会结构。

---

❶ 安德鲁·埃德加，彼得·赛奇维克.文化理论：关键概念[M].张喜华，祝晶，译.河南：河南大学出版社，2016：73-74.

❷ 钱穆.文化学大义[M].北京：九州出版社，2012：8-24.

二、全球城市虚无主义桎梏中国城市本土化理论表达

从工业化时期的城市大生产,到20世纪六七十年代的"城市美化运动",再到后工业化时期的新城市主义,长期以来,中国的城市发展思想与理论研究皆受到西方城市理论的影响。进入新时代新阶段的城市发展,从强调"修旧如旧"的城市"有机更新",到强调社会设计与社会创新的社区营造,再到用以描绘人民美好新生活愿景的"社区生活圈",或是对西方发达国家20世纪城市理论的再造,或是对日本、韩国等亚洲国家城市建设经验的直接引入。虽然中国的城市化进程已经可以比肩全球城市平均水平,与之伴随出现的诸如交通堵塞、环境污染、生活质量下降等相关现代化矛盾也是全球城市共同面临的问题。遵从西方城市治理思想似乎无可厚非,然而,长达五千年的乡土社会根基与中华文明积淀意味着中国的城市化发展语境注定与西方不同,强烈意识形态主导下的政治文化基础、幅员辽阔的城市版图与从西到东、从北到南的地区差异等也意味着中国的城市化发展进程明显区别于西方。

城市社区生活圈是中国城市发展进入新阶段的标志,但是当前中国实践的理论适应性调节仍需深入。追溯城市社区生活圈的理论缘起,其既与西方发达国家城市有机更新的进程相随相生,又与芝加哥学派人类生态学社区理念相辅相成,同时又借鉴了日本原先为平衡城乡差异而制定的"生活圈"概念。理论的产生总是根植于一定的时代背景与历史环境,西方城市理论与其城市化进程步调一致。西方城市化是一种自然生长进化形态的城市化,古典主义时代孕育的人文主义平等思想渗透在西方资本主义城市化进程的始终,浩浩荡荡的文艺复兴运动成功抵抗封建阶级的思想侵蚀,脱胎于封建神学与经院哲学的唯物主义支撑起平民崛起的人权社会,反封建的启蒙运动再一次促进了思想解放的同时,也直接推动了西方近代工业革命的产生与大规模的城市化进程,源于中世纪庄园经济的手工业与纺织业的劳动阶层则直接承袭了工业革命生产成为蓝领工人,20世纪20年代中期白领阶层的崛起也与后工业化时期的生产转型相一致。因此在西方整个城市化进程中,从资本主义市场关系深化、国家福利演进再到后现代社会的生成,生产力解放、思想解放总是步调一致,人口结构、产业经济结构及城市社会结构也同步进化,"历史与逻辑的统一"彰显了西方资本主义城市化"自我生长"的规律。[1] 在此过程中,西方城市思想也彰显了人文主义特征。工业城市时期迅速恶化的城市环境与不断扩大的贫民窟诱发了一系列城市改良运动,城市化的主体及城市生活的影响鲜明地体现在包括韦伯、涂尔干等社会学奠基人的诸多著作中,以埃比尼泽·霍华德(Ebnezer Howard)

---

[1] 张鸿雁.城市化理论重构与城市化战略研究[M].北京:经济科学出版社,2012:13.

的"田园城市"为标志,"乌托邦"式的城市生活创想与理论话语体系构建起来。在此之后,关于居住环境与生活品质之间的联系被芝加哥学派的人类生态学与民族志得以系统研究,他们关注对城市生活特别是居住区域中人的社会关系与邻里互动的描述性分析,并主导了20世纪60年代之前的城市研究。与此相似,在信息技术革命、全球化及后现代文化崛起的背景下,城市建设陆续经历了关注城市、政治与地区多样性的微观城市研究,到以权力景观、街边芭蕾、垂直城市为代表性城市思想的城市美化运动,宣告了现代主义的终结,进入后现代社会的城市则从城市主义进化到了文化规划主导的"创意城市",甚至是"虚拟空间"的多元城市创想中。因此,西方的城市理论话语体系与城市化进程同步,不管是微观的城市生活研究,还是宏观的城市景观规划与全球城市创想,西方城市建设总是透露出对平等主义与权力关系思考的资本主义特征,而开始于近代工业革命的资本主义大规模城市化也比中国早了200多年,不同的城市发展语境、社会结构与制度体系造就了中国与西方截然不同的城市化特征。

与西方庄园经济构成的生产力基础不同,中国基层的社会结构是乡土性的,我国工业化进程同样是在普遍乡土社会结构基础上开始的,费孝通将乡村描述为"生产基地",将城市描述为"消费集团",城市本身并不具备生产功能,因而其发展所需要的各种原材料皆是从乡村获得,而受限于自给自足的匮乏经济基础,同样使乡村要想获得繁荣则必须依靠城市市场。然而,依赖于政府制度动力的中国城市化必然不可持续,城乡二元、乡村发展、区域差异与城市功能分散等社会问题仍然积留在城市中。面对城乡矛盾,中国的城市发展直接借鉴了西方城市规划实践的相关经验,传统区位论思想几乎主导了中国工业化时期的城市建设,城市美化运动下的未来构想体现在诸多中国城市的公园、广场与景观大道中,垂直城市理论指导下的高楼大厦与集中居住也成为我国深圳、上海等现代大都市的符号象征。然而时过境迁,早期西方城市化理论也已经失去了其发生作用的重要语境,现代信息技术与全球互联革命不断驱动着从功能区位到资本的去中心化与存量发展的进程,甚至格莱泽所强调的城市"密度"也并不能解释中国城市新的增长动力。中国的城市化应当在诉求民族智慧、天人合一和回归自然的意义上,探索广袤乡土基因的现代传承,普及城市化的生活方式、表达全球城市主义的地方化精神传承,走中国式现代化的城市道路。❶

城市生活的定义方式在社区,乡土基因的现代传承也在社区。典型集权的传统农业社会奠定了中国城市化进程脱离不了乡土,而作为拯救中国城市生活品质、驱动城市高质量增长的社区生活圈建设理当承担起唤醒中国本土化城市建设与理论构建的责任,作为以城市生活共同体为核心价值理念的城市社区生活圈,应当在城市建设、区域发展与

---

❶ 张鸿雁. 城市化理论重构与城市化战略研究 [M]. 北京:经济科学出版社,2012:15.

社区营造等不同空间尺度及经济、社会、文化、政治等多元面向皆有着不同含义,并共同作用于人民美好生活的向往这一根本旨意。

三、经济尺度的文化生产制约文化理论社会化资本转译

社区作为城市居住空间单元本身并不具备文化生产要义,然而作为城市社会生活与政治文化的基本单元,人的活动通过生活日常的文化积累赋予了其文化生产的可能。

生产,在学术话语中是物质资料生产活动的环节之一,以往的文化生产理论专注于文化经济部门所提供的产品或服务的生产,因此诞生于文化经济话语体系中的文化生产,兼具文化属性与经济属性,同时又以低耗能、高价值的特点迅速成为信息技术革命驱动下的产业变革力量。着眼于文化经济带动的城市繁荣,索罗斯比作为第一位将文化置于经济学理论进行阐述的学者,认为文化经济虽然具有经济价值与文化价值的双重属性,但是应该以文化价值为核心,因为文化作为人类文明进化的智慧积累,其价值不能为经济资本逐利所泯灭。❶ 同样的,中国学者胡惠林在论述中国文化产业发展道路时,认为文化产业的发展容易陷入资本主义的利益陷阱中,文化资源不似工业原料,其本身并不具备再生属性,因此文化产业的发展不能以文化资源开发作为产业突围的手段,而应当秉承着"生态文明观"❷,重视对文化资源背后的文化价值的挖掘以实现可持续的利用。对文化价值的强调是对文化经济发展价值观的矫正,这表明即使是产品性的文化生产,也并非单纯经济学视角的资本逐利,甚至应当抵抗经济价值的诱惑,实现文化核心价值即文化资本的重构。文化经济扭转了城市发展依赖工业化大规模生产的时局,创建了从经济资本主导向文化资本进化的新的城市时空序列,因而事实上,当前以文化资本为核心驱动力的文化经济已经发生了价值转变,文化具有实现社会生产的可能性并作用于人的日常生活,而非局限在物理层面的产品经济生产。

文化资本不仅体现了文化经济的核心价值,还构成城市新的"文化动力因"。无论是对全球化造成的城市个性泯灭,还是现代化建设中城市品质下降,文化资本有利于解决城市矛盾,从物质到精神,从空间到地方,从文化自觉到文化自强,构建起城市发展的内外动能循环。中国城市的发展,对外面临愈加深刻的全球化格局重整,新一轮科技革命与产业变革愈加深入,全球经济、科技、文化、安全、政治等格局深刻调整,国际力量调整与对比加快变迁,百年未有之大变局加速演进。2020年春节肆虐全球的新冠肺炎疫情更是加速了全球城市竞争的动力重整,以国内大循环为主,畅通国内—国外

---

❶ 戴卫·索罗斯比.经济学与文化[M].王志标,张峥嵘,译.北京:中国人民大学出版社,2015:60.
❷ 胡惠林.文化产业发展的中国道路:理论·政策·战略[M].北京:社会科学文献出版社,2018:229-233.

双循环新发展格局成为中国城市发展新的战略选择。对内，中国城市面临诸多品质性考验，增量时代宣告结束，意味着现代化城市建设需要走更具中国特色的社会主义道路，"十四五"将"高质量发展"作为未来经济社会发展的核心主题，创造高品质生活、实现高效能治理将城市发展重点鲜明指向了社会生活层面。面对国内国外新格局，城市发展已经不仅要突破前全球化时代造就的城市同质化挑战，更要重构城市价值的行动逻辑，重拾中国城市建设的地点精神与市民尊严，本质便是重新发现中华文化精神。文化生产的社会化正是体现在对城市特色的形塑及对城市人文价值的体现上，从特色文化小镇到美丽乡村建设，文化生产的空间序列不断扩展，从文化事业到文化产业，从文化自觉到文化自信，文化生产的时间序列不断延展。但是在文化生产的时空走向中，对文化生产的经济学理论定义明显已经不再适应新阶段的城市战略调整与发展的文化转向。

生活日常的积累创生了文化价值，社区本身便是文化单元。从社区到社区生活圈的变革，是高效能治理的时代性突破，是高品质生活的创造性实践，更是高质量发展的人本化体现。社区生活圈依照人的共同行为界定活动边界，突破僵化的社区行政，让生活日常的文化价值得以彰显。而社区生活圈的"文化生产"除却物质物理意义上的产品与服务的生产，更是一种文化的"关系生产"，是要将社区居民从离散的原子化个人重新整合在一个关系网络中，通过社区内外关系的建立，增进各种关系的了解，从而加强互惠和互助，使社区团结在一个生产性的网络中，归根结底即通过日常生活提炼文化价值，形塑社区"共同体"。因此，作为必然要以解决城市矛盾、描绘未来城市共同愿景的媒介载体，城市社区生活圈文化资本的价值体现是从时间到空间、从物质到精神、从自然到人的全面反思、边界融合与价值重构。因而在现有的理论体系中，无论是"文化"的内涵，还是"生产"的含义，都需要从社区共同体构建的立面进行形式、内容和价值观的重新界定，以更好地指导社区作为民本单元发展的多元资本创生。

四、传统社区管理缺乏人本价值导向的治理理论引导

中国城市社区生活圈的建设是公共服务体系的一部分，包含了人的居住、生活、工作的全方位服务，文化也仅仅是其中一部分，甚至在很多城市社区生活圈建设中存在大面积的留白。因而无论是在实践抑或是理论操作层面，社区生活圈的文化生产皆处于缺位状态，而鉴于文化在提升人民生活品质、满足精神生活需求等各个方面的重要作用，上海、北京等较为成熟的社区生活圈实践中皆以文化为重要驱动力，从艺术家发展计划，到社区艺术培育、艺术场所营造，文化生产必然是城市社区生活圈体现社会价值、形塑共同体的核心内容。

在公共服务与行政治理思维仍然主导城市社区生活圈建设，而作为新型驱动力的文

化内容极度缺失的背景下，社区生活圈的发展理念亟待矫正，以对"社区"人本价值核心的理论探讨重拾社区自信，建设高品质生活。我国城市社区生活圈的现有理论大多停留在设施供给层面，抑或是依然从社区治理角度论证"社区生活圈"，"社区"与"社区生活圈"的无差别化使其在理论层面也带有着一定僵化色彩。国外对城市社区生活圈的研究则是从微观视角切入对社会生活的观察，巴黎提出的"15分钟城市"引发西方学术界的热烈讨论与普遍质疑，因15分钟的街区构想与20世纪佩里"邻里单元"城市乌托邦有着极大相似性，基本手段皆是在一定区域范围内提供人们生活的所有需要。15分钟的"完整街区"虽然具有"自给自足"的优势使其能够有效抵挡诸如新冠肺炎疫情等黑犀牛事件对城市的打击，但这是否会导致更为严重的社会分化与社区隔离犹未可知。规划实践暴露出的诸多问题侧面反映了理论指导的不足，对"社区"概念的认知不清使得当前社区生活圈实践陷入了一味追求设施集中与邻近供给的物质陷阱中，而忽略了对社区生活圈整体有机生态的形塑。社区生活圈应当是包含了物质空间、社会空间、文化空间甚至经济空间等多种空间意涵的生活圈域，而非仅仅是居住区，其时空体系复杂、时空行为动态、时空结构韧性，而非从单一空间视角能够加以解释。因此，无论是对公共服务设施配置的评价与优化，还是对15分钟设施服务供给方案的质疑，事实上皆是从社区生活圈在物质空间层面的表现看问题，面向城市社会可持续发展的社区生活圈研究应当加强对"社区"本身人本价值核心的理念引导，探索人本属性下的社区生活圈如何营造居民幸福感与归属感。

社区是日常生活行为的"坚实位置"，其最重要的价值在于"熟悉"。❶ 熟悉决定了人的日常生活行为，本身便是一种日常需要。回顾日常生活的一天，往往从"家"开始，也于"家"结束，这种在一定时期内习惯性的坚实意识正是社区最具价值的情感依托。而所谓的"家"，也并不仅指房屋、家庭，而是一种能够得以将人与社区紧密联系的温暖感，回家便意味着回到了人们情感关系最为强烈的"坚实位置"。❷ 于社区生活圈的意义而言，原先对社区的强制行政界定限制的不仅是社区资源的使用率，而且还是限制了共同分享，即更为广泛关系建立的可能。因此社区生活圈建设的核心是回应人们对社区的情感依恋，基础手段便是物质层面的设施供给。良好关系的存续是社区的黏合剂，不管是应对日益加剧的社会分化，抑或是社区隔离，关系的建立不仅能够提供地方之间互动协同的机会，在当前信息技术加速发展的今天，建立从地方到全球的互动通道也有着无限可能。围绕着信任、共情和对它们的尊重，创造正向的关系流动，社区能够团结在一个生产性的网络中，进而形成对本地经济、社会与文化发展的回馈路径。

---

❶ 阿格妮丝·赫勒.日常生活[M].衣俊卿，译.重庆：重庆出版社，2010：257.

❷ 阿格妮丝·赫勒.日常生活[M].衣俊卿，译.重庆：重庆出版社，2010：257.

第四章　社区生活圈文化生产的理论模型

"舒适物"是提升生活质量的关键要素，它为社区生活圈的文化生产提供了一个可以通过便利设施的有机组合形塑特定文化氛围、涵养社区文化精神的独特视角。借鉴钱穆先生的观点，类似于学校、家庭、图书馆等的文化舒适物，扮演着传承者的角色，它们将一些习惯、习俗与社会规范，嵌入到途经它们的人们的行为之中，长此以往便逐渐形成了个人的精神价值，完成文化继替，这就是文化舒适物研究对社区生活圈文化实践的重要意义。它不仅将无形的文化转变为实际的舒适物实践，还通过文化场景的形塑提供了实现社区生活共同体的有效方案。

第一节　文化舒适物测度的主旨内涵

文化舒适物是后工业化时代衡量城市生活质量与决定城市创新增长的关键因素，社区生活圈是城市美好生活的空间载体。在两者本质统一的前提下，基于场景理论对城市社区生活圈文化舒适物的测度，提供了衡量社区文化生产力的可行方案。一方面，本项测度旨在理念层面赋予社区生活圈建设以"文化"内涵，实现文化嵌入进而赋能社区邻里，重建社区共同体；另一方面旨在文化动力增长的语境之下，以文化舒适物评价衡定社区生活圈的生活质量，以文化舒适物组态构建社区美好生活的文化提案。

一、文化嵌入赋能社区邻里重建

社区的概念既是现实的，又是理想的，但本质是文化的，它既代表了社会的有形空间，又有着独特的价值取向。但是在人类学、社会学、地理学等普遍的社区研究中，大部分都将社区作为确切的地理概念研究社区的存在形式及功能，甚少关注社区作为亲密邻里关系的文化价值，社区生活圈的文化舒适物测度旨在实现突破。场景理论将文化舒适物的分析放置于后工业时代城市转型与文化崛起的语境中，将人们在生活便利设施的消费行为感受嵌入美学价值，将各类设施组成的社区空间重新解释为文化场景，进而赋予了"地方"以文化内涵。在此基础上的文化舒适物分析，立足从社区到社区生活圈的人本转向，通过"文化"语义的理论嵌入与场景解释，引导社区生活圈建设的地方精神形塑，使其回归"社区"概念，触达邻里本质，唤醒社区关系，重缔人际联结，摆脱"原子化"个人。

社区的常识概念是不容置疑的，它指的是社会成员对于社会归属感的一种确认。在对社区的本质理解中，始终脱离不开空间与地理、个人与群体之间复杂的社会关系。从原始环壕聚落到现代大都市，从系于血缘、地缘的熟悉社会到面对面社群，正是群聚而居的社区生活才孕育了多元的文化形态与多彩的城市文明。但是随着现代城市的进化及传统社会生活方式的瓦解，造成了人们对社会解体与道德失范的担忧，沃斯的"社区哀歌"振聋发聩，愈发迅速的城市化进程迅速吞没了原先由血缘与地缘关系联结的礼俗社会,并替代为以工具性与官僚化为特征的法理社会。社区作为影响社会生活与集体道德的城市空间,重新构建基于"地点"的新社区形态对于应对城市危机尤其重要。涂尔干也因此对城市社区寄予厚望,他认为新的现代社会制度将会通过构建"团结",即社会凝聚力及集体道德重新孕育出新的社区。因此,现代都市的社区隔离迫切需要新型的社区邻里关系,但是在以往社区建设与研究中,人们所描绘的规范性与理想化的"社区",往往存在概念性与方法论上的分歧,如门禁社区将"社区"视为封闭性与防御性的场所实际上严重违背了社区概念内核,反而加重了社会经济与心理的分离,因而社区所承载的个人成长与美好生活的愿望往往是空中楼阁。现代城市社区中的问题愈加突出,居住空间的相对封闭及诸多高楼商品形成的垂直型居住空间,在破坏了传统街区型居住空间的城市肌理的同时,使得人与人之间原先平面化的面对面交往愈加淡薄,强硬行政手段下的社区治理,也亟须摆脱设施配置等各类资源要素的空间摊派型分配,"以人为本"的社区生活圈建设呼之欲出。

基于场景理论的文化舒适物测度赋予了社区建设以文化的内涵,为社区发展提供了柔性的建设方案,旨在重建社区邻里。社区建设的普遍观点是将社区纳入政策与规划议题,如帕特南所强调的在社区加强公民参与的观点,社会团体与公民网络的兴起被普遍认为是社区复兴的关键议题。而本项测度实际上兼顾了政策与规划两个层面,因为"文化舒适物"内涵广泛,它既可以指实际规划层面的各类生活便利设施,也可以容纳各类社会团体机构,它强调通过社区中不同文化舒适物的有机组合构建不同特质的文化场景,本项测度的目的便是通过社区场景的营造凸显社区多元的文化特质与涵养价值,进而提升人们的生活品质。因此,本项测度还同时兼顾了社区文化价值的激发。从马克思观点来说,物质生产是其他一切生产形式的基础,在场景理论的生产逻辑中,文化舒适物构成了场景价值观的物质基础,不同于以往社区生活圈规划指南中强调功能元素空间配置的方式,文化舒适物的空间布局并非按照面积大小、人口数量进行量化配比,而是遵循着创生地方文化动力的逻辑主线,实现文化嵌入式发展,形塑社区精神进而构建共同体,这也是场景理论提出者丹尼尔·西尔所强调的需要依照"上下文语境"来考量场景与舒适物组合的观点内核所在。场景理论实际上也有着中国化的解读,如钱穆先生的观点,文化继替的过程实际上是依托于学校、图书馆等各类生活设施所展开的,因而在社区这一集体生活空间中,不同生活设施的搭配组合及比例配制也会引导不同的生活实践,产生不同的社会行动,进而孕育不同的社会习俗与生活方式,也就产生了多元的社区文化,这是社区文化价值取向的体现。简言之,每个社区都可以通过文化舒适物的不同组合反映出不同的文化特质,同时不同文化舒适物的有机组合也能够构建社区的多元文化特质。需要指出的是,一个社区的文化特质可以是多元的,文化舒适物的组合并非只有一个固定比例的搭配,其组合方式也可以是多元的。此外,在某些文化基础薄弱的社区，场景理论实际上并不能提供较好的舒适物组合方案，因为在这类社区仍要以补充供给为主。

二、实践导向阐释社区生活圈文化生产

社区生活圈文化舒适物的研究是实践导向的，旨在将对文化设施的评价转向对文化精神的测度，将对美好生活的期待和向往转变为对生活设施的建设路径、文化氛围的营造方法、公共服务的布局上，让社区生活圈的"文化"真正赋能于地方发展与群体生活。

文化舒适物及其组合形成的场景构成了社区生活圈文化生产的核心载体，文化舒适物则是赋能社区生活圈一切生产形式最重要的物质基础。文化生产是社区生活圈从物质生产向社会生产、精神生产转化反哺的循环过程。最先马克思在论述劳动生产时，将生产的形式主要分为了物质生产与精神生产两种，并且指出物质生产是一切生产形式的基础，是"必然王国"，精神生产则是"必然王国的彼岸"。❶ 约翰·菲斯克（John Fiske）将文化生产理解为某种意义生产与权力关系生产的形式❷，列斐伏尔则加入空间维度，从"空间实践""空间的表征"到"表征的空间"❸，三者之间的辩证关系进一步解释了空间文化生产的内在机制。社区生活圈的文化生产也是空间文化生产的形式，而由文化舒适物组成的社区空间在本质上是一种关系空间，人们基于文化舒适物的日常生活实践，从群体的物质性创造积累经验，进而变成一种社会共有精神、思想、知识与财富，又以各种方式保存在个体的生活、思想、态度与行为中，而类似于学校、家庭、图书馆等文化舒适物则扮演了传承者的角色，长此以往便逐渐形成了群体性的精神价值，构建起地方独有的文化价值观。

社区生活圈文化舒适物研究的核心在于阐明人们的生活日常实践产生的共鸣可以凝聚地方共识、构建地方文化。追溯"文化"的历史语义（见图4-1），"文化"从精神高阁向日常生活的转向为文化舒适物何以解释场景文化动力的问题奠定了理论基础。最初，泰勒从人类学角度出发再将文化理解为具备某种知识的能力，以及包含信仰、伦理与风俗的习性。❹ 后来在哲学领域中，康德将文化指意为"理性存在者能够将杂乱无

---

❶ 荣跃明.论文化超越资本:《资本论》视角中的文化生产、资本极限和人类社会的未来［J］.学术月刊，2009，41（8）：5-16.

❷ 约翰·费斯克.关键概念：传播与文化研究辞典［M］.李彬，译.北京：新华出版社，2004：69.

❸ LEFEBVRE H.The production of space［M］.Oxford：Wiley-Blackwell，1991：38-39.

❹ TYLOR E B. Primitive culture：Researches into the development of mythology, philosophy, religion, art and custom［M］. London：J. Murray, 1871.

章的目的概括起来,做出自由选择的能力"❶,是一种唯心主义的精神性体现,而在马克思辩证唯物史观哲学矫正与论证过程中,虽然未对"文化"一词有着明确的定义,但是却将其视作人类社会关系的产物,并且频频将其与"物质生产""精神生产"等概念互释。❷在社会学视域中,威廉斯系统梳理了"文化"一词的概念演进,并最终将其总结为包含"物质、智性、精神的整体生活方式"。❸在中国,钱穆先生将"文化"定义为"时空凝合的某一大群的生活各部门、各方面的整一全体",简言之即"人类生活之总体"。❹同样的,吴文藻、马林诺斯基及费孝通等人同样将"文化"看作是社会关系的产物,是对于人类整体生活方式的描述。因此,要实现社区生活圈的文化赋能与文化生产,便需要构建文化与社会的深度互动关系,"文化"应当更高程度地作用于人民生活方式的品质提升中,它要求文化表达更为鲜明、文化形态更为多元、文化参与更加活跃、文化动力更加积极。

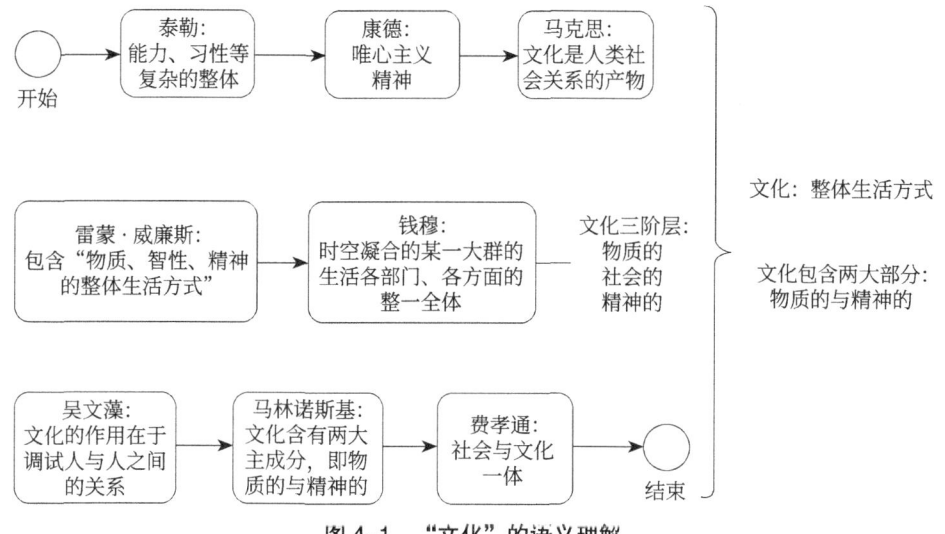

图 4-1 "文化"的语义理解

基于场景理论的文化舒适物测度使得地方文化精神进一步具象化,进而使得社区生活圈的文化生产可以捕捉,美好生活的场景提案得以构建。文化作为一种无形资本难以测度,索罗斯比曾经从经济学角度提出了"文化价值"的测度方法,从审美价值、精神价值、社会价值、历史价值、象征价值及真实价值❺六个方面评定文化资本的可持续性,然而索罗斯比也未能给出具体的量化标准,因此也难以真正实践。而场景理论则通过文

---

❶ KANT I. Kant's Critique of judgement [M].New York:Oxford University Press,2008.
❷ 马克思恩格斯全集(第46卷上册)[M].北京:人民出版社,1979:47.
❸ 雷蒙·威廉斯.文化与社会:1780—1950 [M].高晓玲,译.北京:商务印书馆,2018:19-20.
❹ 钱穆.文化学大义 [M].北京:九州出版社,2012:4.
❺ 戴卫·索罗斯比.经济学与文化 [M].王志标,张峥嵘,译.北京:中国人民大学出版社,2015:92.

化舒适物解剖场景构成，并将其量化，因而使得地方文化精神可以通过场景分析得以捕捉。因此，基于场景理论的文化舒适物分析可以更为具体地解释社区生活圈如何以文化舒适物实现文化生产，进而构建日常生活孕育文化动力的场景方案。

第二节　社区生活圈文化生产理论先导

一、文化舒适物理论

(一) 舒适物 (Amenity)：营造舒适生活环境的因素

"Amenity"，直译为"舒适的环境、生活便利设施"，我国学者称为"舒适物""舒适度""舒适性"等。最初进行相关研究的是西方地理学家爱德华·乌尔曼（Edward Ulman），他发现"阳光"是促进美国城市增长的关键生活条件[1]，并宣称正是"舒适物"而非以往狭义理解的经济因素促进了地区的增长。因此，舒适物可以理解为能够影响城市生活舒适度的关键因素，最先被广泛研究的舒适物便是诸如气候、温度、湿度等自然条件因素。经济学家约瑟夫·乔夫（Joseph Gyourko）[2]进一步扩展了"舒适物"的内涵，认为"纯粹的舒适物是一种非生产的公共产品"，如没有明确价格的天气质量、教育和公共安全等。在这里，"舒适物"具有公共性质，是一个地方的非市场品质，这种品质能够使其成为一个有吸引力的生活和工作场所。后期随着舒适物研究在各个领域的深入，舒适物的内容再次得到拓展。加里·格林（Gary Green）[3]总结了舒适物的四大特征，即非生产性、不可逆性、高收入弹性及不可替代性。其中，舒适物的非生产性体现为强烈的本地关联，舒适物的使用仅限于特定地区，它通过直接消费土地、自然资源及人类活动的特定方面为本地人口提供利益；不可逆性体现为舒适物的消费价值对时间的变化非常敏感，一旦被破坏便不可能恢复；高收入弹性即舒适物能够明显提升地区收入；最后，舒适物是不可替代的，它们在某种意义上独一无二。格林还列举了舒适物的代表类

---

[1] ULMAN E L.Amenities as a factor in regional growth [J].Geographical Review, 1954, 44 (1), 119-132.

[2] GYOURKO J, TRACY J.The structure of local public finance and the quality of life [J].Journal of Political Economy.1991 (99): 774-806.

[3] GREEN G P. Amenities and community economic development: Strategies for sustainability [J]. Journal of Regional Analysis and Policy, 2001 (31): 61-75.

型，诸如野生动植物区、休闲、耕地、独特的定居模式、历史遗迹、社会文化传统等，在这里，舒适物的相关研究已经不再局限于自然条件因素，而是泛指能够影响城市生活舒适度、提升地区吸引力的因素，这些因素可能是实体的物理设施，如建筑场馆，也可能是软性的文化因素，如社会文化传统。

在城市发展进入后工业社会阶段，无论是城市增长的模式，还是人们的生活方式，都逐渐从"生产机器"转向生活与消费主导的市场化时期，制造业就业人数稳步下降，服务业空前增长。在此背景下，舒适物所指代的条件因素也不再局限于非市场的自然条件或社会服务。戈登·摩里根（Gordon Mulligan）❶将舒适物定义为"特定地点或地区的商品与服务，使有些地点对生活与工作特别有吸引力"，并进一步将舒适物分为公共产品和服务、私人消费品、交通和通信、文化机构四类，并未将自然舒适物考虑在内。王宁基于休闲城市与产业升级的视角，认为无论是自然类的舒适物，还是商业性的生活服务，都是一种带有公共性质的"集体消费品"❷，其中城市大部分的舒适物类型都是休闲类的集体消费品，城市中舒适物的数量越多，则这座城市越趋向于休闲城市。

各个领域对舒适物的概念与类型都有着不同的理解，但普遍共识是将舒适物作为构成舒适生活环境的关键因素。一方面，舒适物被普遍认为是构成城市吸引力的重要条件，它能够促进地方经济增长，吸引高素质的创意人才，因此舒适物也被认为是人们生活需求的反映；另一方面，舒适物还有着强烈的地方性，它生在"地方"并且形塑"地方"，是地方人文特色与生活质量的决定性条件。因此，将舒适物作为反映城市与地方增长的研究对象一直是舒适物研究的普遍思路，在新时代城市整体消费型转型的背景下，以舒适物为对象剖析城市变化、探索城市生活质量提升的路径成为近几年舒适物研究的主题。

（二）舒适物与城市发展

舒适物是城市发展的关键因素，国外早期舒适物研究通常与政策、经济相联系，相关主题聚焦在"公共政策""分享经济""社区""地区嵌入""移民"等；近几年的舒适物研究则更聚焦城市空间、创意与人口增长，相关主题有"创意产业""人口""城市开放/绿色空间"等。基于此，以舒适物为载体的城市研究总体可以分为"城市增长"与"生活质量"两大主题。

经济收入与人口数量是舒适物促进城市增长的主要方面。社会学与经济学领域的诸

---

❶ MULLIGAN G F, CARRUTHERS J I. Amenities, quality of life, and regional development [M]. Berlin: Springer, 2011.

❷ 王宁. 舒适物、休闲城市与产业升级 [C] // 中国自然辩证法研究会休闲哲学专业委员会（筹）. 中国休闲研究学术报告 2013. 北京：旅游教育出版社，2014：9.

多学者通过研究计算皆证明了舒适物对经济与人口增长的正相关关系。塞萨尔·伊达尔戈（C´esar Hidalgo）[1]进一步研究发现，舒适物的不同组合促进增长的程度不同，甚至有些舒适物类型之间是互斥的。而摩里根通过便利设施与美国人口、人均收入及住房成本的关联关系，认为舒适物是决定城市生活质量与社会福祉的关键因素，它能够影响城市对产业、人才等的吸引力。但是舒适物对城市增长的这种影响并非绝对，在其他能够最先决定城市发展的条件相同的情况下，人们更加青睐有吸引力的环境，因而舒适物能够通过增加不同地方之间的竞争水平影响城市与区域发展，因此摩里根认为在生活质量水平相对的条件下，舒适物与非舒适物会直接影响人们选择居住的地点和生活成本。

舒适物能够影响人们的居住选择是另一普遍共识。格莱泽[2]最先在消费城市的研究中发现了工资、住房与舒适物之间的关系，他总结出"工资+舒适物=租金"的消费公式，认为城市的成功越来越取决于城市作为消费中心的作用，高舒适度的城市增长速度远远快于低舒适度城市，人们对于城市生活的需求在不断增加，因此当代城市租金上涨、工资却下降的原因是人们对城市生活的需求增加，而不是生产力增长。场景理论的提出者克拉克[3]同样支持"舒适物促进人口增长"的命题，并认为不同类型的舒适物对不同人群的吸引力也有差异。而相比起城市增长的命题，克拉克更加关注后工业化时代文化崛起背景下舒适物的吸引力，他提出了舒适物的美学命题，即"场景（Scenes）"，认为舒适物的吸引力体现为一种美学意象，如人们可能愿意开车5公里去歌剧院看表演，但是可能并不愿意走路5分钟去买果汁，因为舒适物本身并不是人们消费的目的，它标志的是生活方式、文化品位与美学氛围。丹尼尔·西尔（Daniel Silver）[4]在提出场景理论的同时，更加强调"语境"的功能，他认为不同类型舒适物在不同场景环境中发挥的作用也不同，即"我们不仅要问A是否导致B，还要问A和B之间的关系是否会根据上下文C而改变"。

舒适物在场景理论的社区研究中发挥了关键作用。人们日常生活物质实践所产生的共鸣皆通过舒适物得以体现，克拉克与丹尼尔进一步将不同类型舒适物的有机组合所反映出的文化特性凝结为"场景"，以概括舒适物的本地特质。丹尼尔还对场景吸引力做出了阐释，他认为人们通过舒适物的消费活动产生积极的人际互动，当这种互动到达一

---

[1] HIDALGO C A, CASTAÑER E, SEVTSUK A. The amenity mix of urban neighborhoods [J]. Habitat International, 2020（106）: 102205.

[2] GLAESER E L, KOLKO J, SAIZ A. Consumer city [J]. Journal of economic geography, 2001,（1）: 27-50.

[3] CLARK T N. Urban amenities: lakes, opera, and juice bars: do they drive development？[M]. New York: JAI Press, 2003.

[4] SILVER D, CLARK T N. The power of scenes: Quantities of amenities and qualities of places [J]. Cultural Studies, 2015（29）: 425-449.

定程度并且足以构成"场景"的时候，便产生了"蜂鸣（Buzz）"，蜂鸣可以成为一种城市资源，它不仅能够启发本地资源进一步赋能本地性的生产，还能对外产生资本溢出，增强经济生产、政治权力与社区团结，在这个过程中，场景便成为潜在的竞争对象。

舒适物与传统便利设施的区别不仅体现在内涵与类型上，还在于舒适物所彰显的地方文化特性的差异。相比将舒适物看作是人们生活所需的各类物质条件，不同舒适物的类型组合所反映的地方文化价值观更能够成为赋能城市与地方发展的重要资源，也是构成城市吸引力的核心。场景理论将舒适物组合的内涵价值有效整合，通过"场景"与"蜂鸣"的相关阐述，总结了舒适物之所以能够促进城市增长、形构城市竞争力与地方吸引力的内在机制与原因。

（三）文化舒适物与创意阶层

舒适物的类型多样，前人研究已经阐明不同类型舒适物有着不同程度的城市增长作用，伴随着当代城市发展动力的文化转向，文化舒适物的作用力研究更加明晰。大卫·克拉克（David Clark）与詹姆斯·卡恩（James Kahn）[1]认为文化舒适物是能够"本地"消费或提供高度符号学或美学价值服务的一组机构（公共和私人），如博物馆、画廊、动物园、剧院、节日和运动场馆，它们能够显著促进当代城市经济。奥利弗·福尔克（Oliver Falck）[2]通过一项德国巴洛克剧院的试验，证明文化设施能够显著吸引高素质的人力资本，且这些人力资本的个人还能产生强烈的本地知识溢出。

克拉克与丹尼尔的场景理论所强调的"舒适物"却并非单纯指代剧院、艺术馆等传统狭义理解的文化舒适物；佛罗里达曾经指出纯文化舒适物事实上对城市发展的影响较低，在这个人才竞争的时代，他更加强调能够"改变街头生活的小物件"[3]对人才的吸引力，如咖啡馆等，因而克拉克等将能够促进互动、产生交往的舒适物类型定义为"文化舒适物"。马凌等人直接将文化舒适物视为人造舒适物的一种，包括图书馆、博物馆、影剧院、文物及高校、中学、幼儿园七类，除此之外的人造舒适物则划分为"商业舒适物"。[4]因此，关于"文化舒适物"的内涵也根据研究立意的不同而有着不同的理解。

以文化促进生活质量的提升已经成为近几年舒适物研究的重点，其中文化舒适物被认为是城市吸引创意阶层的关键。吸引创意阶层既是后工业时代城市提升竞争力的重要

---

[1] CLARK D E, KAHN J.The social benefits of urban cultural amenities [J]. Journal of Regional Science.1998（28）：363-377.

[2] FALCK O, FRITSCH M, HEBLICH S. The phantom of the opera：Cultural amenities,human capital,and regional economic growth [J]. Labour Economics, 2011,（18）：755-766.

[3] FLORIDA R. Cities and the creative class [J]. City & community, 2003（2）：3-19.

[4] 马凌, 李丽梅, 朱竑. 中国城市舒适物评价指标体系构建与实证[J]. 地理学报，2018，73（4）：755-770.

第四章 社区生活圈文化生产的理论模型

手段,也是舒适物提升城市"生活质量"命题的核心。"创意阶层"是由佛罗里达[1]提出的关键概念,新经济的兴起使得城市逐渐依靠通过产生、留住与吸引优秀人才来保持竞争优势,佛罗里达认为舒适物与环境,尤其是自然、娱乐与生活类舒适物对于吸引知识型员工和高科技产业至关重要。王明树[2]通过进一步研究证明佛罗里达的结论同样适用于中国城市,中国城市的多中心性与城市舒适物的数量与多样性及人力资本存量呈正相关,就企业的选址决策而言,城市舒适物比集聚经济更加重要。扈爽[3]等人通过中国284个地级市的舒适物实证检验同样证明,舒适物能够通过吸引创意阶层显著促进城市的创新水平。而关于文化舒适物,吴军[4]等人通过青年社区的分析得出,虽然在社区场景中,零售百货等是满足青年基本生活服务的基础,但是生活文娱则促进了社区生活从"满足"过渡到"品质",拥有较多文化舒适物的社区也代表拥有较高的生活品质。而相比对特定舒适物类型的研究,舒适物的类型组合事实上更加重要,原因在于地方的发展必然不是由单一类型的舒适物所能够主导的,地方文化特质的反映同样也是舒适物的有机组合的结果。在此背景下,能够提升社区生活品质、满足人民美好生活向往的舒适物组合模式仍待进一步探索。

事实上,在城市发展的脉络中,舒适物的概念一直存在。例如,中国文化传统中一直存在对"天"的信仰,远古时期人们群聚而居时通过祭祀、舞蹈等活动寄信仰于天神,封建时期的王朝建筑讲究"方九里,旁三门,九经九纬,经图九轨"的布局以昭示王权。直到现在,人们仍然对供奉佛祖神仙的寺庙趋之若鹜,"与天地对话"以祈求保佑这 精神性活动从古至今都未曾褪色,并且演化出包括王母娘娘庙、山神庙、城隍庙、佛寺佛塔、教堂等各类舒适物体系,充满着神秘魅力。在古代至工业城市时期,囿于城市的生产属性,人们并未对便利设施的精神属性加以关注,只是强调对设施的使用功能,而伴随着后工业时代城市消费的转向,文化的崛起使得越来越多的便利设施呈现出多重功用,甚至主导了人们择居就业的选择。[5]消费城市与休闲文化的兴起共同促进了人们对便利设施新的理解,如起源于西方的咖啡馆,在最早是作为商人们商议合作的地点,如今却作为休闲憩所充斥着全球城市的大街小巷。"舒适物"便伴随着便利设施从单一经济生产功能向审美与消费功能多元化的转向,自然而然地出现了。

---

[1] FLORIDA R. Cities and the Creative Class [M]. New York: Routledge, 2004.

[2] WANG M. Polycentric urban development and urban amenities: Evidence from Chinese cities [J]. Environment and Planning B: Urban Analytics and City Science, 2021 (48): 400-416.

[3] 扈爽,朱启贵.城市舒适物、创意人才和城市创新[J].华东经济管理,2021,35(11):54-60.

[4] 吴军,郑昊.社区消费场景研究:基于青年需求的实证分析[J].现代城市研究,2021(9):36-42.

[5] 吴迪.基于场景理论的我国城市择居行为及房价空间差异问题研究[M].北京:经济管理出版社,2013:65.

单纯以"能够促进人心情愉悦的事物"并不能充分解释"舒适物"的动力属性，而是要将其看作吸引人前往某一个地点的驱动因素。举例来说，想象一位刚刚毕业的大学生初入社会，在其选择工作的城市，以及进入城市之后生活的地点来说，这种选择到底是基于什么因素？或许是城市优美的环境，以及繁华的商圈与便利的公共设施，抑或是高额的工资及当地社区质朴友好的人文风气等，都可能会成为驱使其就业选择的因素，而这些因素归根结底都是"生活质量"的集中反映。基于人力资本吸引与生活质量驱动的逻辑，城市学家诸如格莱泽、佛罗里达及克拉克等人，都将舒适物视为主导人才流动与驱动城市发展的基本分析元素。按照克拉克的场景观点来说，城市战略决策者如果想要创造不断增长的经济，以及更高质量的城市发展，则需要根据不同场景的需要配置不同的舒适物，如有学者发现，在社区消费场景中，生活服务及文化娱乐类型的舒适物最能驱动青年群体的择居择业。❶

二、场景理论：舒适物组合的文化价值观

场景，是一种基于空间的情感认知；场景理论，是一种关于生活元素的理论。场景的概念与应用由来已久，多学科视野下的"场景"意义更加丰富。理查德·瓦格纳（Richard Wagner）用"整体艺术"的概念，将音乐、脚本、表演、舞台串联起来的音乐故事称为场景，用以传递思想价值；心理学中，场景是识别自传体记忆，帮助重温生动情感的认知工具，在一个现象学事件中，一张照片、墙壁甚至是地板提供的熟悉感都能够让人回忆曾经。❷"场景"充满了生动的故事性，本雅明对于19世纪巴黎拱廊的研究，第一次将建筑设施赋予了文化要义，从街道、河流、桥梁，到庭院、宫殿和广场，再到拱廊街上活跃的诗人、艺术家与浪荡子，巴黎丰富的城市空间语法与漫游者活动在场景维系的有机组合中阐释出生动的资本主义空间寓言，共同构筑了这座城市的浪漫主义精神。虽然不同学科语境对"场景"的解释不同，但是"场景"所阐释的城市生活密钥已经详尽道出，即关于"地点"的美学描述与文化礼赞。

关于"场景"的城市文化理论是从新芝加哥学派对城市问题的发现及对文化崛起的关注开始的。在此之前，很多城市学家已经关注到文化艺术对城市增长的重要作用，安·马库森（Ann Makusen）关注艺术家聚集的创意场所带来的"隐藏艺术红利"❸，格莱

---

❶ 吴军，郑昊. 社区消费场景研究：基于青年需求的实证分析 [J]. 现代城市研究，2021（9）.

❷ RUBIN D C, DEFFLER S A, Umanath S. Scenes enable a sense of reliving: Implications for autobiographical memory [J]. Cognition, 2019 (183): 44-56.

❸ MARKUSEN A, GREG S. The artistic dividend: Urban artistic specialisation and economic development implications [J]. Urban studies, 2006 (43): 1661-1686.

泽将城市便利设施、环境、密度看作促进城市增长，并吸引人力资本择居就业的关键；❶ 克拉克则重点关注不同类别的便利设施对不同亚文化群体的吸引力❷，他的观点类似于一种"设施动力说"，人们对设施从使用价值到美学价值的关注提供了文化消费与生产的动力。这些都是基于西方后工业城市的观察得出的重要发现，其中不乏过度解读的嫌疑，如克拉克将后工业时代的城市视为"娱乐机器"的说法。除却这些过激的观点，这些研究还都过于"原子化"，只关注到其中物质层面，如艺术活动、消费、便利设施的重要性，而未将其置于具体的社会经济语境及人的主体本位生活质量的探索上。❸

场景准确识别了现代城市背景下的空间与时间，强调消费与体验，构建秩序与流变。场景探索的是如何识别并说明城市变化的方法，然而城市作为一个复杂的结构体，从经济、文化、社会的任何单一角度皆无法穷尽，因而场景理论最重要的价值便在于创造出了一种切入城市观察的创新视角与综合的方法语言。"场景理论"是由克拉克和丹尼尔在对全球38个国际大都市及美国1200多个城市的研究中提出的，在精准识别到当今城市的发展已经从"生产型"转向"消费型"模式之后，他们从消费的视角重新审视了过去芝加哥学派的城市研究学者的社区理论，并认为当前的社区已经不仅作为工作、生活、生产、居住的空间而存在，还是提供便利、娱乐、休闲、快乐与新奇体验的场域。

"场景"将复杂的城市生活与分散的城市秩序，通过"地点"的描述加以整合。具体来说，对于场景的想象可以分为三步：第一步强调对于特定活动的共同兴趣，人们趋向"地点"的空间位移往往是以活动为吸引力的，如音乐节、登山、比赛、学习等；第二步强调特定地点，如社区或城市的特质，如公园场景、图书馆场景等；第三步则强调某个地点的美学意义，不同的地点给人的感觉不同，如科研机构给人感觉是正式严谨的，而演唱会则给人激昂热烈的感觉。❹ 因而，场景解释的不仅是消费，还是消费背后的美学感受，它从"设施"的视角切入，同时丰富了设施的文化语义。聚焦城市居民从生产者向消费者的转变，场景理论认为便利设施之所以被消费，是因为提供了消费者所认为的有价值的乐趣，便利设施不是孤立的原子，而是存在于整体网络中。基于美学直

---

❶ GLAESER E L, KOLKO J, SAIZ A. Consumer city [J]. Journal of economic geography, 2001, (1): 27-50.

❷ LLOYD R, CLARK T N. The city as an entertainment machine [J]. Critical perspectives on urban redevelopment, 2001 (6): 357-378.

❸ SILVER D A, CLARK T N. 2. A Theory of Scenes [M]. Chicago: University of Chicago Press, 2016.

❹ 丹尼尔·亚伦·西尔，特里·尼科尔斯·克拉克.空间品质如何塑造社会生活[M].祁述裕，吴军，译.北京：社会科学文献出版社，2019：1-2.

觉与自我需求趋势的消费体验，使人们能够清楚地识别不同的场景，❶场景理论直接将空间的美学价值量化，通过文化舒适物的分析，使地方空间的文化精神更加具象并且能够被计算。

场景理论不仅为城市社区生活圈研究提供科学分析的方法，还能够为现代城市的社区实践做出以提升生活质量为导向的理论指导。场景理论源于芝加哥学派的社区传统，诞生于20世纪上半叶的大规模工业化时期的芝加哥学派，在城市科学领域长期关注邻里的结构与文化并且不断寻求社区当中人口的运动与城市之间的关系。帕克、伯吉斯等人开创的人类生态学，将城市视为"有机体"，将社区视为构成城市新陈代谢"细胞单元"的观点更奠定了芝加哥学派在社区研究的前沿地位。依托于这种社区科学研究传统，又与现在后工业社会背景相联系的场景理论，联系了个体与城市，并提供了一种整体情境化研究的新方法，它强调"语境"的重要性，也强调通过"舒适物"解剖社区，为中国的社区研究提供了开创性的理论方法。当前，中国的社区实践已经进入一个极大丰富的时代，但是对城市更新、社区营造等问题的讨论，似乎都未能突破传统的宏大叙事的风格，更缺乏针对性的科学研究方法，而场景理论正在为我们提供这种方法。场景理论的提出并不是为了要给城市的发展提供一个已知的答案或者是一个公式，其最具价值的部分，也是最核心的目的便是创造了社区研究的科学工具，这个工具能够帮助围绕着一些核心的元素、数据展开分析，把动态变化的城市、社区、区域等零碎的一些现象整合起来置于一套科学的学术话语体系当中。

场景理论在社区实践上提供了一个可以解决城市问题，让城市更加出彩的现代城市方案。场景理论强调基于地点进行社区营造的空间视角与生态思维，赋予社区以"广度"。中国的社区营造，从20世纪90年代在我国台湾地区以地方振兴为目的的大范围实践，到现在全国各省市盛行的社区生活圈，都是伴随着快速的城镇化进程下提出的城市高质量精进化发展的解决方案，而场景理论着眼于对"地点"的空间营造，通过布局不同的舒适物形塑社区特色，演绎属于自己的场景特质与场景文化。场景，不仅是一种理论，还是一种思维，赋予社区以"温度"。它指导着社区资源的活化，促进人的主动参与，促进着创意的迸发，进而吸引创意阶层的聚集，从而创造区域的"蜂鸣"，形塑具有吸引力与互动性的文化场域，创造持续的场景红利。场景指导社区实践通过不同舒适物的布局引导多元的行为参与和有效的人际互动，强调基于互动的精神形塑，进而赋予社区以"深度"。空间本身并不构成场景，人的活动赋予了空间以价值，社区是一种空间，更是亲密和谐的邻里，基于场景形塑的地方社区性与邻里感，能够让生活在社区

---

❶ 丹尼尔·亚伦·西尔，特里·尼科尔斯·克拉克. 空间品质如何塑造社会生活[M].祁述裕，吴军，译.北京：社会科学文献出版社，2019：6.

当中的人建立起共同的价值信仰，构建起永久的场景精神。

三、蜂鸣理论：文化舒适物的生产力体现

"蜂鸣"，强调"面对面的接触"引发的信息关注与隐性知识传递。蜂鸣英文为"buzz"，直译为"嗡嗡声"，原是一种声音概念，表示声音以一定频率持续振动。由此发展而来的"蜂鸣效应"，表示某个事件具有强烈的轰动性，能够产生持续的吸引力，进而引起政府、资本等的关注。在城市经济地理学中，"蜂鸣"被视为城市经济的新型来源，指的是同一行业、同一地点或区域的人、企业通过"面对面的接触"（Face-To-Face Contact）形成的本地知识创造生态。在"蜂鸣"创造的城市环境中，不断更新的特定信息、有意无意的学习过程、相互理解与共享的知识技术、约定俗成的文化传统与习惯通过位置共存与信息共置，不断向外界传递复杂的隐性知识，这种传递由于"蜂鸣"区域的强大召唤力变得易于识别。❶因而"蜂鸣"摆脱了传统知识传递的路径依赖，实现了区域内的资源互补，并创造出独特与多层次的交流语言，它向外界释放出主动开放的激励信号，进而创造交流与投资的机会。蜂鸣集中表现在工业集群与产业聚集区所展现的聚集性优势中，某个企业为扩大利益版图或构建产业链往往会寻找与其相关联的其他企业进行合作，而"蜂鸣"区域提供了这种机会并扩大了产业集聚的优势，在信息技术革命催化之下，本地"蜂鸣"更突破了物理距离的限制，通过网络关系面向全球建立"通道"（Pipeline），嵌入非地理定义的创新网络之中。❷

蜂鸣理论与场景理论互相补充。蜂鸣代表着场景文化生产的标志性成果，它标记地方活力，并持续吸引外界关注。在场景理论语法中，"蜂鸣"是场景价值来源的隐喻，蜂鸣理论与场景理论实际上属于同一个理论体系，场景理论强调通过设施—舒适物—场景价值观的形塑实现社区生活从物质到文化的生产，而这种文化的生产与再生产则需要潜在的资本转译语法才可以实现。在观察到越来越多的城市将"文化"作为城市间竞争的策略之时，文化究竟为何吸引了政策关注并产生经济动力成为丹尼尔等人的研究对象。丹尼尔用"蜂鸣"一词表示一个成功的场景所创造的文化价值与地方政治之间的联系通道，并认为与经济地理学视域下，"蜂鸣"成为城市经济发展的宝贵资源一样，在城市社会发展层面，"蜂鸣"具有同样的资本价值。

"蜂鸣"通过传递信息符号吸引人群关注，实现从量变到质变的文化影响。通过

---

❶ STORPER M, VENABLES A J. Buzz: the economic force of the city [J]. Journal of Economic Geography, 2004（4）: 351-370.

❷ BATHELT H, MALMBERG A, MASKELL P. Clusters and knowledge: local buzz, global pipelines and the process of knowledge creation [J]. Progress in human geography, 2004（28）: 31-56.

创建"蜂鸣"区域，使得场景本身具有名牌效应，场景通过"蜂鸣"对外释放兴趣信号，使得人们基于对相应舒适物的价值感知奔赴"蜂鸣"区域，进而促成了更为强烈的事件热议效应，这便是"蜂鸣"的作用原理。举例来说，北京"798"的形成便是典型的"蜂鸣"效应实现的场景进化。"798"是废弃的电子设备厂，低廉的租金与自由的创作空间吸引了大量艺术家在此聚集，活动主体在物理位置上的邻近是"蜂鸣"形成的第一阶段；艺术家们的集聚及其艺术创作活动逐渐显现在经济与文化资本上的优势，使得这座废弃的工厂逐渐成为北京文化创意的标志性符号，资本的累积与符号价值的显现是"蜂鸣"形成的第二阶段；更多艺术家趋之若鹜，并吸引了众多艺术企业的入驻，政府政策的关注与支持将"798"的发展推上了新的台阶，并吸引了更多非艺术行业的兴趣者前往，"798"正式从废弃的工厂转变为文化地标，文化艺术、旅游及文化创意产业的发展加速了区域蜕变，并产生持续的"蜂鸣"效应，进而创造出持续的场景红利。

"蜂鸣"通过场景文化价值观的有效传递，构建文化交流的液态磁场，实现积极主动的文化参与。蜂鸣效应以文化舒适物为承载，在城市社区生活圈场景中，文化舒适物的真实含义是硬件设施及构成设施适用属性的软性要素在某一空间的耦合体系，这启迪了文化舒适物体系化建设的价值生态思维，即如何才能够让舒适物的建设真正服务于人和城市，其中需要考量的因素不仅有文化舒适物的类型，还需要考虑这类舒适物会吸引怎样的人群及会营造怎样的文化价值观。而无论消费者对于舒适物的选择是有意或是无意，这种文化价值观都会潜移默化地影响消费者的生活行为与精神思想，长此以往即会产生爆发式的质变，这就是蜂鸣效应。蜂鸣效应将场景本身转变为了文化聚合磁场，并建立价值传递的内外通道。在场景的内部，参与者通过"面对面的接触"实现无障碍的信息交流，真实地表达原始情感，传播场景的愉悦体验。而在场景的外部，人们通过口耳相传不断完善场景价值的形构，交流得越多，越容易强化"蜂鸣"，进而使得场景能够吸引资金、权力与信任来支持场景本身的运作。无论是场景内文化参与者的消费行为、审美感受，还是进入场景内的资金、信任与权力关系，最终都将通过完善地方的文化场景营造服务于城市发展，产生更为持续的经济效益与社会效益。

"蜂鸣"完善了场景实现内外资本溢出的环节，它彰显了一个成功的场景应当实现的文化价值观传递，描绘了一个完善的场景文化生产体系。"蜂鸣"与"场景"共生，蜂鸣通过创造场景动力实现持续的文化生产，场景则通过生产"文化"进而强化蜂鸣。文化作为对人类整体生活方式的描述，物质生产与精神生产构成了文化生产继替的两大环节，因此场景作为现代城市生活方式的体现，场景营造的过程整体经历了从物质性文化舒适物的地理空间集聚到文化价值观符号映射的转化，其中"蜂鸣"帮助在场景内部与外部传递文化价值，它既类似于布尔迪厄所描述的"社会炼金术"，也与列斐伏尔的"文化空间再生产"异曲同工。场景的空间品质直接决定了生活质量，因此场景"蜂鸣"

的强弱直接反映了场景实现文化生产能力的高低，决定了文化在城市社会发展过程中的作用表现。在物质生产环节，不同类型的文化舒适物构成了场景"蜂鸣生产力"的物质条件，并在场景内部与外部具有不同的蜂鸣生产价值与文化动力作用，如在社区生活圈场景中，生活服务、文化服务等舒适物类型被认为是提升社区内生动力的关键，它们直接为社区本身提供基础生活保障；而文化休闲、文化创意等舒适物类型则被认为是提升社区外部吸引力的关键，它们有助于社区实现与外部的互动交流，如吸引游客。在精神生产环节，文化舒适物的类型组合能够形塑具备不同特质的文化场景，从而具有不同程度的蜂鸣生产作用，因此对于社区生活圈来说，可将美好生活提案的构建转化成为探索能够产生高强度"蜂鸣生产力"的文化舒适物组合模式，以启迪城市社区生活圈更好的文化创造与创新，激发人们文化参与和文化学习的热情，构建基于共同生活邻里的文化认同与文化意识。

第三节 社区生活圈文化生产理论重整

　　文化嵌入城市社会发挥作用的要义总是包含物质与精神的两个方面。本节以"能否创生地方蜂鸣"搭建社区生活圈的文化实践逻辑,其中"地方蜂鸣"是对社区生活圈文化生产力的形象描述,文化舒适物构成社区生活圈创生蜂鸣的物质基础,文化舒适物有机组合构成的场景及其所反映的地方价值观是社区生活圈创生蜂鸣的作用核心。

一、以文化舒适物创生地方蜂鸣

　　文化舒适物是社区生活圈文化生产的物质基础。所谓的"物质",在工业生产中主要表现为用于生产工业产品所用的钢铁、石油、金属等加工材料,在社会生产中主要表现用于劳动的生产工具,因而在文化相关的内容生产中,主要表现为用于承载文化活动的物质性对象,即文化设施,诸如图书馆、文化广场、博物馆等。在社区生活圈的场景体系中,人们的日常生活实践却不仅限于纯文化空间,社区中的文化生产诞生于人与人之间的交往联系中,无论是基础层面的生活服务空间,抑或是专业的文化活动空间,甚至是并无任何功能的公共空间,都可能成为实现社区交往的空间对象。此外,当前社区生活圈的设施建设越来越强调设施的功能复合,如针对菜市场、学校等原本功能针对性较强的空间单元也越来越强调文化价值的植入,因而将博物馆、图书馆等纯"文化设施"作为社区生活圈物质生产的研究对象过于单薄。文化舒适物本身既具有美学、消费与文化价值,以"文化舒适物"作为物质生产资料既符合场景理论语法的要求,也更加符合实践导向下社区生活圈文化生产的主题。

　　确证社区生活圈场景的文化舒适物类型是进行分析的第一步。格莱泽及克拉克都曾提出不同的舒适物类型划分标准,源于场景方法在中国研究的应用,国内学者的舒适物类型划分大部分也遵照了克拉克场景理论的标准(见表4-1)。

第四章 社区生活圈文化生产的理论模型

表 4-1 舒适物类型划分标准

舒适物代表性划分标准	划分角度	舒适物类型	具体元素
爱德华·格莱泽	"密度"指向的消费城市	A. 服务与消费品 B. 物理设施 C. 公共服务 D. 交通	a. 餐馆、剧院、影院、图书馆、博物馆、酒吧、大学、创意园区等 b. 建筑 c. 教育、医疗、社会保障等 d. 城市路网、通勤工具等
特里·克拉克	文化指向的城市增长	A. 自然 B. 人工设施 C. 社会经济结构 D. 社区氛围	a. 自然景观、温度、湿度等 b. 尤其是具有文化氛围的设施，如图书馆、博物馆、剧院、咖啡厅、书店等 c. 居民收入、教育程度、家庭情况等 d. 友善、包容、排外等
中国城市舒适物指标评价体系[1]	宜居指向的城市综合评价	A. 自然舒适物 B. 文化舒适物 C. 卫生服务设施 D. 商业服务设施 E. 交通便利程度 F. 社会舒适物	a. 1月平均气温、7月平均气温、建成区绿化覆盖率、人均公园绿地面积、空气质量达到及好于二级的天数、荣誉称号数 b. 博物馆数量、图书馆数量、剧院/影剧院数量、国家重点文物保护单位数量、普通高等学校数量、重点中学数量、最佳幼儿园数量 c. 三甲医院数、床位数 d. 星级酒店数量、国家4A级以上景区数量、高端购物中心数量、特色餐馆数量、星巴克数量、专业展馆数量、主题公园数量、创意园区数量 e. 机场数、人均城市道路面积、公共汽车/电车客运量、轨道交通客运量、公路运输完成客运量、民用航空旅客发送量 f. 每万人在校大学生数、离婚率、外商投资企业、每万人治安案件查处数
吴军：文化舒适物[2]	文化参与与地方质量如何影响城市经济增长、科技创新及社会活力	A. 吃 B. 住 C. 玩 D. 游 E. 学 F. 购 G. 美 H. 动	a. 生日蛋糕、甜点饮品、京菜、川湘菜、江浙菜、粤菜、西北菜、云贵菜、鲁菜等19种 b. 经济酒店、公寓民宿、主题酒店、青年旅社、星级酒店（3-6星） c. 足疗按摩、洗浴/汗蒸、网吧网咖、酒吧、KTV、电玩/游戏厅等17种 d. 主题公寓、温泉、水上公园、动植物园、展览馆、海洋馆、漂流、人文景点 e. 兴趣生活、音乐培训、驾校、外语培训、美术培训、职业技术、升学辅导等11种 f. 大型批发零售市场、时尚购物中心、大型超市、数码家电商场 g. 美发、美容美体、美甲美瞳、瑜伽舞蹈等10种 h. 健身房、保龄球、游泳、舞蹈等17种

[1] 马凌，李丽梅，朱竑. 中国城市舒适物评价指标体系构建与实证［J］. 地理学报，2018，73（4）：755-770.

[2] 吴军. 文化舒适物：地方质量如何影响城市发展［M］. 北京：人民出版社，2019：10.

续表

舒适物代表性划分标准	划分角度	舒适物类型	具体元素
吴军：社区消费场景[1]	青年需求视角下的场景分析	A. 公共设施 B. 生活服务 C. 社区零售 D. 文化娱乐	a. 社区各种手续在手机端办理、社区医疗卫生服务机构、物业服务、修车、缝补、公园绿地、快递柜、理发、图书馆、日用产品修理等 b. 棋牌室、托儿所、幼儿园、社区活动中心、兴趣社团、便民快餐、心理健康咨询、婴幼儿照护、课外教育培训、早点等 c. 超市、生鲜、大卖场、便利店、百货、大型购物商场、主题街区、批发市场、菜市场、外卖、集市等 d. 电影院、卡拉OK等
陈波：中国城市文化场景的模式与特征分析[2]	场景理论视角下的文化舒适物再分类	A. 餐饮美食 B. 休闲娱乐 C. 文化服务 D. 运动健身 E. 生活服务 F. 购物消费 G. 学习培训	a. 面包甜点、咖啡厅、饮品店、茶馆、烧烤、小吃快餐、火锅、川菜、素食餐厅、西餐、日本料理、东南亚菜馆 b. 美甲店、美容店、文身店、摄影工作室、KTV、棋牌室、网吧、密室逃脱、电影院、私人影院、DIY手工坊、采摘/农家乐、桌面游戏、桌球馆、按摩/足疗、洗浴/汗蒸、酒吧/夜店、公园、动物馆、儿童公园、游乐园 c. 音乐厅、美术馆、公共图书馆、电视台、电台、创意园区、剧场、博物馆 d. 羽毛球馆、游泳馆、体育馆、瑜伽馆、篮球场、健身中心 e. 彩票站、菜市场、理发店、宠物店、花店、星级酒店、连锁酒店、客栈/民宿、教堂寺庙、宠物医院、医院、银行、邮局、通信营业厅、家政、搬家运输、居家维修、停车场、加油站 f. 便利店、超市、综合商场、房屋地产中介、旅行社、4S店/汽车销售、家装/建材卖场、汽车美容 g. 书店、琴行、画室、驾校、校外培训、留学机构、大学

总体来看，虽然克拉克强调的舒适物划分既包含了物理设施，也包含着软性的文化要素，然而在实际的研究应用中，由于诸如"文化氛围、文化精神"等的调查在统计学中难以得到有效评定，因而在中国舒适物研究中都将此部分内容进行了省略，仅以图书馆、博物馆等人造便利设施为统计对象。此外，舒适物类型的划分也因研究对象范围的不同而有所区别，在国家一级的较大范围区域内，舒适物的类型划分更为广泛，如包括

---

[1] 吴军，郑昊. 社区消费场景研究：基于青年需求的实证分析 [J]. 现代城市研究，2021（9）：36-42.
[2] 陈波，林馨雨. 中国城市文化场景的模式与特征分析：基于31个城市文化舒适物的实证研究 [J]. 中国软科学，2020（11）：71-86.

"交通路网""气候温度"等因素，而在社区场景一级，舒适物的划分更为细致。因此，本书在场景理论的基础上，借鉴已有的划分标准，结合社区场景的实际情况，将社区生活圈文化舒适物的类型定义为人造的生活便利设施进行统计并实证分析。

在商务部印发的《推进城市一刻钟便民生活圈建设的试点》中将便利设施分为基础保障类和品质提升类两大类（见表4-2）。

表4-2 商务部推进一刻钟便民生活圈建设试点的舒适物分类

舒适物类型	具体元素
基础保障类	便利店、综合超市、菜市场、生鲜超市（菜店）、早餐店、维修店、洗染店、美容美发店、照相文印店、药店、邮政快递综合服务店（快件箱组）、再生资源回收点，其他
品质提升类	新式书店、运动健身、特色餐饮店、养老站、托育站、保健养生、教育培训、休闲娱乐，其他

资料来源：商务部等12部门关于推进城市一刻钟便民生活圈建设的意见［EB/OL］.（2021-05-28）［2021-11-26］.http://www.gov.cn/zhengce/zhengceku/2021-06/03/content_5615099.htm.

自然资源部印发的《社区生活圈规划指南》中则将社区生活圈的要素配置分为了基础保障型、品质提升型及特色引导型三类，其中对"特色引导型"的舒适物未进行明确指示（见表4-3）。

表4-3 《社区生活圈规划技术指南》舒适物分类

一级分类	二级分类	三级分类	具体元素
基础保障型服务要素配置	社区服务	A.健康管理 B.为老服务 C.终身教育 D.文化活动 E.体育健身 F.商业服务 G.行政管理 H.其他	a.卫生服务中心/社区医院、门诊部 b.养老院、老年养护院、老年人日间照料中心（托老所） c.初中、小学、幼儿园 d.文化活动中心、文化活动站 e.大型多功能运动场地、中型多功能运动场地、小型多功能运动场地、室外综合健身场地 f.商场、菜市场或生鲜超市、餐饮设施、银行营业网点、电信营业网点、邮政营业场所、社区商业网点 g.社区服务中心、街道办事处、司法所、社区服务站 h.开闭所、再生资源回收点、生活垃圾收集站、公共厕所
	就业引导	—	社区就业服务中心
	住房改善	—	保障性住房
	日常出行	—	公交车站

续表

一级分类	二级分类	三级分类	具体元素
品质提升型服务要素配置	社区服务	A. 健康管理 B. 为老服务 C. 终身教育 D. 文化活动 E. 体育健身 F. 商业服务 G. 行政管理 H. 其他	a. 工疗康体服务中心、社区卫生服务站 b. 综合为老服务中心 c. 学龄儿童养育托管中心、托儿所 d. 文化广场、文化展示馆 e. 体育馆（场）或全民健身中心、健身房、小型体育公园、健身步道 f. 社区食堂、生活服务站 g. 派出所 h. 燃料供应站、燃料调压站、供热站后热交换站、通信机房、有线电视基站、垃圾转运站、消防站、市政燃气服务网点和应急抢修站
	日常出行		轨道交通站点、公交首末站、非机动车停车场、机动车停车场、公交车站

资料来源：中华人民共和国自然资源部.《社区生活圈规划技术指南》行业标准报批稿公示［EB/OL］.（2021-05-26）［2021-11-26］.http://gi.mnr.gov.cn/202105/t20210526_2633012.html.

并非所有的"便利设施"都属于"文化舒适物"。政府发布的社区生活圈要素配置涵盖面广泛，然而从文化舒适物的角度来说，诸如公共厕所、垃圾收集站、燃料供应等设施场所显然并不符合舒适物的审美定义。此外，规划技术指南中规定的服务要素仅包括社区服务、就业引导、住房改善及日常出行四个方面，在"文化"要素上丰富度不足。因而排除与"舒适物"概念并不吻合的配置要素，结合此前相关学术研究中的国内外划分标准，本书进一步丰富了文化舒适物要素，扩展了在社区基本生活服务配置之外的诸如文化服务、文化教育、文化休闲、文化商业、文化资源保护及文化组织机构等舒适物类型，最后在实地调研走访社区生活圈之后，结合专家意见将社区生活圈舒适物划分为基础保障、品质提升、特色创生三大类。基础保障型文化舒适物包括生活服务类、文化服务类、文化教育类舒适物，品质提升型文化舒适物包括文化休闲类、文化商业类舒适物，特色创生型舒适物则包括文化资源类、文化创意类、文化组织类舒适物。

本书对社区生活圈文化舒适物的分类，如表4-4所示。

表 4-4 社区生活圈舒适物具体分类

一级分类	二级分类	三级分类
基础保障型	生活服务类	通信、房产中介、便利店、电脑维修、家电维修、中医、诊所、医院、彩票、洗衣店、家政、图文快印、药店、菜市场、水果、生鲜、肉店、奶吧、裁缝、家纺、行政机构、集市、美发、母婴生活、宠物、社区食堂、算命占卜、银行、养老院、日间照料中心、丧葬、墓地、日托、文具店
	文化服务类	（便民）书店、文化广场、文体活动中心、老年活动中心、社区博物馆、社区展览馆、文化宫、公园
	文化教育类	各类学校（幼儿园、小学、中学、大学、中专）、青少年体育、艺术教育、早教、教育咨询、武术、舞蹈、语言
品质提升型	文化休闲类	书吧、咖啡厅、派对轰趴、游乐园、网吧网咖、美容美甲、养生按摩、茶馆茶社、电竞、花艺、旅行社、减肥、钓鱼、影剧院、酒吧、KTV、夜总会、休闲俱乐部
	文化商业类	企业、烟酒、大型超市、餐厅、汽车、摩托车、电动车、自行车、家居、家具、装修、甜品、蛋糕、饮品、服装鞋饰、化妆品、乐器售卖、商业街、手机等电子设备卖场、鲜花店、照相馆
特色创生型	文化资源类	景点、古迹、故居等
	文化创意类	文化艺术空间、美术馆画廊、创意俱乐部、手艺工作室、网红、创意设计型企业
	文化组织类	文化创意组织协会、文化娱乐活动等的促进者

基础保障类舒适物是为满足居民基本生活的日常便利设施，生活服务、文化服务及文化教育皆涵盖其中。生活服务是社区居民生活中最为常见也是最为基础的设施类型，在经过调研及实际筛选之后共包括菜市场、便利商超、日间照料、图文快印等34种类型。文化服务主要是指公共文化服务所包含的内容，主要有公园、文化广场、便民书店、文体活动中心等8类，其中社区博物馆与展览馆为近几年新兴的设施类型，一般为公共性质，因此也将其归为文化服务类舒适物。教育是衡量社区生活圈文化水平与能力的核心指标，因此本书将文化教育单独归纳为一类，包括各类学校及教辅培训等八类舒适物。

品质提升型舒适物不仅是为满足社区内居民娱乐、购物等更高层级的消费型生活需求，还具有对外展示、吸引流量的功能，包括文化休闲和文化商业两大类。文化休闲类舒适物主要满足居民日常娱乐需求，包括书吧、咖啡厅、派对轰趴、游乐园等18类舒适物。文化商业是衡量社区生活圈消费活力的关键，在进行文化旅游转型及位于城市中心发达商圈内的社区生活圈中，如上海外滩、南京东路附近等，文化产业的发展带动诸多文化商业舒适物的集中布局，因此文化商业类舒适物不仅包含大型商超、餐厅等常见的消费型舒适物，还包括客栈、酒店、文化企业等，共计21类。

特色创生型舒适物是社区文化资本的体现，包括文化资源、文化创意、文化组织三类。文化资源指的是社区景点、古迹、名人故居等能够实现资本转化的舒适物类型，文化创意指的是文化艺术空间、手艺工作室、网红店等能够促进创意营造的舒适物类型，文化组织则指的是诸如文化创意协会、娱乐活动促进者等社会行为主体。文化资源类舒适物关注社区生活圈发展中社区文化资源的保护及开发，如在城市老城区往往保留着诸多文化古迹、历史街区等。文化创意类舒适物聚焦社区生活圈内的文化创生，随着越来越多艺术社区、创意社区的涌现，文化艺术介入的社区生活圈发展已经成为当代城市建设的主流模式，如成都曹家巷的地瓜社区、北京史家胡同内的one艺术设计机构进驻等，因此文化创意类舒适物主要指代社区文创社、社区手艺工作室等舒适物，它们往往能够显著提升社区生活圈知名度，并吸引流量与资本进驻。文化组织类舒适物是文化创意类舒适物的延伸，由于"舒适物"概念本身便不仅包括人工构建的便利设施，还包括诸如环境、习俗等软性的文化要素，因而对社区生活圈来说，还需要将推动社区生活圈文化创生的组织机构等主体力量纳入文化舒适物研究的整体框架。本书总结的文化组织类舒适物主要是指社区设施娱乐活动的推进组织者、第三方文创机构、居民自组织等。在社区生活圈建设中，文化组织的社会创新实践有效充实了社区生活圈的文化生态，并不断丰富了社区建设的现代化治理模式。

"以文化舒适物创生蜂鸣"的分析旨在探索不同文化舒适物类型，在促进社区生活圈蜂鸣创生方面的不同作用，并且通过社区生活圈的实证分析，发现当前阶段在发展较好的社区生活圈实践中，不同的舒适物类型在提升生活品质及促进地区发展方面的多元复合作用，此部分需通过"文化舒适物评价"（见本书第五章）进一步深入分析。

二、以文化舒适物组态形塑地方场景

场景是一种植入了美学思维的组态逻辑。场景的组态逻辑体现为不同类型舒适物的协同组合，美学思维则体现为对不同场景的文化气质描述。不同文化舒适物的有机组合形塑的场景是社区生活圈从物质生产到精神生产的转化，进而实现持续文化生产的核心条件。在社区生活圈蜂鸣生产过程中，场景总是表现为某些文化舒适物类型的有机组合，不同的组合模式所能够产生蜂鸣的程度与能力不同，有些文化舒适物类型之间甚至是互斥的。因此，要使社区生活圈能够持续创造场景红利，实现文化嵌入，便要遵循场景逻辑，探索能够促进地方蜂鸣生产的最佳文化舒适物组态模式。

第四章 社区生活圈文化生产的理论模型

文化舒适物组态形成的"场景"是对社区生活圈地方文化特质的提炼。社区生活圈是在原先社区行政边界上的拓展，是在准确识别人的相似性活动行为之上新的时空组合，在社区这一日常生活空间中，总会表现出某些特定舒适物的空间集合，因而表现出特定的文化特色、人文魅力或地方风格，这是场景分析的要点。在或传统或戏剧或迷人的场景价值观的引导下，诞生于社区生活圈内部的场景蜂鸣会产生面向外界的吸引力，进而引导更为积极主动的文化参与，推动文化创生与地方发展，这便是场景蜂鸣的作用。

3个主维度与15个子维度构成的场景语法，为将社区生活圈结构为文化舒适物的空间组合提供了可行方法论。场景理论重新定义了消费活动及便利设施，意味着需要一种新的语言解剖不同类型的场景。对此，场景理论提出了包括3个主维度与15个子维度的场景语法（见图4-2），类似化学元素周期表中不同化学元素组合能够形成不同的化合物，场景通过15个描述性维度的不同组合实现场景特质的精准识别。场景分析的维度具体如下。

（1）合法性：合法性主要描述主体文化参与的动机与获得的体验，当消费者进行某项活动，或者去某个地方，对消费者的时间与精力来说都是宝贵的和适当的使用，而不是为了打发时间或者其他无聊的动机。

合法性主维度下进一步划分为传统的、功利的、自我表达、平等的及领袖魅力5个子维度。

①传统的：传统是人与历史的关系缔结，这种关系一方面来自尊重权威，一方面来自传承。"传统的"维度表现的是相关的活动是否遵循了过去历史模范人物或者包括礼仪、习俗等方面的传承，如歌剧、戏曲等即被视为典型的传统场景。

②功利的：功利来自金钱与权力等的利益联结，因而功利主义的活动主张是否为追求自身利益、产出成果或者寻求手段去解决某件事，如投资银行、便利快餐店等即典型的功利场景。

③自我表达：自我表达强调的是个人人格的自由实践，不受外界的约束从而可以淋漓尽致地展现自己的性格，如KTV、说唱等是典型的自我表达场景。甚至公园也为展现自身赋予了自我表达性，因为在公园中个体的行为不受规则的约束，无论你想跑步或者健身，抑或是简单地坐着，也不会受到制约。

④平等的：平等合法性来源于对人的尊重，无论高低贵贱、抑或种族性别都不能成为泯灭平等的规则，如人权组织、救援部队即是典型的平等主义场景，而私人会所、私人俱乐部、私人影院则与之相反。

⑤领袖魅力：即基于伟大人物杰出的品格与成就创造的合法性，相关的活动来自对某个人物的向往及其所创造的吸引力，如明星演唱会便是典型的领袖场景，而诸如律

所、法院、政府则与之相反。

（2）戏剧性：戏剧性体现的是进行某项活动的感受。想象一下参与某场戏剧演出，构成者无非是演员与观众，演员是被他人注视的角色，观众是注视他人的角色，因而戏剧性的场景表现的是某项实践活动是否能够让参与者产生一种注意到他人或被他人注意到的愉悦感。

戏剧性主维度下主要包括爱炫的、越轨的、迷人的、正式的、睦邻的5个子维度。

①爱炫的：爱炫意味着张扬，来自你是否想要成为别人关注与仰慕的对象，与之相反的则是保守与谦逊，如舞台表演、情侣秀恩爱等即是爱炫的场景，而诸如礼仪学校等即是保守的场景。

②越轨的：越轨是指打破传统、摒弃主流、破坏规矩，即参与的某项活动实践是想要突破某种规范或者是约定俗成的东西，并表现为非主流或者是叛逆，总之超乎所谓的"规矩"之外，如文身，或者理一个非主流的发型等。从另一种角度来说，越轨也是为了展现自身独特的个性；与之相反的场景则是遵守规矩、注意礼节，如需要正装出席的场景。

③迷人的：迷人的场景体现为耀眼、闪烁、神秘、诱人、时尚等，即相关的活动是否处于时尚、艺术与前沿，如时尚秀、魅力沙龙、夜总会、大型晚会等，迷人的魅力在这些场景中体现得淋漓尽致。

④正式的：正式的场景高度重视礼节，表现为强烈的仪式性与标准化。例如，去教堂礼拜、去剧场音乐会等，都需要参与者保持安静，或者需要着正式的服装，以此才能体现礼节；而诸如酒吧、家庭聚餐、Livehouse等则气氛轻松，没有严格或正式的外观标准，因此便是非正式的。

⑤睦邻的：睦邻强调和谐、亲密，相关的场景主张如在"家"一般的轻松与和谐的状态。在睦邻的场景中，人们渴望保持或者是建立亲密与面对面的关系，如社区邻里中心、街头热聊、操场等；相反的场景则强调保持距离、互不来往、相互陌生，如拥挤的地铁、股票市场等。

（3）真实性：真实性来源对自身身份的确证，体现相关的活动实践是都能够让参与者感受到真实的自己。想象一下刚进入某个城市生活，可能产生"你是当地人还是外地人"，抑或是"你家是哪里的？"之类的问询，在真实的场景中，参与者的身份来自地点、组织、机构等的认证。

真实性主维度下包括本地的、族群的、企业的、国家的、理性的5个子维度。

①本地的：即相关的活动是不是"当地的、本土的"特有的，没有受到外界的侵染，如本地菜、特产、手工艺等。与之相反的场景则强调跨越了本地区域实现了对外开放，如一些具有国际化特征与全球化标志的跨国公司、国际银行等。

②族群的：族群即种族习俗，这种习俗根深蒂固、无法选择，而且不受同质化的、隔绝的、抽象的全球单一性文化的影响，典型场景如一些民族餐厅、民族节日等。

③企业的：企业与市场相联系，体现相关的活动是否强调市场的一些规则，诸如收购、竞争、扩张市场，或者是创造产品，典型的企业场景诸如全球知名公司或名牌店。与之相反的缺少企业性的场景则如一些非营利组织、环境保护组织等。

④国家的：国家性场景即带有鲜明的国家印记，体现的是参与者参加某项活动时是不是作为国家公民的身份出现的，如奥运会、国庆大阅兵、国歌、国旗等，有着强烈的政治依附性。与之相反的场景则拒绝国家身份，如某些宗教，强调世界大同，不囿于民族主义的藩篱。

⑤理性的：理性维度强调的是思想上的自我认同，理性场景体现的是相关活动是否通过理性与自由的思考实现，并不受国家、企业、种族、信仰等因素的制约，如研发实验室、技术性的企业即是典型的理性场景。与之相反的诸如冥想、玄学、前卫艺术展等，这些活动强调拒绝理性与智慧思考的约束。

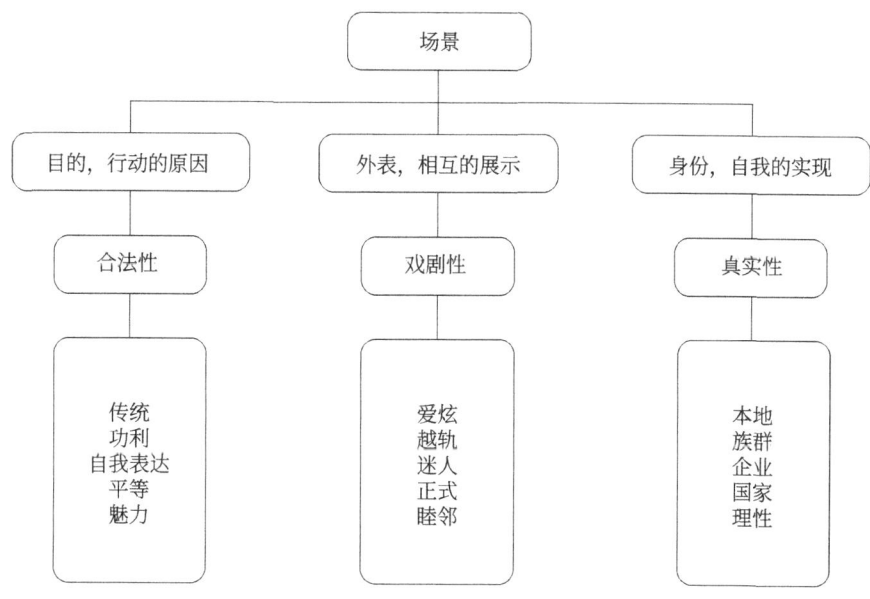

图 4-2　场景 15 个维度语法谱系

社区生活圈因"场景"而具有内生力与吸引力。"场景"能够影响人们对某一地点的文化印象，进而形成固定认知。例如，当我们想到重庆，便会想到火锅与山城构成的火辣之城；到西安，便会想到由诸多文物古迹、博物馆及羊肉泡馍构成的传统又质朴的历史之城；到深圳，则会想到由诸多现代化科技企业、世界交易中心等组成的文化创新之城，每一种舒适物都是形塑地区特色与人文风格的特殊地理符号。在信息科技不断重塑社会时空的当下，虽然关于空间问题的讨论已经不再局限于实际的物理空间，然而不得不承认的是，当代城市特色的显现仍然是基于地方差异的。社区生活圈是现代城市最为细微的细胞单元，也最能体现城市地方特色与生活质量，以文化舒适物组态形塑的地方场景，是一种同时作用于社区内部与外部的动力机制，内部凝聚社区认同，外部吸引文化参与，最终共同作用于人对于美好生活向往的实现。

第五章　城市社区生活圈的物质生产

　　以文化舒适物激发社区蜂鸣，是评价社区生活圈的物质生产的唯一尺度。蜂鸣代表了城市社区生活圈的文化活力程度，它一方面面向社区内部激发内生动力，另一方面面向社区外部提升吸引力。当前中国城市社区生活圈的文化舒适物配置，大多是生活服务或是文化商业主导的集合模式，生活服务类文化舒适物主导了社区生活圈内部的生活质量，文化商业类文化舒适物则主要影响了社区生活圈的外部活力。然而任何一种单一类型的生活设施主导的发展实际上并不利于社区生活质量的综合提升，多元类型文化舒适物的有机组合才能够显著促进社区生活圈的整体文化生产力，即地方蜂鸣。

第一节 文化舒适物创生地方蜂鸣的综合评测（AHP-PCA）

社区生活圈中不同类型的文化舒适物对该场景中"蜂鸣"的产生及其作用程度必然存在一定差别，要反映"蜂鸣"程度就需要借助文化舒适物的类型权重进行评价。因此，本节采用层次分析法（AHP）与主成分分析法（PCA）相结合的方式，通过对北京、上海、成都及深圳等城市20个社区生活圈的文化舒适物样本数据进行分析，最终确定了八类文化舒适物的综合权重。

一、AHP 专家主观评测

文化舒适物分别在社区生活圈外部与内部发挥蜂鸣创生作用，面向社区外部的场景蜂鸣能够获得政策、资金等权力或资本的关注，体现社区生活圈的吸引力与纳新性；面向社区内部的蜂鸣则能够促进广泛的文化参与和文化认同，体现社区生活圈的内生力与包容性。[1] 基于此，本节主要采用层次分析法（AHP）构建社区文化舒适物在促进场景内部与外部蜂鸣效应的评测表，以确定不同类型文化舒适物的不同作用及作用程度。

（一）评测目标

本项评测认为，在社区生活圈这一场景单元中，以舒适物为载体的文化生产实践会产生两种生产力。一种是面向场景内部的生产力，即本社区生活圈内的文化实践能够反哺自身，体现为帮助构建社区内的文化认同、促进社区内的文化参与等积极表现；另一种是面向场景外部的生产力，即能够使场景对外产生吸引力，这种吸引力或是政策的关注，或是资金支持，或是社区合作。不同舒适物类型促进两种生产力产生的作用不同，因而需要做出重要性程度的评价，以确定哪些文化舒适物主要是为场景内部服务，哪

---

[1] 齐骥，亓冉.蜂鸣理论视角下的城市文化创新[J].理论月刊，2020（10）：89-98.

些文化舒适物主要为场景外部服务，以及这些文化舒适物促进场景生产力产生的程度如何。依据场景理论的语法体系，本项评测将这种生产力描述为"蜂鸣"，以更为形象的阐释以文化舒适物为载体的场景动力。

（二）评测假设

假设1：不同舒适物类型在促进社区生活圈场景内部蜂鸣与外部蜂鸣方面的作用是差异化的，有些主要作用于场景内部，而另一些则主要作用于场景外部。

假设2：不同文化舒适物类型在促进场景蜂鸣方面的作用并非完全区隔化，而是作用程度的差别。在社区生活圈这一生活场景中，场景内部蜂鸣与外部蜂鸣能够相互转化，并共同作用于社区生活圈的文化生产。

（三）决策维度概念阐释

决策目标：社区生活圈文化舒适物促进场景蜂鸣的重要性程度评价。

准则层1：场景内部蜂鸣（内生力）。面向场景内部的蜂鸣指面向社区生活圈内部的动力作用，即社区内生力。在社区生活圈的理念体系中，满足居民日常生活所需、促进积极的文化参与、建立自下而上的社区自治及促进社区自主造血、建立社区认同等都旨在激发社区内生动力，实现社区的自主发展。

准则层2：场景外部蜂鸣（吸引力）。面向场景外部的蜂鸣指社区生活圈的对外吸引力。在当前全球化影响愈加深入的时代，社区自主发展并不意味着要像巴黎"15分钟城市"般构建一个完全"自给自足"的社区，"开放"一定是城市经济与社会发展必不可挡的趋势。社区生活圈作为面向全球、链接地方的城市发展战略更要包容开放，以此才能实现可持续、不断进步的社区发展。因此，面向场景外部的蜂鸣指的是该舒适物类型能否促进社区生活圈内部与外部之间的联动，或是经济资本之间的流通，或是权力资本之间的合作，抑或是社会资本之间的互动，这些都可以成为一个社区场景实现对外交往、吸引资本进入的有效通道。

方案层：八类社区生活圈文化舒适物

决策层元素为不同舒适物类型，即包括基础保障型、品质提升型及特色创生型三大类，以及生活服务类、文化服务类、文化教育类、文化休闲类、文化商业类、文化资源类、文化创意类及文化组织类八个小类的文化舒适物类型，具体类型划分见表4-4。

（四）评测框架及评测方法

评测框架建立在"社区生活圈文化舒适物促进场景蜂鸣的重要性程度评价"这一总体目标基础上，旨在探索不同舒适物类型在促进场景内部蜂鸣（内生力）及场景外部蜂鸣（吸引力）的作用及其作用程度。因而"场景内部蜂鸣（内生力）"及"场景外部蜂鸣（吸引力）"构成评测准则层，8类舒适物类型构成评测方案层，构建起评测框架（见图5-1）。

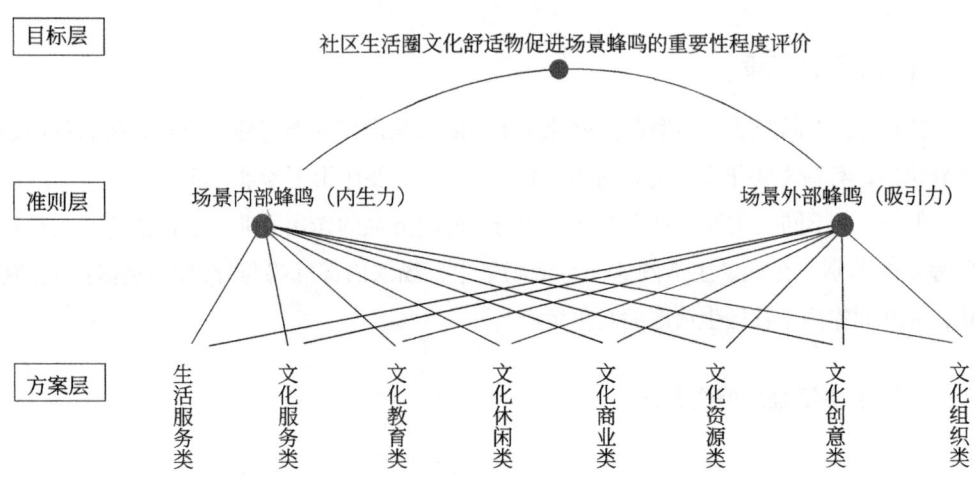

图5-1 社区生活圈文化舒适物促进场景蜂鸣的重要性程度评测框架

评测方法采用专家打分的层次分析法（AHP）。层次分析法是美国运筹学家托马斯·萨蒂（Thomas Saaty）教授于20世纪70年代提出的一种成熟实用的决策方法，将涉及多层次、多因素的复杂问题转化为若干子问题，采用比较判断的综合思维形式进行决策，从而得到各评价指标的排序权重，结果具有较高的可靠性和准确性。本书根据层次分析法建立评测表，通过邀请10位熟知场景理论及社区生活圈实践的专家，基于他们的知识和经验采用两两比较的方式给出各个指标的相对重要性，并利用数值表达出来，各项评测包括：

（1）场景内部蜂鸣（内生力）与场景外部蜂鸣（吸引力）对于社区生活圈整体发展的相对重要性；

（2）八类舒适物对于促进社区生活圈场景内部蜂鸣（内生力）的相对重要性；

（3）八类舒适物对于促进社区生活圈场景外部蜂鸣（吸引力）的相对重要性。

其中重要性程度采用Satty 9级标度法，详见表5-1。

表5-1 层次分析法的比较标度

标度	定义	说明
1	两个元素同等重要	两个元素对于某个性质具有相同贡献
3	一个元素比另一个元素稍微重要	从经验判断，二元素中稍微偏重一个元素
5	一个元素比另一个元素较强重要	从经验判断，二元素中较强偏重一个元素

续表

标度	定义	说明
7	一个元素比另一个元素强烈重要	一个元素强烈偏重,其主导地位在实际中显示出来
9	一个元素比另一个元素绝对重要	二元素中偏重一元素的证据是判断的最高等级
2,4,6,8	两相邻判断的中值	需要由两个判断进行折中
倒数	元素 i 和 j 比较判断结果为 a_{ji},则 j 与 i 比较结果 $a_{ji}=1/a_{ij}$	

在回收专家评测问卷之后,通过 yaahp 软件展开群决策,并对每位专家的判断矩阵分别进行一致性检验,如果一致性检验即 CR>0.1,则让该专家重新进行打分。最后在一致性检验结果调整之后,采用和积法计算出各项评价指标权重,具体步骤如下。

(1) 假设判断矩阵:

$$A=(a_{ij})_{n\times n} \tag{5-1}$$

(2) 将 A 中元素归一化处理:

$$\bar{a}_{ij}=a_{ij}\Big/\sum_{k=1}^{n}a_{kj},\quad i,j=1,2\cdots,n \tag{5-2}$$

(3) 将归一化后的矩阵进行同行向量相加:

$$\bar{w}_i=\sum_{j=1}^{n}\bar{a}_{ij},i=1,2,\cdots,n \tag{5-3}$$

(4) 得出评价指标权重:

$$w_i=\bar{w}_i\Big/n \tag{5-4}$$

(5) 计算最大特征根:

$$\lambda_{\max}=\frac{1}{n}\sum_{i=1}^{n}\frac{(AW)_i}{w_i} \tag{5-5}$$

(6) 判断矩阵进行一致性检验:

对判断矩阵进行一致性验证。一致性指数(CI)和一致性比率(CR)用于验证受访者对两两比较问题的回答是否一致。例如,如果受访者回答 i 比 j 重要,而 j 比 k 重要,那么对于 i 和 k,被调查者都应该回答 i 比 k 重要。回答越一致,CI 越小。当 CR≤0.1 时,判定为一致。CI 和 CR 可以由式(5-6)和(5-7)得到,其中 $\lambda_{\max}$ 为判断矩阵的主特征值,RI 是随机一致性指标。

$$\text{CI}=\frac{\lambda_{\max}}{n-1} \tag{5-6}$$

$$CR = \frac{CI}{RI} \qquad (5-7)$$

（五）评测结果小结

在对各个专家的判断矩阵分别进行一致性检验之后，其一致性比率皆小于0.1，结果可以接受，最终得出评价指标体系及权重（见表5-2）。

表5-2　方案层中对决策目标的权重排序

备选方案	权重
文化资源类	0.158
文化组织类	0.153
生活服务类	0.151
文化服务类	0.139
文化创意类	0.130
文化休闲类	0.100
文化教育类	0.092
文化商业类	0.077

注：标度类型为1~9，群决策采用专家数据集结方法，即各专家排序向量的加权算术平均。

如表5-2所示，在"社区生活圈文化舒适物促进场景蜂鸣"这一总体目标评测中，各个文化舒适物类型的重要性程度排名为：文化资源类（0.158）＞文化组织类（0.153）＞生活服务类（0.151）＞文化服务类（0.139）＞文化创意类（0.130）＞文化休闲类（0.100）＞文化教育类（0.092）＞文化商业类（0.077）。其中，文化资源类舒适物、文化组织类舒适物和生活服务类舒适物被认为是促进社区生活圈场景蜂鸣最为重要的三类文化舒适物。

如表5-3所示，在社区生活圈场景中，促进场景内部蜂鸣的产生要比场景外部蜂鸣明显重要得多，其中场景内部蜂鸣的重要性权重为0.704，场景外部蜂鸣的权重仅为0.296。

表5-3　第1个准则层中要素对决策目标的排序权重

准则层要素	权重
场景内部蜂鸣（内生力）	0.704
场景外部蜂鸣（吸引力）	0.296

注：一致性比例为0.000，组合一致性比例为0.035。

如表5-4所示，在对10位专家的判断矩阵集结之后，八类文化舒适物在促进场景内部蜂鸣中的重要性程度排名为：

生活服务类（0.204）＞文化服务类（0.170）＞文化组织类（0.159）＞文化资源类（0.124）＞文化创意类（0.117）＞文化休闲类（0.094）＞文化教育类（0.090）＞文化商业类（0.042）。

表5-4 集结后的判断矩阵——场景内部蜂鸣（内生力）

场景内部蜂鸣内生力（位次）	生活服务类	文化服务类	文化教育类	文化休闲类	文化商业类	文化资源类	文化创意类	文化组织类	权重
生活服务类（1）	1.000	1.202	2.268	2.182	4.850	1.645	1.746	1.280	0.204
文化服务类（2）	0.832	1.000	1.886	1.814	4.033	1.368	1.452	1.065	0.170
文化教育类（7）	0.441	0.530	1.000	0.962	2.139	0.726	0.770	0.564	0.09
文化休闲类（6）	0.458	0.551	1.039	1.000	2.223	0.754	0.800	0.587	0.094
文化商业类（8）	0.206	0.248	0.468	0.450	1.000	0.339	0.360	0.264	0.042
文化资源类（4）	0.608	0.731	1.378	1.326	2.947	1.000	1.061	0.778	0.124
文化创意类（5）	0.573	0.689	1.299	1.250	2.778	0.942	1.000	0.733	0.117
文化组织类（3）	0.781	0.939	1.772	1.704	3.789	1.285	1.364	1.000	0.159

注：一致性比例为0.000。

由此可见，社区生活圈作为满足日常所需的生活单元，"生活"描述了社区生活圈的场景本质，因此生活服务类、文化服务类等服务类文化舒适物对促进场景内部蜂鸣最为重要。除此之外，文化组织类舒适物的较大权重占比同样证明了居民生活需求不再满足于政府供给，调动居民、社会力量等多元主体的能动性被认为是实现社区活力营造、焕发社区生活圈内生力的关键因素。

如表5-5所示，场景外部蜂鸣评价中八类舒适物的重要性程度排名为：

文化资源类（0.238）＞文化创意类（0.161）＞文化商业类（0.160）＞文化组织类（0.137）＞文化休闲类（0.114）＞文化教育类（0.098）＞文化服务类（0.066）＞生活服务类（0.026）。

表 5-5 集结后的判断矩阵——场景外部蜂鸣（吸引力）

场景外部蜂鸣吸引力（位次）	生活服务类	文化服务类	文化教育类	文化休闲类	文化商业类	文化资源类	文化创意类	文化组织类	权重
生活服务类（8）	1.000	0.396	0.268	0.230	0.164	0.110	0.163	0.191	0.026
文化服务类（7）	2.528	1.000	0.677	0.580	0.415	0.279	0.413	0.483	0.066
文化教育类（6）	3.733	1.477	1.000	0.857	0.613	0.412	0.609	0.714	0.098
文化休闲类（5）	4.356	1.723	1.167	1.000	0.715	0.480	0.711	0.833	0.114
文化商业类（3）	6.089	2.409	1.631	1.398	1.000	0.671	0.994	1.164	0.160
文化资源类（1）	9.070	3.588	2.429	2.082	1.490	1.000	1.480	1.734	0.238
文化创意类（2）	6.128	2.424	1.641	1.407	1.006	0.676	1.000	1.172	0.161
文化组织类（4）	5.231	2.069	1.401	1.201	0.859	0.577	0.854	1.000	0.137

注：一致性比例为 0.000。

相对场景内部蜂鸣来说，各类文化舒适物类型的权重排名有着明显变化。生活服务类舒适物不再是最重要的，反而在场景内部蜂鸣中作用并不显著的文化资源类舒适物，被认为是促进场景外部吸引力最为重要的舒适物类型。类似的，文化创意类与文化商业类舒适物被认为同样能够显著促进场景外部蜂鸣。由此可见，对面向外部实现互动的社区生活圈来说，满足生活所需不再是其主要功能，展现魅力、提供创意、打造"高品质"的生活最为关键。

实验证明，假设 1 与假设 2 皆成立。在以文化舒适物为载体的物质实践中，不同舒适物类型促进场景内部与外部的动力作用及程度具有明显差别（见表 5-6）。一方面，作为城市基本的生活单元，发挥社区生活圈内部蜂鸣的作用力要比外部蜂鸣更为重要；另一方面，在社区生活圈内部，生活服务、文化服务、文化组织、文化资源及文化创意被认为是促进场景内部动力产生的最关键因素，其中生活服务要明显重要于其他舒适物类型。而在社区生活圈外部，文化资源、文化创意、文化商业、文化组织、文化休闲则被认为是促进场景外部蜂鸣产生的关键因素，其中文化资源类舒适物的重要性程度要明显高于其他类型的舒适物。

表 5-6 综合评价层权重及排序

目标层	准则层	权重	位次	方案层	权重	位次
A 社区生活圈文化舒适物促进场景蜂鸣的重要性程度评价	B1 场景内部蜂鸣（内生力）	0.704	1	C1 生活服务类	0.204	1
				C2 文化服务类	0.170	2
				C3 文化组织类	0.159	3
				C4 文化资源类	0.124	4
				C5 文化创意类	0.117	5
				C6 文化休闲类	0.094	6
				C7 文化教育类	0.090	7
				C8 文化商业类	0.042	8
	B2 场景外部蜂鸣（吸引力）	0.296	2	C9 文化资源类	0.238	1
				C10 文化创意类	0.161	2
				C11 文化商业类	0.160	3
				C12 文化组织类	0.137	4
				C13 文化休闲类	0.114	5
				C14 文化教育类	0.098	6
				C15 文化服务类	0.066	7
				C16 生活服务类	0.026	8

二、PCA 客观评测

单纯采用层次分析法的专家评价过于主观，并容易与实际情况产生误差，因此，为使整体权重测定更加客观，本书选取了全国 20 个社区生活圈作为实证分析的样本，通过高德地图与百度地图，抓取社区生活圈文化舒适物 POI 数据，并依据八大文化舒适物的类型定义对数据进行整理，与上文中层次分析法确定的评判指标及其权重进行平均，最终确定不同文化舒适物类型在社区生活圈蜂鸣创生中的综合权重。

（一）典型社区生活圈样本选取

虽然当前社区生活圈规划在全国范围内已经普遍施行，但是相对来说大部分仍然在起步与探索阶段。因此，为使评价结果能够尽量准确地测度出文化舒适物类型与社区高程度蜂鸣之间的关系，并真正产生指导意义，采用的样本应当尽可能选择发展较为成熟的社区生活圈。

本书分别从北京、上海、成都及深圳筛选了 20 个在社区生活圈建设中具有代表性的案例，这些案例均为在当地拥有较高知名度。同时为了尽可能兼顾社区空间的多元差异，四个城市的 20 个社区生活圈案例涵盖了包括老城街区、现代社区、城中村等多种形态，在文化组织培育、空间活力更新及地方发展带动等方面皆具有典型性，代表当前社区生活圈发展相对成熟的状态。此外，由于社区是城市建设最为基本的生活单元，社区与社区之间的差异较大，各个城市对于社区生活圈的政策话语也具有不同的表述与规划实践。因此，为了尊重地区差异，本书并未依照住房和城乡建设部与自然资源部规划话语中对于社区生活圈的划分进行标准化，而是遵从各个城市的社区生活圈规划，以最小社区生活圈层级进行数据抓取与分析。

20个社区生活圈样本情况，如表5-7所示。

表5-7 选取的20个社区生活圈样本

城市	社区
北京	史家社区、内务社区、礼士社区、演乐社区、朝内头条社区、朝西社区、新鲜社区、竹杆社区、大方家社区
上海	人民社区、香花社区、新华社区、番禺社区、牛桥社区、左家宅社区
成都	清源社区、清波社区、清江社区、曹家巷社区
深圳	水围村

1. 北京市样本说明

北京在近几年刚刚实现社区生活圈的全域覆盖，本书对北京市的样本选取自东城区朝阳门街道的9个社区生活圈。朝阳门街道位于北京四九城的中心腹地，这里有着北京最具代表性的胡同风景，更是北京老城改造的绝对典型。自2015年起，朝阳门街道便开始以社区设计探索人民生活的全方位更新，从风貌保护、在地建设，到机制创新、公民参与，朝阳门街道均有较为成熟的发展模式。例如，街道下辖的史家社区不仅开创了第一家胡同博物馆与文创生活馆，也是北京第一个着手培育社区艺术家的生活社区；与之相邻的内务社区积极吸引社会组织进驻，由北京one设计机构发起的"27院儿"成为北京胡同存量院落更新的典范，并在日后的社区生活圈经营中持续焕发动力，此外，街道内的礼士社区、演乐社区、朝内头条社区、新鲜社区、大方家社区等均设有文化传习馆，也同样在多元主体力量协作上有其独到的经验。

北京市社区生活圈样本包括东城区朝阳门街道的9个社区，分别是史家社区、内务社区、演乐社区、礼士社区、朝西社区、朝内头条社区、竹杆社区、新鲜社区、大方家社区。9个社区生活圈涵盖了不同类型的生活社区，其中史家社区、内务社区、演乐社区与礼士社区是以胡同空间与传统四合院为主要居住类型；朝西社区是从胡同向现代楼宇过渡的融合社区类型；而朝内头条社区、竹杆社区、新鲜社区则是典型的物业单元化管理的现代社区类型；邻近的大方家社区则与朝西社区类似，以胡同空间为主要居住特征，同时又联结现代都市。

第五章　城市社区生活圈的物质生产

在以胡同空间与四合院为主要居住类型的传统社区中，北京社区生活圈的规划几乎是以一条胡同为一个社区生活圈单元，这样的社区生活圈类型涉及史家胡同、内务胡同、演乐胡同、礼士胡同4个胡同社区空间（见图5-2至图5-5）。

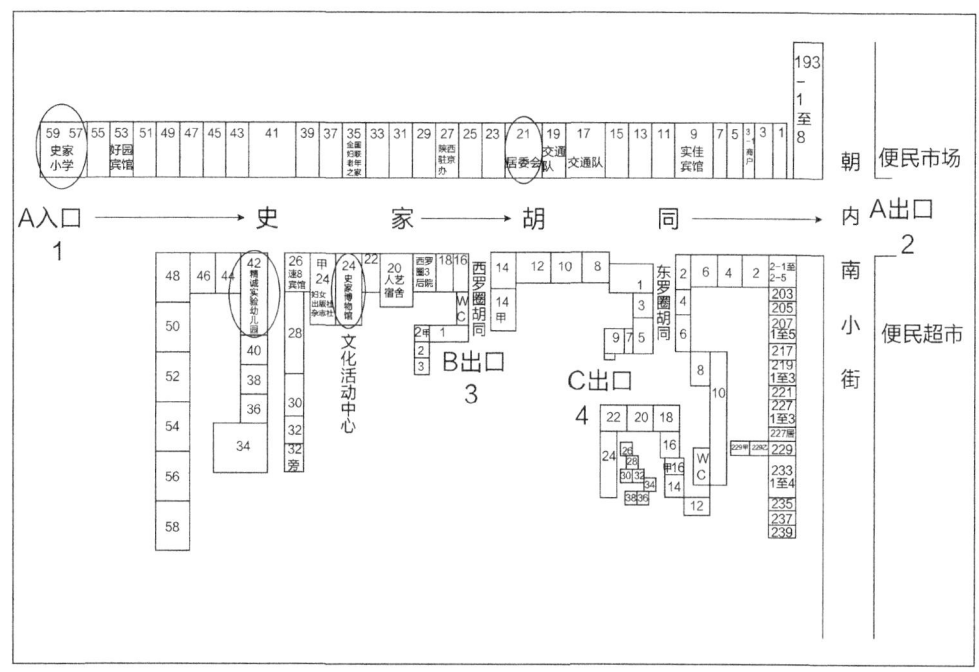

图 5-2　朝阳门街道史家社区生活圈导图

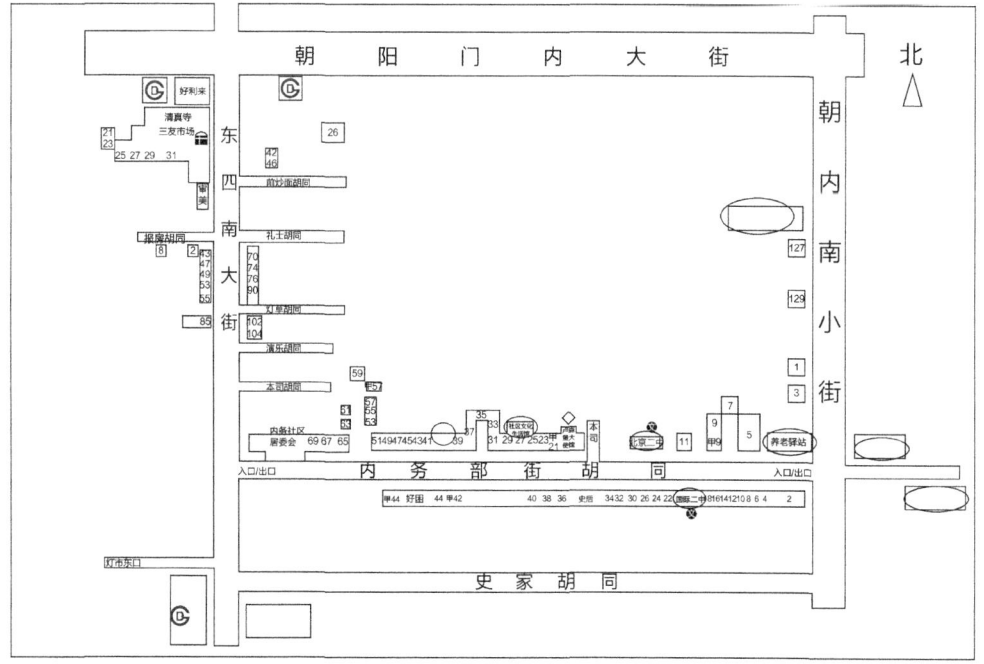

图 5-3　朝阳门街道内务社区生活圈导图

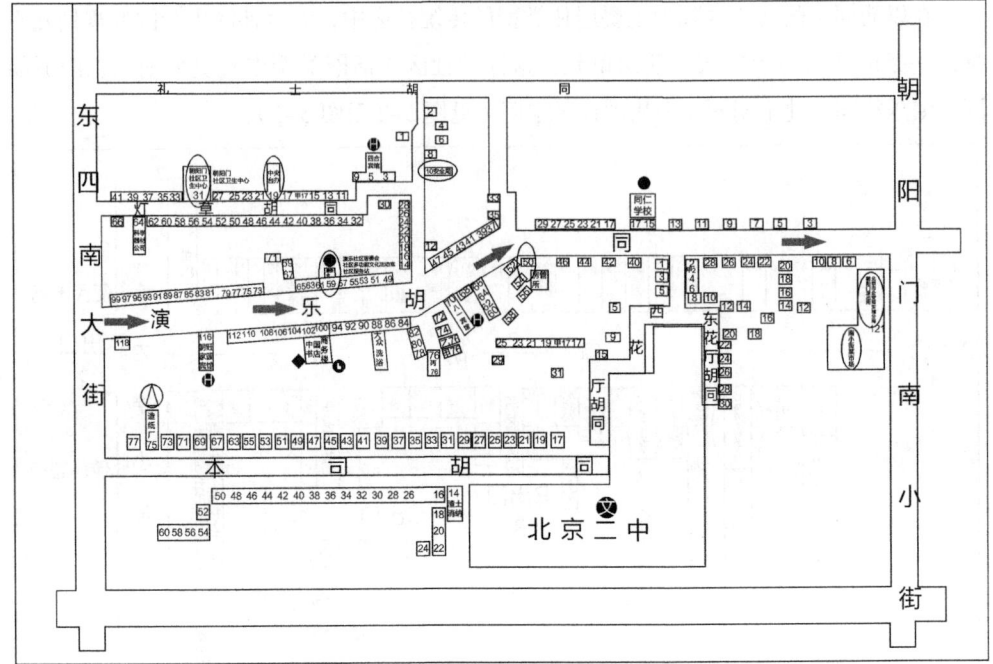

图 5-4 朝阳门街道演乐社区生活圈导图

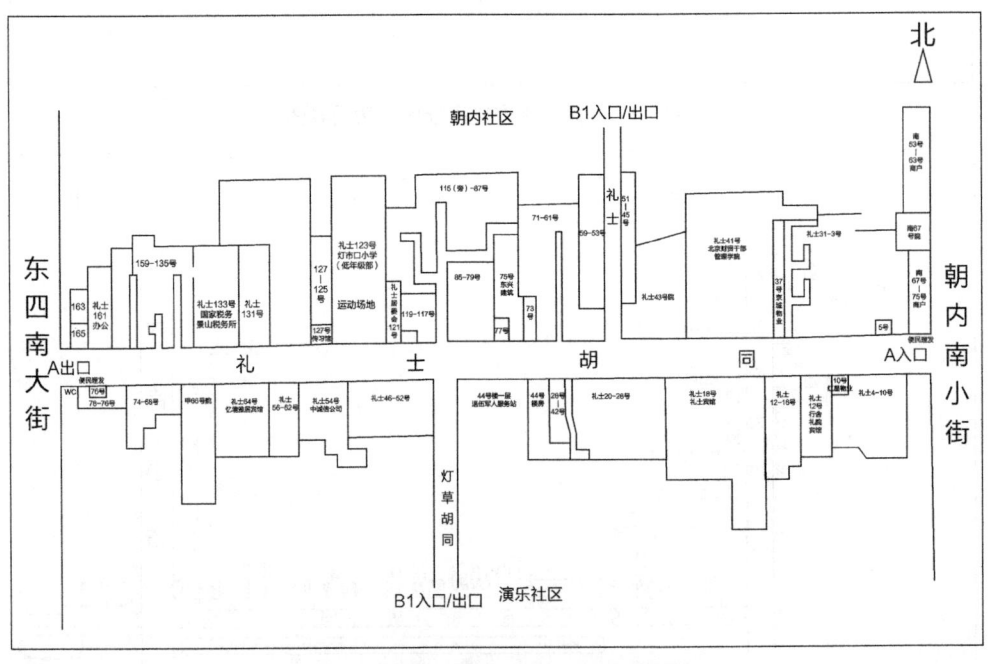

图 5-5 朝阳门街道礼士社区生活圈导图

相比起传统胡同社区,从礼士胡同往北的朝西社区兼具传统老城韵味与现代社区的格局肌理。朝西社区生活圈以南衔接礼士社区生活圈,以前炒面胡同与前拐棒胡同贯穿东西,仍然是传统胡同的居住样貌,往北直通朝阳门内大街,连接俊景苑等多个现代社区与繁华商业，形成胡同市井与商业都市的过渡景观（见图5-6）。

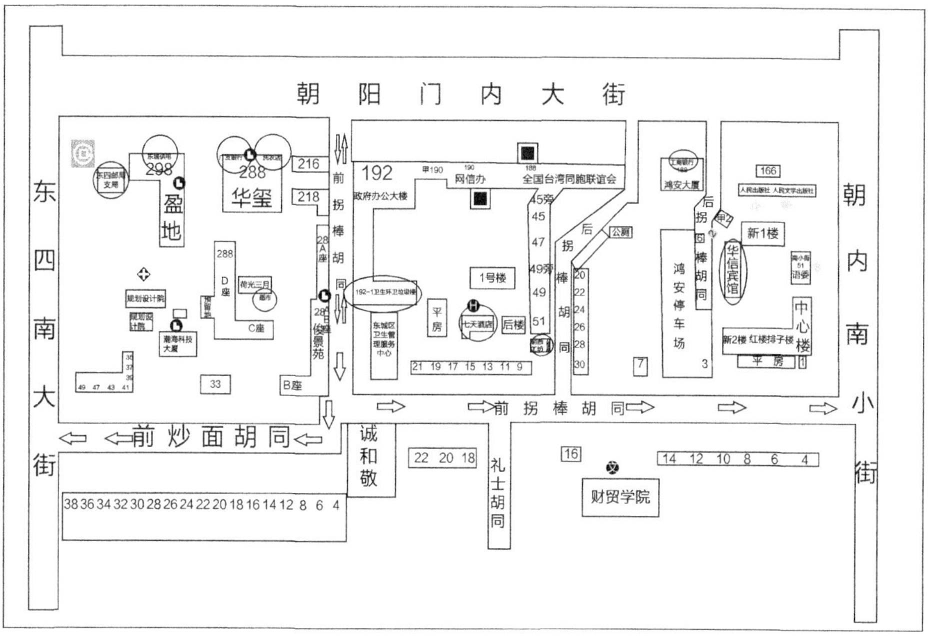

图 5-6 朝阳门街道朝西社区生活圈导图

朝内大街以北是朝内头条社区，居住空间形态由自然院落与机关单元组成，包含文物景观与众多政府外事单位，是典型的现代社区形态（见图5-7）。

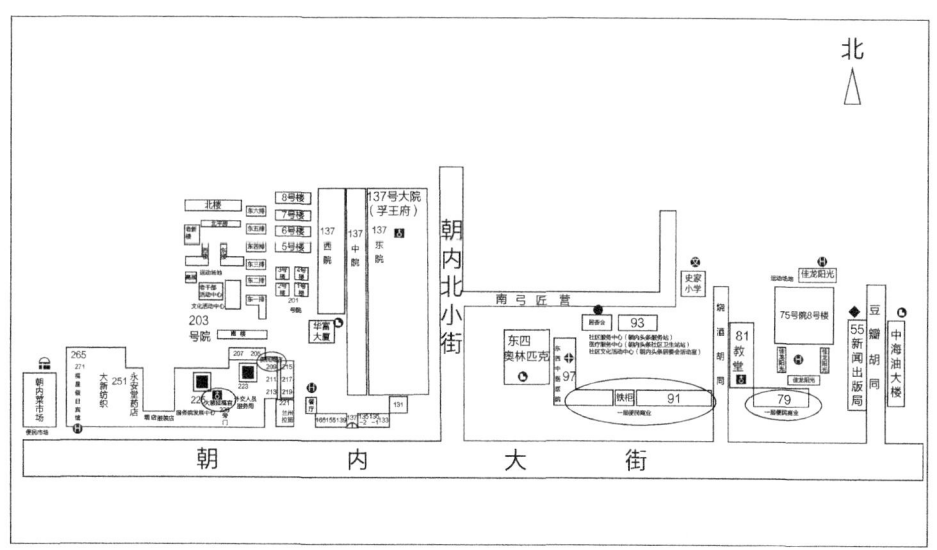

图 5-7 朝阳门街道朝内头条社区生活圈导图

朝阳门内大街以南，朝阳门南小街以东，是竹杆社区、新鲜社区和大方家社区，三座社区包围一座大型现代商业购物中心——朝阳门soho。尤其在竹杆社区与新鲜社区，诸多商务楼宇分布，企业公司聚集，文化娱乐休闲业态繁荣，并以物业单元构成主要居住形态，现代商业化的社区气质与相对的传统胡同社区形成鲜明对比。大方家社区居住形态依旧以院落为主，生活气息较浓，社区商业发达，社区内有总后研究所等众多企事业单位，还是文物古迹智化寺的所在地，是既传统又现代的融合社区（见图5-8至图5-10）。

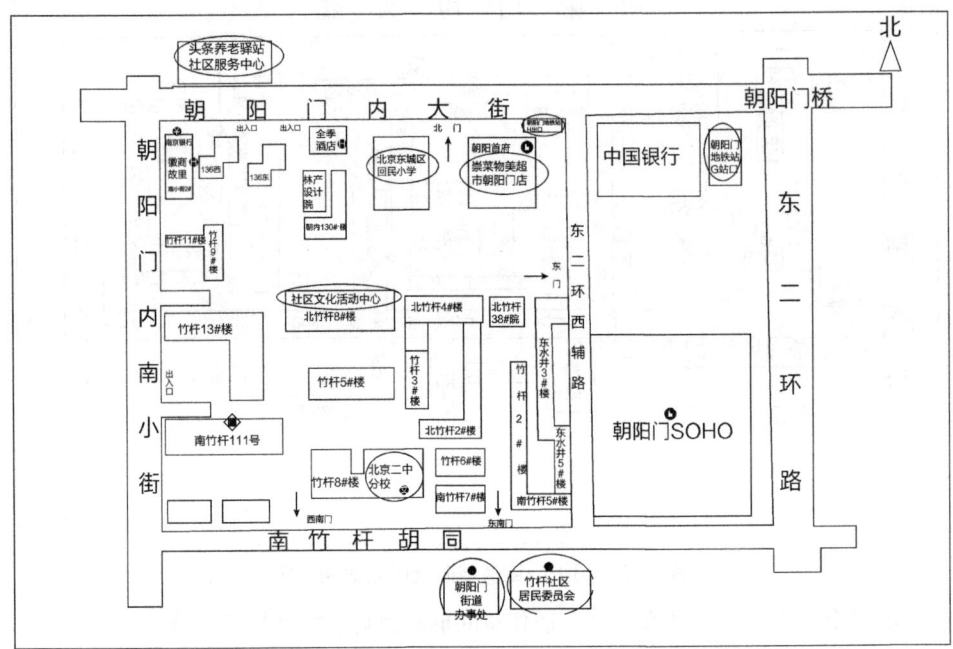

图5-8　朝阳门街道竹杆社区生活圈导图

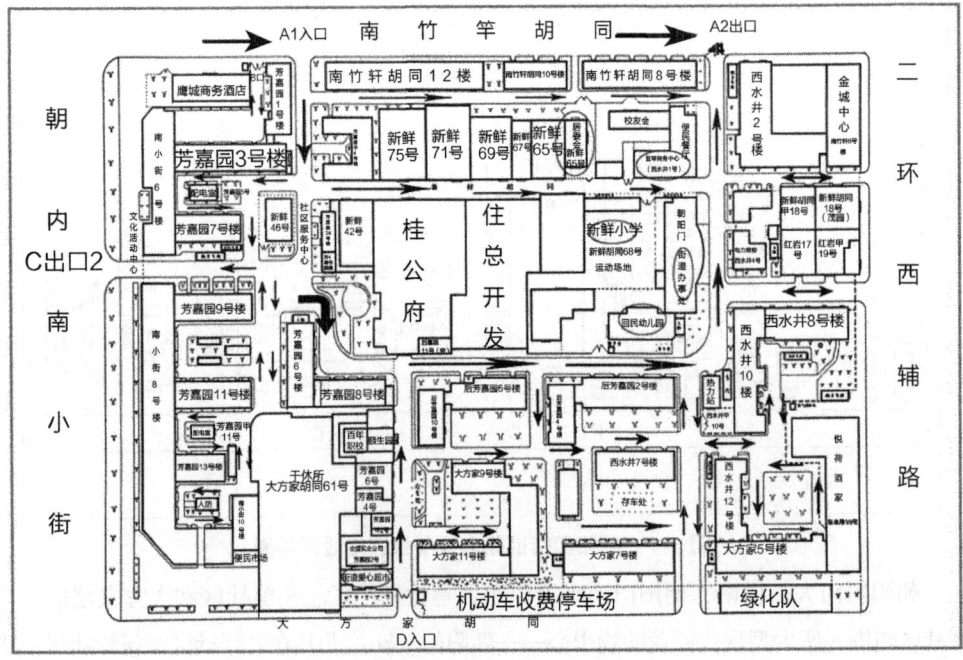

图5-9　朝阳门街道新鲜社区生活圈导图

第五章 城市社区生活圈的物质生产

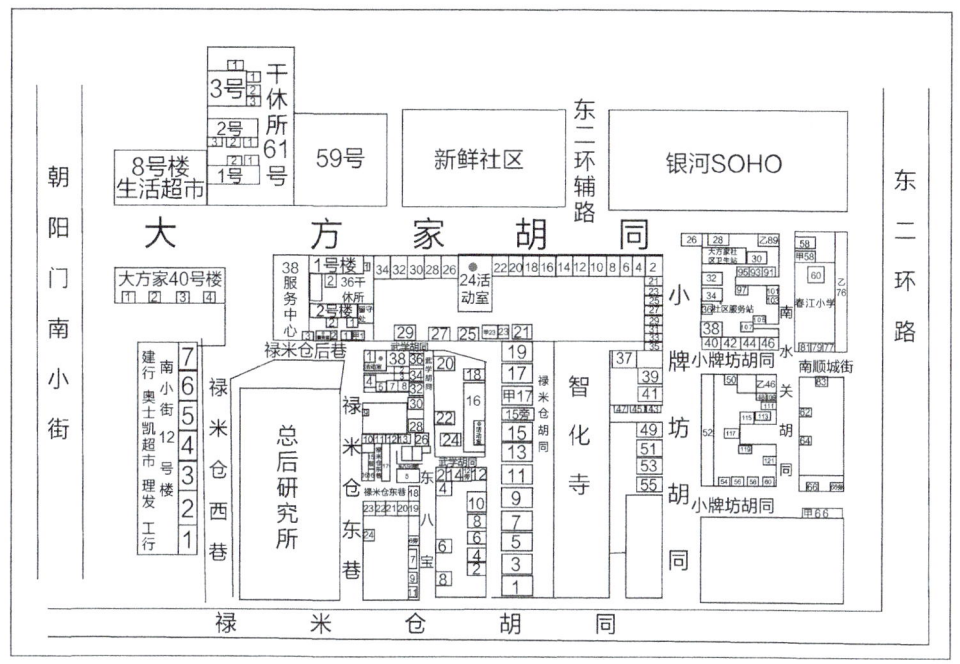

图 5-10 朝阳门街道大方家社区生活圈导图

2. 上海市样本说明

上海市作为第一个提出社区生活圈概念及其导则的城市，有着最为成熟的社区生活圈建设体系。上海市公布了 15 个社区生活圈试点，囿于中国城市行政规划的相关统计，其社区生活圈建设也往往是以街道为组织单位规范化进行。作为一座现代国际化大都市，上海的生活居住形态整体以物业楼宇单元为主，因此社区生活圈的具体实施建设也是以居住单元为中心，辐射周边 5 分钟、10 分钟及 15 分钟的步行范围与生活设施。为与北京等地社区生活圈的范围尽可能保持一致，本书对上海社区生活圈的数据采集集中在 5 分钟的最小层级，大致范围是以其社区辖区内的主体居住社区为中心，辐射周边 300 米左右的步行范围。

上海市样本选取自其社区生活圈的首批试点街道——长宁区新华路街道。新华路街道位于上海中心城区，人文气息浓厚，除分布着众多大学分校与科研院所之外，还有着悠久的历史底蕴与特色鲜明的老式花园洋房，居民主要居住形态也以低层居民楼宇为主。在社区生活圈试点以来，新华路街道以建设"花园社区+人文新华"为整体愿景，以打造"宜居宜业的繁荣社区""多样便捷的幸福社区""活力开放的和谐社区"为目标，以"慢行系统完善行动""睦邻设施落地行动""交往场所营造行动""多元魅力彰显行动""花园社区再造行动""就业空间再生行动"践行社区生活圈建设。街道通过引入社会组织、实践居民自治及智能化管理等方式，逐渐在老城更新与文创焕新上探索出了适应自身发展的可持续模式。诸如茑屋书店、上生·新所等知名文创品牌入驻，花园社区、共创工作坊、海军俱乐部、智慧养老等新型社区营造方案不断落地实践，成熟的经验使新华路社区生活圈不仅成为上海2021城市空间艺术季的主展样本间，还越来越吸引外部的流量关注，成为知名的网红打卡地与上海新的生活品牌。

本书选取了新华路街道中心区域相互邻近的6个社区，也是新华社区生活圈建设行动的重点布置区域，包括人民社区、牛桥社区、香花社区、番禺社区、新华社区及左家宅社区。

3. 成都及深圳市样本说明

与北京、上海现代化大都市不同，成都市是一座拥有浓郁生活氛围与市井休闲文化的城市，成都的社区生活圈有着鲜明的生活性特质。聚焦城市生活近场塑造邻里和谐社区共同体的总体目标，成都社区生活圈的实践主要着眼于生活便利设施的细节化供给与人民生活质量的总体提升，在保留地区生活休闲文化性格的同时，成都还以"社区商业机会"带动社区经济的全民参与，以社会组织培育最大程度促进社区资源价值转化与空间活力再生。

成都社区生活圈辐射较广、范围较大，是由大型居住社区组成的生活圈域。本书选取的成都市社区生活圈样本分别位于青羊区苏坡街道及金牛区驷马桥街道，其中苏坡街道社区生活圈以清源社区、清波社区及清江社区为代表，驷马桥街道则是以曹家巷社区为代表。

苏坡街道清源、清波等社区生活圈的典型性体现在社区服务体系建立及社区企业的培育机制上。以清源社区为例，其以社区活动中心为据点，将日托、养老、食堂、文化传习等多种功能集聚一身，通过以点带面的方式满足不同年龄层次人群的差异化需求，在居委会和党委的带领及支持下，清源社区还积极拓展社区居民自组织的培育，培养跑步健身、舞蹈等多个兴趣社群，而社区企业是清源社区赋能社区发展最为典型的动作，从家政服务到民情茶馆，皆是社区企业提供服务，目的在于提供更为便捷与专业的生活服务，而在企业盈利之后也会进一步赋能社区自身，以此构建起社区自我造血的生态闭环。

曹家巷社区是社区社会组织——地瓜社区的创意基地，在社会创新方面具有较强的代表性。地瓜社区是中国经验最为丰富的社区组织，其在曹家巷的社区实验已经成为中国城市社区创新发展、实践社区年轻化的典型。地瓜社区在曹家巷并非服务提供者，而是"产消者"，诸如让环卫工人、广场舞阿姨等群众参与表演音乐会、帮助社区居民愿望付诸实践、为公民参与提供活动场地等是曹家巷开展社区文艺活动的惯常动作，每个社区居民既是消费者也是生产者，地瓜社区鼓励他们通过自己的技能转变为社区公共服务，实现自身价值。

深圳市社区生活圈建设生动诠释了城市现代化发展之下市民生活空间何以焕新的问题。深圳与广州相似，在城市中心区域分布着大量的城中村，极具地方活力并体现着浓厚的粤港文化韵味。因此，对于深圳市的样本采集，选择了位于福田区的水围村作为代表性案例。水围村是一座典型的"城中村"，也是深圳最早进行渐进式城市更新的试点。2015年，深圳市政府着手进行城中村的深化改造，面对深圳市整体产业转型升级与人才紧缺之间的矛盾，水围村的改造以解决公共住宅需求入手，从外表修饰美化到产业重新布局进行全面整治。历经3年"爆改"与若干年发展，如今的水围小店清吧林立、生活气息浓厚、土著文化鲜明，多元文化魅力与活力的市井烟火不断吸引着创意阶层入驻，使水围村成为诸多深漂青年的梦想起源地。

水围村空间范围较大，居住空间以公寓楼宇为主，同时集合了周边购物、休闲、文化街区，形成一片集中工作、居住、休闲与生活的大型生活社区，因此本项研究对水围社区生活圈的文化舒适物数据采集尽可能容纳其更新改造区域，范围涵盖整个水围村。

（二）样本社区生活圈舒适物数据收集

本项研究对各社区生活圈舒适物数据的收集来源于高德地图及百度地图的兴趣点位，即POI数据，对于地图POI数据的采集及其归类依照表5-1进行。在明确各舒适物分类之后，20个样本社区生活圈文化舒适物数据采集情况，如表5-8所示。

表5-8 样本社区生活圈舒适物数量统计

单位：个

城市	社区	基础保障型			品质提升型		特色创生型			数量总计
		生活服务	文化服务	文化教育	文化休闲	文化商业	文化资源	文化创意	文化组织	
成都	清源	92	6	18	52	117	1	11	1	298
	清波	109	5	14	42	158	0	4	2	334
	清江	58	1	9	30	75	0	2	2	177
	曹家巷	76	0	2	50	208	1	4	3	344
深圳	水围	54	3	3	50	174	2	2	0	288

续表

城市	社区	基础保障型			品质提升型		特色创生型			数量总计
		生活服务	文化服务	文化教育	文化休闲	文化商业	文化资源	文化创意	文化组织	
北京	史家	5	4	2	0	26	9	3	2	51
	内务	10	1	3	2	24	3	2	1	46
	演乐	13	1	0	7	39	0	0	0	60
	礼士	6	1	1	0	15	1	1	1	26
	朝西	11	0	2	9	21	0	5	3	51
	朝内头条	17	3	4	3	21	3	5	3	59
	竹杆	20	1	4	15	30	0	4	0	74
	新鲜	63	1	26	49	142	0	11	0	292
	大方家	20	5	4	6	13	1	1	2	52
上海	人民	21	1	3	23	58	1	9	0	116
	牛桥	5	0	3	2	14	0	1	1	26
	香花	11	0	0	4	14	1	2	0	32
	番禺	22	2	5	26	35	2	6	6	104
	新华	7	1	4	2	21	4	5	2	46
	左家宅	11	1	0	6	19	2	6	0	45

（三）基于主成分分析法的社区生活圈舒适物类型权重测定

基于20个社区生活圈的实际数据，主成分分析法是为对影响社区生活圈地方蜂鸣的不同文化舒适物类型赋予不同的重要性权重而进行的因子分析。在进行主成分分析之前，需要对样本数据进行标准化处理并且进行 KMO 与巴特利特检验，以确定其是否适合进行因子分析。

1. KMO 与巴特利特球形度检验

从检验结果来看，KMO 值 > 0.5，巴特利特卡方值球形度检验的显著性，即 $P < 0.05$，拒绝原假设，即拒绝各变量独立的假设，这表示样本的信息重叠度较高，适合做因子分析（见表5-9）。

表5-9 KMO 和巴特利特检验

KMO 取样适切性量数		0.535
巴特利特球形度检验	近似卡方	99.558
	自由度	28
	显著性	0

2. 主成分提取

从碎石图来看，主成分的特征值需要大于1，即提取了两个主成分（见图5-11）。两个主成分的方差解释累计能够达到65.437%，由于本书研究样本量较少，因而这一解释程度可以接受。其中主成分1的方差百分比为48.125，特征根为3.85，主成分2的方差百分比为17.312，特征根为1.385（见表5-10）。

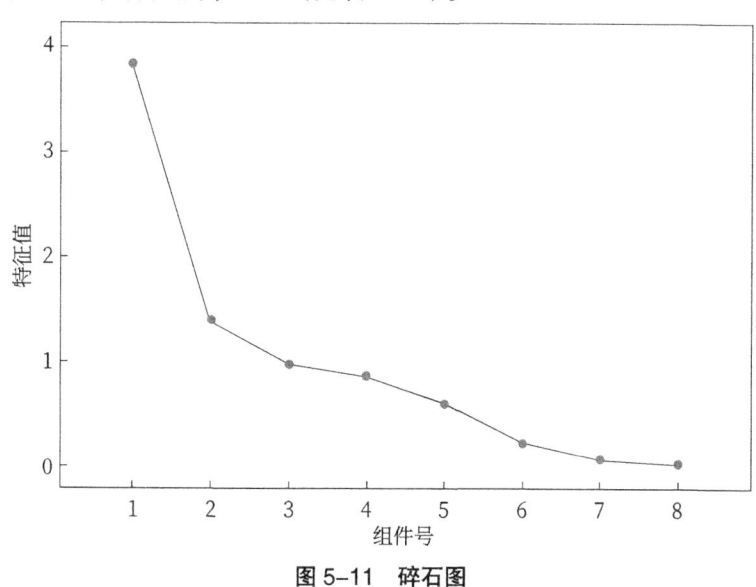

图 5-11 碎石图

表 5-10 总方差解释

成分	初始特征值			提取载荷平方和			旋转载荷平方和		
	总计	方差百分比	累积 /%	总计	方差百分比	累积 /%	总计	方差百分比	累积 /%
1	3.850	48.125	48.125	3.850	48.125	48.125	3.845	48.066	48.066
2	1.385	17.312	65.437	1.385	17.312	65.437	1.390	17.371	65.437
3	0.981	12.268	77.706						
4	0.863	10.790	88.495						
5	0.601	7.507	96.003						
6	0.228	2.855	98.857						
7	0.066	0.823	99.681						
8	0.026	0.319	100.000						

注：提取方法为主成分分析法。

3. 计算不同舒适物类型权重

计算不同舒适物类型的权重，需要将各个舒适类型的成分矩阵绝对值分别与主成特征根和方差进行加权计算。初步计算的各个文化舒适物类型的成分矩阵，如表5-11所示。

表5-11 成分矩阵

舒适物类型	成分1	成分2
Zscore（文化休闲）	0.949	−0.077
Zscore（生活服务）	0.943	0.037
Zscore（文化商业）	0.857	−0.102
Zscore（文化教育）	0.822	0.106
Zscore（文化创意）	0.583	0.118
Zscore（文化资源）	−0.399	0.717
Zscore（文化服务）	0.385	0.708
Zscore（文化组织）	−0.029	0.572

注：提取方法为主成分分析法；提取了2个成分。

通过线性组合中的系数及综合得分模型中的系数计算（见表5-12），以及归一化处理之后得到八类文化舒适物类型的客观权重（见表5-13）。

生活服务、文化服务、文化教育、文化休闲、文化商业、文化资源、文化创意、文化组织的客观权重分别为0.150、0.126、0.138、0.155、0.143、0.129、0.102、0.058。

表5-12 系数计算

	特征根	3.850	1.385
线性组合中的系数	Zscore（文化休闲）	0.483655185	0.065428330
	Zscore（生活服务）	0.480597302	0.031439587
	Zscore（文化商业）	0.436767643	0.086671295
	Zscore（文化教育）	0.418929991	0.090070169
	Zscore（文化创意）	0.297124313	0.100266792
	Zscore（文化资源）	0.203349229	0.609248220
	Zscore（文化服务）	0.196214169	0.601600753
	Zscore（文化组织）	0.014779769	0.486039026

续表

	主成分的方差	48.125	17.312
综合得分模型中的系数	Zscore（文化休闲）	0.373009169	
	Zscore（生活服务）	0.361768224	
	Zscore（文化商业）	0.344146221	
	Zscore（文化教育）	0.331926901	
	Zscore（文化创意）	0.245043725	
	Zscore（文化资源）	0.310733787	
	Zscore（文化服务）	0.303463165	
	Zscore（文化组织）	0.139456026	

将客观权重与专家评价的主观权重进行算术平均，得到八类文化舒适物的综合权重，分别为0.151、0.132、0.115、0.127、0.110、0.143、0.116、0.105。

表5-13 文化舒适物综合权重

舒适物类型	客观权重	主观权重	综合权重
生活服务类	0.150	0.151	0.151
文化服务类	0.126	0.139	0.132
文化教育类	0.138	0.092	0.115
文化休闲类	0.155	0.100	0.127
文化商业类	0.143	0.077	0.110
文化资源类	0.129	0.158	0.143
文化创意类	0.102	0.130	0.116
文化组织类	0.058	0.153	0.105

从综合评定的结果来看，生活服务与文化资源仍然是对场景蜂鸣产生最为重要的文化舒适物类型；文化服务与文化休闲的重要性程度相比专家的主观评价有所提高；文化创意与文化教育的重要性程度次之；文化组织由于在实际生活圈中的存在较少，因而其重要性程度有所下降。八类文化舒适物在综合评定中的重要性程度排名为：

生活服务（0.151）＞文化资源（0.143）＞文化服务（0.132）＞文化休闲（0.127）＞文化创意（0.116）＞文化教育0.115＞文化商业（0.110）＞文化组织（0.105）。

同理可计算出八类文化舒适物在促进场景内部蜂鸣与外部蜂鸣中的综合权重（见表5-14）。

对于场景外部蜂鸣来说，文化资源（0.184）＞文化商业（0.152）＞文化休闲（0.135）＞文化创意（0.132）＞文化教育（0.118）＞文化组织（0.098）＞文化服务（0.096）＞生活服务（0.088）；

对于场景内部蜂鸣来说，生活服务（0.177）＞文化服务（0.148）＞文化资源（0.127）＞文化休闲（0.125）＞文化教育（0.114）＞文化创意（0.110）＞文化组织（0.109）＞文化商业（0.093）。

表5-14　八类舒适物在促进场景内部与外部蜂鸣中的综合权重占比

舒适物类型	外部蜂鸣	内部蜂鸣
生活服务	0.088	0.177
文化服务	0.096	0.148
文化教育	0.118	0.114
文化休闲	0.135	0.125
文化商业	0.152	0.093
文化资源	0.184	0.127
文化创意	0.132	0.110
文化组织	0.098	0.109

第二节　基础保障型舒适物主导内部蜂鸣

综合评定结果显示，生活服务类、文化教育类及文化服务类舒适物构成的基础保障型舒适物对场景内部蜂鸣生产发挥着主要作用。本节通过将 20 个样本社区与不同舒适物在促进场景内部蜂鸣中的综合权重进行加权算术平均，得到社区生活圈中的内部蜂鸣表现。

一、生活服务类舒适物是场景内生力的作用核心

场景内部蜂鸣是由基础保障型舒适物主导的，其中生活服务类舒适物被认为是影响社区生活圈场景内部蜂鸣的核心作用力。

从 20 个社区生活圈样本分析来看，北京大方家社区生活圈在场景内部蜂鸣中表现尤为突出（见图 5-12）。进一步研究发现（见表 5-15），虽然大方家社区生活圈的品质提升型舒适物及特色创生型舒适物相比其他社区生活圈占比较低，但是基础保障型舒适物总体比例最高，这是大方家内部蜂鸣表现得以遥遥领先的主要原因。与大方家社区类似，成都清源社区、上海香花社区及北京朝内头条社区同样是基础保障主导型的社区生活圈类型，场景内部蜂鸣皆表现为较高水平。较为特殊的是，上海香花社区、成都清江社区和清波社区虽然文化服务与文化教育类舒适物数量较少，但是生活服务类舒适物占比较高，并且表现为存在较高水平的场景内部蜂鸣。因此可以得出结论，当前社区生活圈建设中，基础保障型舒适物能够鲜明的影响社区内部发展，其中生活服务类文化舒适物是最重要的主导因素。这在成都市社区生活圈建设中表现尤为突出，是一种典型的生活服务驱动的基础保障型社区生活圈发展模式。

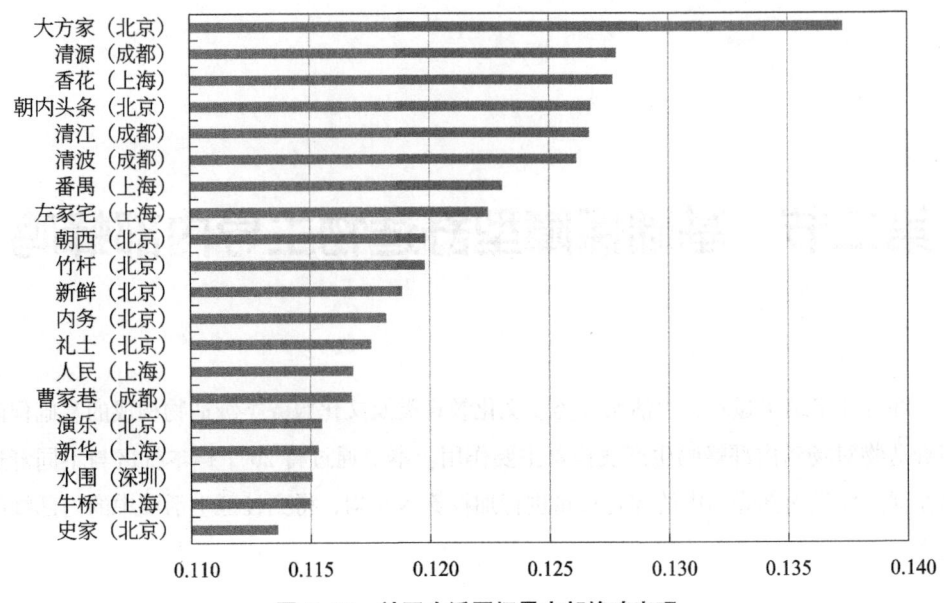

图 5-12 社区生活圈场景内部蜂鸣表现

表 5-15 场景内部蜂鸣表现及八类舒适物占比热力排序

社区内部蜂鸣表现			舒适物类型							
社区分层		内部蜂鸣	生活服务/%	文化服务/%	文化教育/%	文化休闲/%	文化商业/%	文化资源/%	文化创意/%	文化组织/%
较高层级	大方家	0.1373	38	10	8	12	25	2	2	4
第二层级	清源	0.1278	31.9	2	6	17.5	39.3	0.3	3.7	0.3
	香花	0.1277	34	0	0	13	44	3	6	0
	朝内头条	0.1267	29	5	7	5	36	5	8	5
	清江	0.1267	33	1	5	17	42	0	1	1
	清波	0.1261	33	1	4	13	47	0	1	1
	番禺	0.1230	21	2	5	25	34	2	6	6
	左家宅	0.1224	24	2	0	13	42	4	13	0

续表

社区内部蜂鸣表现			舒适物类型						
社区分层		内部蜂鸣	生活服务	文化服务	文化教育	文化休闲	文化商业	文化资源	文化创意	文化组织
第三层级	朝西	0.1198	22	0	4	18	41	0	10	6
	竹杆	0.1198	27	1.4	5.4	20.3	40.5	0	5.4	0
	新鲜	0.1188	22	0	9	17	49	0	4	0
	内务	0.1182	22	2	7	4	52	7	4	2
	礼士	0.1175	23	4	4	0	58	4	4	4
	人民	0.1168	18	1	3	20	50	1	8	0
	曹家巷	0.1167	22	0	1	15	60	0	1	1
	演乐	0.1155	22	2	0	12	65	0	0	0
	新华	0.1153	15	2	9	4	46	9	11	0
	水围	0.1151	19	1	1	17	60	1	1	0
	牛桥	0.1150	19	0	12	8	54	0	4	4
较低层级	史家	0.1136	10	8	4	0	51	18	6	4

二、特色创生型舒适物有效弥补场景短板

通过基础保障型、品质提升型及特色创生型三大类舒适物综合排序的结果显示，基础保障型舒适物对于场景内部蜂鸣生产的主导与正向促进作用更加显著（见表5-16）。品质提升型舒适物和特色创生型舒适物对于促进场景内生动力也有着不同作用。

场景内部蜂鸣的产生是三类文化舒适物组合的共同结果。虽然最终结果显示品质提升型舒适物与场景内部蜂鸣表现并无明显的正向相关关系，特色创生型舒适物对于场景内部蜂鸣的促进作用也并不显著，但是两种舒适物对场景内部蜂鸣的产生都有着积极作用。以北京市新鲜社区生活圈与礼士社区生活圈为例，两者的基础保障型舒适物的占比皆是31%，其中，礼士社区生活圈虽然在特色创生型舒适物上的占比要明显高于新鲜社区，但是新鲜社区却因为有着发达的文化商业与休闲资源而有着更为积极的蜂鸣展现。同样的还有上海市牛桥社区，虽然其基础保障型舒适物占比较高，特色创生型舒适物占比也在8%左右，但是却因品质提升舒适物供给不足，尤其是文化休闲类舒适物缺失而影响到整体的场景内部表现。横向对比结果表明，在基础保障型舒适物水平相似的情况下，品质提升型舒适物是社区生活圈提升内部作用力的关键。

然而，进一步对比发现，品质提升型舒适物的带动力并非绝对，特色创生型舒适物虽然在社区生活圈中普遍占比较小，但是对场景内部蜂鸣生产有着更为突出的弥补作用。例如，北京朝内头条社区生活圈，虽然品质提升类舒适物在场景内部物质供给中有着明显不足，基础保障类舒适物的供给也较其他社区生活圈无较大差距，但是却依靠丰富的文化资源、文化创意与文化组织从而具有异常突出的内部蜂鸣表现。上海左家宅社区生活圈与北京朝西社区生活圈也具有同样的情况，两者基础保障类舒适物明显与其他社区生活圈有较大差距，与大方家社区 56% 的配置相比，两个社区仅有着 25% 左右的生活服务类舒适物，两者品质提升类舒适物的供给水平也旗鼓相当，但是在特色创生型舒适物的培育上却有着活跃的表现，尤其是文化创意、文化组织类舒适物对于整体社区生活圈内部动力的产生有着正向促进作用。

由此可见，在基础保障型舒适物及品质提升型舒适物的供给皆实力较弱的情况下，依靠文化资源价值挖掘、文化创意发展和文化组织培育也可以为社区生活圈提供永续的内生动力。

表 5-16　场景内部蜂鸣中三大类舒适物综合热力排序　　　　　　　　单位：%

社区分层		基础保障	品质提升	特色创生
较高层级	大方家（北京）	56	37	8
第二层级	清源（成都）	39	57	4
	香花（上海）	34	56	9
	朝内头条（北京）	41	41	19
	清江（成都）	38	59	2
	清波（成都）	38	60	2
	番禺（上海）	28	59	13
	左家宅（上海）	27	56	18
第三层级	朝西（北京）	25	59	16
	竹杆（北京）	34	61	5
	新鲜（北京）	31	65	4
	内务（北京）	30	57	13
	礼士（北京）	31	58	12
	人民（上海）	22	70	9
	曹家巷（成都）	23	75	2
	演乐（北京）	23	77	0
	新华（上海）	26	50	24

续表

社区分层		基础保障	品质提升	特色创生
第三层级	水围（深圳）	21	78	1
	牛桥（上海）	31	62	8
较低层级	史家（北京）	22	51	27

第三节　品质提升型舒适物主导外部蜂鸣

虽然在社区生活圈这一以生活居住为主体功能的社会单元中，生活服务、文化服务等基础保障型文化舒适物是人们日常生活不可或缺的服务要素，但是在实际的社区生活圈建设中，品质提升型舒适物却构成了社区生活圈中占据主体的文化舒适物类型，整体商业主态驱动特征鲜明。

一、商业驱动的品质提升模式特点鲜明

从社区生活圈文化舒适物类型的基本数量统计来看，虽然各个社区生活圈文化舒适物总体量不同，但是 20 个样本在特定舒适物类型表现上具有一致性。

文化商业类舒适物的主体地位突出。在 20 个社区生活圈舒适物类型的统计样本中，文化商业类舒适物的数量要明显高于其他类型的舒适物，虽然生活服务类舒适物作为满足人们日常生活所需的基本类型同样占据较大比例，但是总体要低于文化商业类的舒适物。进一步统计发现，文化商业型舒适物、生活服务型舒适物及文化休闲类舒适物几乎主导了社区生活圈中 80% 的舒适物类型，其中品质提升类的舒适物占比在 60% 左右，构成了社区生活圈物质实践的主体。

从舒适物总体来看，品质提升型舒适物的总量要高于基础保障型舒适物。特色创生型舒适物在社区生活圈中的存在几乎可以忽略不计，尤其是文化创意类舒适物及文化资源类舒适物，虽然被认为是社区场景蜂鸣产生较为重要的舒适物，但在当前的社区生活圈建设中实际表现并不突出。反而诸如快餐简餐等的文化商业类舒适物占据了人们日常生活的主要社区空间，平均占比达到 45%，几乎是整个社区生活圈舒适物总数的一半。除却生活服务类的舒适物平均占比 24% 及文化休闲类舒适物平均占比 12.41%，其余的舒适物类型平均占比 10%。由此可见，当前我国社区生活圈建设整体偏向于商业驱动的品质提升模式。

二、品质提升与特色创生提升社区吸引力

将20个样本社区生活圈与不同舒适物在促进场景外部蜂鸣中的综合权重进行加权算术平均，得到社区生活圈中的外部蜂鸣指数（见图5-13）。结果显示，品质提升型与特色创生型舒适物能够显著影响场景外部蜂鸣。

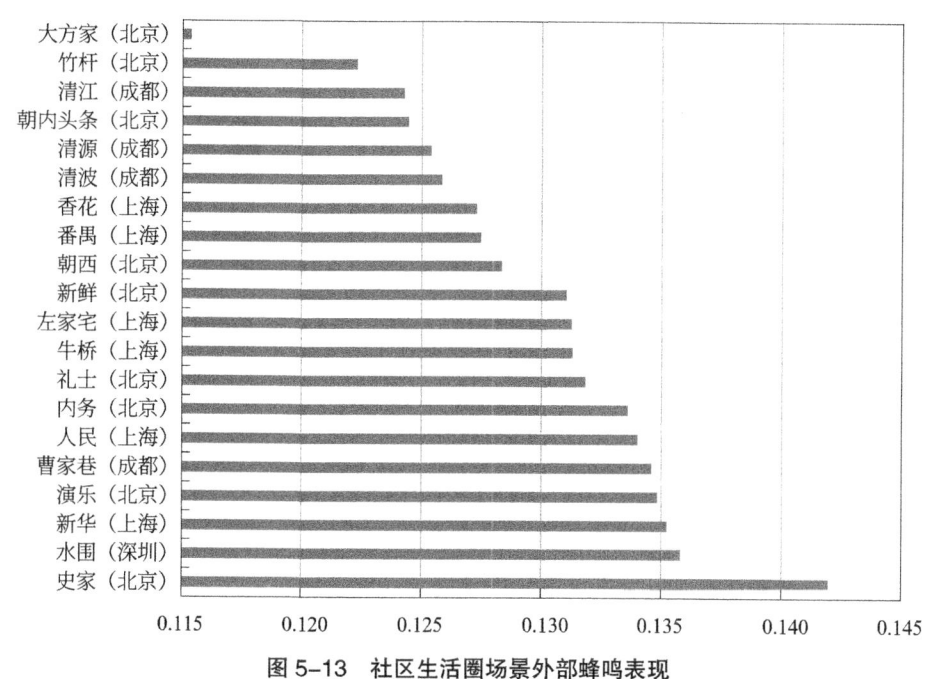

图5-13 社区生活圈场景外部蜂鸣表现

从20个社区样本数据分析发现，与在场景内部蜂鸣中的积极作用不同，大方家社区生活圈的场景外部蜂鸣表现最为消极，史家社区生活圈也一改在场景内部蜂鸣中的劣势，有着尤其强烈与突出的场景外部蜂鸣展现。将两个社区的文化舒适物类型配置进行对比可以发现（见表5-17），虽然大方家社区有着充沛的生活服务和文化休闲资源，但是文化商业类舒适物配置比例相对较低。史家社区生活圈虽然生活服务类舒适物供给不足，尤其是文化休闲类舒适物明显缺失，但是却有着相对丰富的文化商业和绝对优势的文化资源，史家对文化创意与文化组织的支持也使其有着积极的文化活力。显然，品质提升型舒适物和特色创生型舒适物是社区生活圈对外展现吸引力、凝聚高程度人气，实现文化资本、社会资本溢出和价值增值的关键。

表 5-17　大方家与史家社区生活圈舒适物类型配置对比

社区外部蜂鸣表现		舒适物类型							
社区	外部蜂鸣	生活服务/%	文化服务/%	文化教育/%	文化休闲/%	文化商业/%	文化资源/%	文化创意/%	文化组织/%
大方家	0.1154	38	10	8	12	25	2	2	4
史家	0.1420	10	8	4	0	51	18	6	4

三大类文化舒适物的热力排序进一步证明（见表5-18），品质提升型舒适物和特色创生型舒适物能够显著提升社区生活圈场景外部蜂鸣表现，其中品质提升类舒适物的主导作用更为突出，场景外部蜂鸣整体呈现出随着品质提升类舒适物数量提升而增高的趋势。从社区样本分析来看，深圳的水围社区生活圈在20个样本中有着极高的品质提升类舒适物的比例，因此在特色创生型舒适物明显配给不足的情况下，水围仍然展现出高程度的外部蜂鸣。从舒适物进一步对比发现，水围的文化商业类舒适物配置比例达到60%，文化休闲类舒适物的配置比例同样有着较高水平，发达的文化商业凝聚人气流量，繁荣的文化休闲展现生活美学，整体使得水围体现出强烈的外部吸引力。因此，在当前社区生活圈建设体现为鲜明商业化主导的发展模式之下，注重完善文化休闲类舒适物的供给或许能够成为社区生活圈进一步完善生活品质的重点方略。

表 5-18　社区生活圈外部蜂鸣表现及舒适物热力排序

社区	外部蜂鸣	基础保障/%	品质提升/%	特色创生/%
史家（北京）	0.1420	22	51	27
水围（深圳）	0.1358	21	78	1
新华（上海）	0.1352	26	50	24
演乐（北京）	0.1348	23	77	0
曹家巷（成都）	0.1346	23	75	2
人民（上海）	0.1340	22	70	9
内务（北京）	0.1336	30	57	13
礼士（北京）	0.1318	31	58	12
牛桥（上海）	0.1313	31	62	8
左家宅（上海）	0.1312	27	56	18
新鲜（北京）	0.1310	31	65	4
朝西（北京）	0.1284	25	59	16
番禺（上海）	0.1275	28	59	13

续表

社区	外部蜂鸣	基础保障 /%	品质提升 /%	特色创生 /%
香花（上海）	0.1273	34	56	9
清波（成都）	0.1258	38	60	2
清源（成都）	0.1254	39	57	4
朝内头条（北京）	0.1244	41	41	19
清江（成都）	0.1243	38	59	2
竹杆（北京）	0.1223	34	61	5
大方家（北京）	0.1154	56	37	8

而在文化资源、文化创意等特色创生型舒适物的综合权重占比要明显高于其他类型舒适物的背景之下，场景外部蜂鸣主导力却向品质提升型舒适物倾斜也反映出当前社区生活圈对特色创生型舒适物培育不足的问题。当前阶段的社区生活圈在文化资源、文化创意和文化组织等的发展上总体还处在探索试验阶段，北京史家社区生活圈与上海新华社区生活圈在此方面的成熟实践与高程度外部蜂鸣又进一步证明了实现社区特色创生、展现文化创意、促进共同参与实际上对提升社区生活品质尤为重要，因此在未来的社区生活圈建设中，应当着重加强此方面的建设动作与政策支持。

第四节 多元舒适物综合配置带动整体蜂鸣

基础保障、品质提升和特色创生三类舒适物在促进场景内部蜂鸣与外部蜂鸣方面接近截然相反的分层现象，显示出当前我国社会生活圈建设模式的单一结构性问题，而如何以舒适物的协同组合提升社区生活圈场景的整体综合实力还需要将场景内部蜂鸣与外部蜂鸣进行对比分析。

一、单一舒适物类型主导削弱整体蜂鸣

在将 20 个社区生活圈样本数据与表 5-13 中各个舒适物类型的场景蜂鸣综合权重进行加权平均计算之后，得到社区生活整体场景蜂鸣表现（见表 5-19、图 5-14）。结果显示社区生活圈之间存在明显的分层现象。

北京朝阳门街道的大方家社区场景蜂鸣程度最高；上海香花社区、番禺社区、左家宅社区、北京竹杆社区、朝内头条社区、成都的清波社区、清源社区、清江社区属于第二层级；北京内务社区、新鲜社区、朝西社区、史家社区、礼士社区、演乐社区，上海人民社区、新华社区，成都曹家巷社区及深圳的水围社区属于较低的第三层级；上海的牛桥社区则表现最差，属于最低层级。

表 5-19 社区生活圈整体场景蜂鸣表现

社区	史家（北京）	演乐（北京）	朝西（北京）	朝内头条（北京）	竹杆（北京）
蜂鸣指数（整体）	0.1219	0.1212	0.1223	0.1261	0.1254
社区	大方家（北京）	内务（北京）	礼士（北京）	新鲜（北京）	人民（上海）
蜂鸣指数（整体）	0.1308	0.1228	0.1218	0.1224	0.1219
社区	新华（上海）	左家宅（上海）	牛桥（上海）	香花（上海）	番禺（上海）
蜂鸣指数（整体）	0.1212	0.1250	0.1198	0.1276	0.1243
社区	清源（成都）	清波（成都）	清江（成都）	曹家巷（成都）	水围（深圳）
蜂鸣指数（整体）	0.1267	0.1261	0.1267	0.1217	0.1212

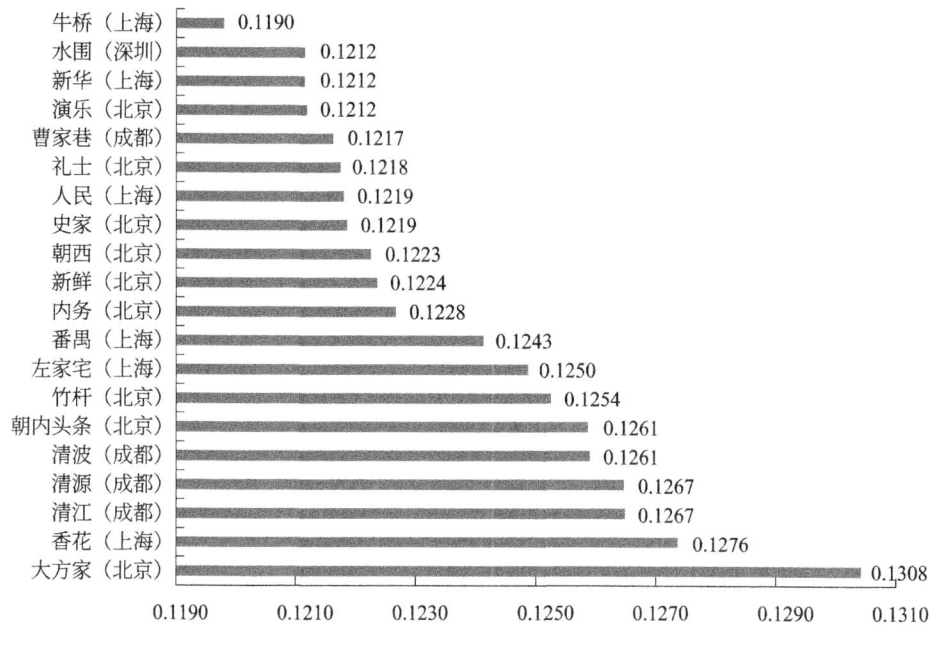

图 5-14 社区生活圈整体场景蜂鸣表现

产生明显分层现象的原因是舒适物类型分配过于偏向单一类型主导，尤其是商业类舒适物主导的社区生活圈模式。通过对社区生活圈不同文化舒适物类型的数量进行统计发现（见表 5-20），在文化舒适物促进场景蜂鸣的评价中，文化组织虽然在综合权重占比中排位最末，但是由于文化组织类舒适物本身占比较小，因而并未对社区生活圈的场景蜂鸣表现产生较大的影响。生活服务类舒适物在主导场景内部蜂鸣的同时，仍然对场景整体蜂鸣表现具有较为积极的影响。而文化商业几乎与整体场景蜂鸣表现呈反比，即文化商业表现愈加突出的社区生活圈，其整体场景蜂鸣表现越差。这虽然与文化商业在场景蜂鸣中所占的评价比重有关，但是更从侧面反映出单一舒适物类型占比过重会削弱场景蜂鸣，甚至对社区生活圈整体发展产生消极影响。例如，北京演乐社区、成都曹家巷社区、深圳水围社区，文化商业类舒适物虽然占比都在 60% 以上，文化休闲类舒适物占比也在 10% 以上，是典型的商业主导型社区，但是其整体场景蜂鸣动力展现明显不足。除此之外，三个社区在基础保障型舒适物及特色引导型舒适物供给上都较为缺乏，尤其是作为基础生活保障的文化服务类和文化教育类舒适物，在社区生活圈服务要素配置中明显缺位。因此，仅靠单一类型的舒适物主导，尤其是仅靠商业带动的发展模式，并不能够促进社区生活圈的永续发展。

从文化舒适物的整体分析来看，虽然基础保障型舒适物主导场景内部蜂鸣展现，品质提升型舒适物主导场景外部蜂鸣的展现，两种类型舒适物都有着不同方面及不同程度的促进程度，但是从场景整体蜂鸣表现来看，当前我国城市对社区生活圈外部建设的重视程度要明显高于对场景内生动力的培育。尤其是北京社区生活圈的建设，商业化主导的社区生活圈模式尤为普遍，如礼士社区与演乐社区，虽然有着足够的文化商业，但是在生活服务、文化创意等舒适物类型的配置上也严重缺失。商业化主导所带来的诟病不仅在于生活空间的商业化，更在于人们的日常生活需求所需的多样化功能空间无法得到充分满足，使得社区生活圈本身也失去了存在意义。另一方面，特色创生型舒适物的普遍匮乏也体现出当前我国社区生活圈建设的创新活力缺失。深度挖掘并充分利用文化资源的吸引力优势、鼓励文化创意和文化组织的培育等更有利于营造社区生活圈外部吸引力的措施还需要进一步加强。

表5-20 社区生活圈场景整体蜂鸣分层及舒适物占比热力排序　　　　单位：%

社区分层		生活服务	文化服务	文化教育	文化休闲	文化商业	文化资源	文化创意	文化组织
较高层级	大方家（北京）	38	10	8	12	25	2	2	4
第二层级	香花（上海）	34	0	0	13	44	3	6	0
	清江（成都）	33	1	5	17	42	0	1	1
	清源（成都）	30.9	2	6	17.5	39.3	0.3	3.7	0.3
	清波（成都）	33	1	4	13	47	0	1	1
	朝内头条（北京）	29	5	7	5	36	5	8	5
	竹杆（北京）	27	1.4	5.4	20.3	40.5	0	5.4	0
	左家宅（上海）	24	2	0	13	42	4	13	0
	番禺（上海）	21	2	5	25	34	2	6	6
第三层级	内务（北京）	22	2	7	4	52	7	4	2
	新鲜（北京）	22	0	9	17	49	0	4	0
	朝西（北京）	22	0	4	18	41	0	10	6
	史家（北京）	10	8	4	0	51	18	6	4
	人民（上海）	18	1	3	20	50	1	8	0
	礼士（北京）	23	4	4	0	58	4	4	4
	曹家巷（成都）	22	0	1	15	60	0	1	1
	演乐（北京）	22	2	0	12	65	0	0	0
	新华（上海）	15	2	9	4	46	9	11	4
	水围（深圳）	19	1	1	17	60	1	1	0
较低层级	牛桥（上海）	19	0	12	8	54	0	4	4
	平均占比	24	2	5	12	47	3	5	2

注：排序为由高到低。

二、多元舒适物综合配置提升社区生活圈整体实力

不论是文化商业类主导，还是生活服务类主导，单一文化舒适物类型主导的社区生活圈物质生产实践实际上都不能带动整体的场景物质生产的蜂鸣表现。

从社区样本分析来看，与文化商业带动的水围社区、曹家巷社区与演乐社区形成鲜明对比，北京大方家社区的生活服务类文化舒适物在 20 个样本社区中占比最高，达到 38%，其场景整体蜂鸣表现要远远高于其他样本。同样在生活服务要素配置上占比较重的上海香花社区、成都清江、清源、清波社区在整体蜂鸣表现上也处于较高层级。显然，成都的 4 个样本城市以其鲜明的生活优势与休闲优势证明了社区生活圈建设的文化特色与整体实力。而北京大方家之所以能够在 20 个样本社区中脱颖而出，除却其扎实的生活服务，原因可能在于突出的文化服务优势，文化服务类舒适物占比达到 10% 同样处于最高水平，文化教育类和文化组织类舒适物占比也相对较高，分别达到 10%、4%。因而大方家社区生活圈证明，社区生活圈场景蜂鸣生产的动力源于多元文化舒适物的协同组合。较为典型还有北京朝内头条社区生活圈，虽然文化休闲类舒适物占比相对较低，但是其他各类文化舒适物占比都相对较高，因而其整体场景蜂鸣表现也较为突出。

从场景内部蜂鸣与外部蜂鸣的对比，以及与 20 个社区生活圈整体蜂鸣的表现的进一步对比发现，场景内部蜂鸣与外部蜂鸣表现水平相当的社区生活圈，其整体蜂鸣创生实力更强（见图 5-15），包括上海香花社区、成都清源社区、清江社区、清波社区，以及北京朝内头条社区、竹杆社区 6 个社区。

不同于北京大方家社区和史家社区，以及深圳水围、上海新华等在场景内部蜂鸣与外部蜂鸣展现中呈现的极端对比情况，以上 6 个社区在场景内部蜂鸣与外部蜂鸣中的表现与其他社区相比实际上都处在中等水平，但是与其他社区不同的是，6 个社区生活圈在场景内部与外部蜂鸣表现上并无明显差距（见图 5-15 两线相交的点，这些点对应的社区皆是整体蜂鸣表现处于较高层级的社区），而其场景整体蜂鸣实力与其他社区相比却处在较高水平。因而相比起单一商业化主导或者是生活服务主导的社区生活圈模式，多元文化舒适物综合发展的社区生活圈显然更具竞争力。

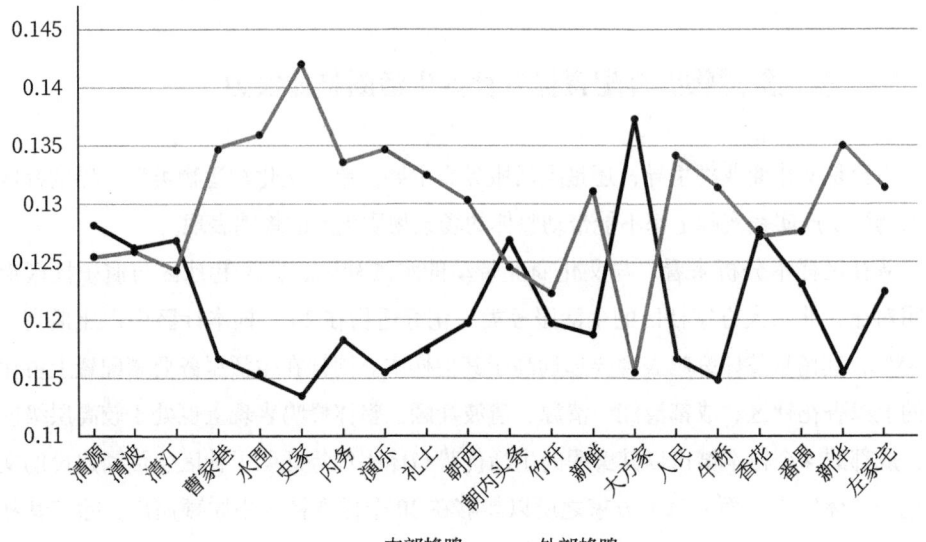

图 5-15 社区生活圈场景内部蜂鸣与外部蜂鸣表现对比

进一步对比发现，香花社区等 6 个社区生活圈与其他样本的相同点在于有着同样较高比例的文化商业、文化休闲等品质提升类舒适物及生活服务类舒适物，但是之所以其整体场景蜂鸣表现更强，也在于其在文化服务、文化教育等其他基础保障类舒适物及文化创意、文化组织类舒适物的供给配置与创意培育上更具实力。简言之，6 个社区生活圈的文化舒适物类型要比其他社区更为丰富，更加注重通过丰富文化舒适物的类型提升社区生活圈的综合实力。

虽然文化商业类主导的社区生活圈建设模式在总体的场景蜂鸣表现并不具备优势，但是这并不意味着品质提升型的舒适物对于社区生活圈来说不重要。提升生活品质是社区生活圈模式创新的关键，做好生活服务等基础保障也是实现社区生活圈稳定的基石；然而对未来社区生活圈建设来说，丰富并协调各类文化舒适物的要素配置，谋求多元文化舒适物的有机组合，提升社区生活圈的综合实力，转换依靠单一舒适物类型主导的社区生活圈建设思维，才是实现内生力与吸引力双轮驱动带动整体发展的核心。

第六章　城市社区生活圈的精神生产

　　如何通过文化舒适物的有机配置提升社区生活圈的生活品质是城市社区生活圈精神生产的研究基点。本项研究利用场景理论将文化舒适物的文化属性进一步分解为在3个主维度、15个子维度上的描述。最终结果发现,当前我国代表性的社区生活圈表现为普遍性的传统、睦邻和本土的场景气质,这是由社区生活圈的生活本质属性决定的。同时,提升社区生活圈整体蜂鸣生产的场景组合模式主要有三种,即"魅力+平等+自我表达""正式+迷人""企业+国家"。其中又有着11种更加细分的气质组合并适用于具有不同文化基底的社区生活圈类型,这11种模式又共同反映出文化教育类、文化休闲类、文化创意类、文化组织类舒适物的重要性。

第一节 文化舒适物组态形塑社区场景

从文化舒适物的综合评价结果来看,社区生活圈的蜂鸣生产力应是多元文化舒适物有机组合的结果,这便是场景的产生过程。因此,从以文化舒适物为载体的社区生活圈物质实践,到实现地方文化价值观的动力凝聚,需要"场景"提供核心作用力。基于此,本节运用场景理论的科学分析方法,通过对不同类型舒适物在"合法性""戏剧性""真实性"3大主维度及15个子维度上的赋分,解剖能够产生社区生活圈高度蜂鸣的文化舒适物组合模式,回答"社区生活圈应当展现怎样的场景气质"的问题,形成社区生活圈美好生活的场景精神方案。

一、基于场景科学的社区生活圈场景气质描述

(一)舒适物赋分确定价值偏向

场景理论的方法体系中,场景文化气质的确证是通过对该场景内所含有的文化舒适物进行价值偏向赋分完成的。

场景赋分的具体流程是邀请相关领域专家对文化舒适物在传统、睦邻、越轨、魅力等15个维度上进行打分,分值为"1~5"分。其中,"3分"表示价值中立,即该文化舒适物在该维度上并不表现出鲜明的偏向,也就无所谓呈现某种气质,或该舒适物涵盖面较广,无法做出具有明确场景特性的赋分。"1分"与"2分"表示该舒适物及其活动抵制该维度,如在对"传统"维度的"密室逃脱"赋分时,密室逃脱属于当前较为新兴的事物,因而明显抵制传统维度,便可打3分以下的分数。至于是打"1分"还是"2分",则根据舒适物抵制该维度的程度决定,对一些较为典型的舒适物便可赋极值分数,这需要赋分者自主判断。"4分"与"5分"表示该文化舒适物及其活动支持该维度,如在对"越轨"维度的"文身店"赋分时,文身作为人彰显自我个性但是却又明显突破规范及非主流的行为,呈现出明显的"越轨"性,因而赋分者便可根据自我认知对其越轨的程度赋"4分"或"5分"。在某一个场景内,在收集了各类文化舒适物的类型及其数

量之后，便可让赋分者对该场景内所有的文化舒适物进行打分，赋分者要求必须熟知场景理论及其方法，并且对各个维度含义有着清晰的认知，以此才能够保证相对较高的一致性。

以"学校"这一场景为例，假设其文化舒适物类型大致包括"图书馆、食堂、教室"，在收集了"学校"的所有文化舒适物之后，便需要在15个维度上进行"1~5"分的赋分，以确定其场景价值偏向（见表6-1）。

表6-1 "学校"场景舒适物赋分示例

舒适物	合法性					戏剧性					真实性				
	传统	表达	功利	魅力	平等	睦邻	正式	爱炫	迷人	越轨	理性	本土	国家	企业	种族
图书馆（1）	3	4	3	3	4	4	4	3	3	1	3	3	3	3	3
食堂（2）	3	4	4	3	4	4	2	3	3	3	3	3	3	3	3
教室（10）	3	3	2	3	3	3	4	3	3	2	3	3	3	3	3

类似的，对社区生活圈场景气质的计算同样是在收集了8大类舒适物，共计149个小类、2523个文化舒适物之后进行的赋分计算。为保证场景气质描述的权威性并避免主观认知差异，本书对所有文化舒适物的赋分皆是由场景理论提出者特里·克拉克教授帮助提供的赋分原典进行确定的。

（二）场景表现分数确定地方风格

在收集全部舒适物并进行赋分之后，还需要将场景赋分原典中的文化舒适物分数与社区生活圈当中对应的文化舒适物及其数量进行加权，计算得出"表现分数"（Performance Score），即为场景气质。计算公式如下：

$$Scenes\ Performance\ Score = \frac{\sum NS}{SUM} = \frac{\sum 舒适物数量 \times 对应分数}{舒适物总数} \quad (6-1)$$

在对20个社区生活圈的舒适物数据进行赋分，并与各舒适物数量进行加权计算之后，各个社区生活圈的场景气质的表现如表6-2所示。

表 6-2　20 个社区生活圈场景气质表现热力图

社区	合法性					戏剧性					真实性			
	传统	表达	功利	魅力	平等	睦邻	正式	爱炫	迷人	越轨	理性	本土	国家	企业	种族
大方家	3.204	3.032	2.800	3.042	3.091	3.351	3.077	3.067	2.982	2.829	3.101	3.320	3.140	2.904	3.035
番禺	3.160	3.029	2.775	3.106	2.977	3.233	3.100	3.096	3.075	2.748	2.875	3.127	3.055	3.065	2.954
新华	3.178	3.074	2.896	3.243	3.017	3.309	3.222	3.117	2.995	2.821	3.076	3.223	3.060	3.011	3.011
史家	3.421	3.028	2.909	3.249	2.968	3.211	3.021	3.084	2.838	2.759	3.009	3.294	3.211	2.798	3.053
内务	3.309	2.991	3.043	3.196	3.030	3.309	3.091	3.004	2.815	2.630	3.011	3.185	3.152	2.940	3.027
演乐	3.210	3.033	2.849	3.125	2.902	3.334	3.197	3.075	3.000	2.701	2.918	3.152	3.111	3.020	3.078
朝西	3.080	3.076	2.927	3.207	2.993	3.153	3.273	3.098	3.091	2.800	2.936	3.123	3.095	3.150	3.050
朝内头条	3.251	2.990	2.987	3.137	3.051	3.235	3.076	3.016	2.849	2.726	2.972	3.123	3.091	3.111	3.036
竹杆	3.121	3.013	2.992	3.126	3.003	3.137	3.139	3.255	3.079	2.806	2.957	2.957	3.023	3.188	3.099
清源	3.151	3.099	2.950	3.095	3.032	3.130	3.021	3.181	3.078	2.795	2.931	2.934	3.011	3.164	3.102
清江	3.144	3.081	2.994	3.088	2.993	3.125	3.067	3.133	3.107	2.780	2.935	2.980	3.004	3.210	3.081
人民	3.362	3.213	3.302	3.327	3.167	3.255	3.305	3.316	3.209	2.961	3.114	3.120	3.216	3.359	3.223
礼士	3.244	2.963	3.126	3.237	3.022	3.248	3.274	3.059	3.083	2.704	2.991	3.111	3.148	3.324	3.000
左家宅	3.151	2.844	3.378	3.138	3.116	3.013	3.124	3.044	2.956	2.656	3.094	2.978	3.106	3.339	2.994
香花	3.069	2.844	3.238	3.163	2.981	3.150	3.156	3.125	2.922	2.695	2.930	3.016	3.094	3.203	2.992
新鲜	3.087	2.985	3.179	3.163	2.996	3.088	3.144	3.169	3.045	2.807	3.028	2.892	2.998	3.328	3.055
清波	3.166	2.979	3.139	3.098	2.993	3.134	3.009	3.121	2.957	2.734	2.902	2.908	3.024	3.178	3.127
曹家巷	3.120	2.972	3.169	3.067	3.004	3.116	2.956	3.165	2.880	2.854	2.945	2.837	2.996	3.128	3.086
水围	3.199	2.976	3.130	3.087	2.958	3.143	2.990	3.183	2.941	2.784	2.909	2.806	3.022	3.113	3.064
牛桥	3.077	3.015	3.208	3.069	3.108	3.246	2.915	3.146	2.798	2.923	3.029	2.856	3.019	2.885	2.962

场景气质表现的差异源于社区生活圈在文化舒适物类型及其数量程度上的异同，两者本质上是一种对照关系。从表 6-2 数据显示的整体社区生活圈的场景气质表现来说，各个社区生活圈虽然地方风格各异，但是仍表现出一定的共同特点。例如，在合法性维度中，社区生活圈在传统与魅力维度的场景气质表现分数普遍较高；而在戏剧性维度中，社区生活圈都体现为鲜明的睦邻性；在真实性维度中，社区生活圈大部分都体现出了本土性、国家性与企业性。从反向维度来说，社区生活圈都普遍排斥越轨性，并且在自我表达、平等、迷人、理性及种族主义维度的体现也普遍不明显。从社区生活圈样本来看，上海新华路街道的人民社区生活圈最为特殊，因为相比起其他社区，人民社区除在越轨性上表现分数较低之外，几乎在各个维度上均有着强烈的气质体现。它兼具着传统与现代魅力，既睦邻友好又爱炫迷人，同时还是诸多商业与企业聚集的地方，因而又体现为强烈的企业性质。从文化舒适物的类型差异来说，一些拥有发达文化商业的社区生活圈，诸如北京礼士社区、新鲜社区，上海左家宅社区、香花社区、牛桥社区，成都清波社区、曹家巷社区及深圳水围村等，与其他社区生活圈相比都表现为较强的功利主义气质，因此文化商业类舒适物可能主要影响了功利主义的场景气质。而文化休闲类舒适物占比较大的社区生活圈，诸如北京竹杆社区，成都清源、清江、清波社区等，其文化休闲类舒适物占比均在 15% 以上，因而其爱炫主义气质明显。

对某一特定的社区生活圈，地方的文化风格往往体现为多样的场景气质的结合，即具有多元化的美学特征。例如，北京史家社区生活圈，从对文化舒适物的场景分析来看，史家社区是一个既传统又魅力，既睦邻又爱炫，既源于本土又体现了强烈国家意识的社区生活圈。与史家社区仅隔一条胡同的礼士社区，则有着差异化的场景表现，礼士社区同样是传统而具有魅力的，但是相对来说并非对外积极展示自我的爱炫性社区，而是呈现正式性与企业性特点鲜明的社区生活圈。因此，一个社区生活圈可能同时表现出多个场景气质，同时又对应着多种文化舒适物类型的组合，要探索能够促进地方蜂鸣生产的场景模式，还需要进行文化舒适物的组态分析。

二、基于 fsQCA 的社区生活圈文化舒适物组态分析

社区生活圈的组态分析，源于对"社区生活圈的场景气质如何产生蜂鸣生产力"这一问题的解答。基于当代城市社区整体文化转向，以及在此背景下场景理论话语体系中地方风格的美学描述，本书将社区生活圈文化蜂鸣生产力的分析聚焦于社区生活圈场景气质对地方蜂鸣的组态化影响上。简单来说，是在 3 个主维度及 15 个子维度的场景气质分析框架之下，寻找影响地方蜂鸣的社区生活圈场景气质的组合排列及这种组合所对应的文化舒适物布局方案。例如，在合法性维度中，主要影响地方蜂鸣的场景气质组态

是不是"传统+魅力"的,又如何践行在文化舒适物的建设中等。

(一)前因条件与结果变量

社区生活圈场景气质与地方蜂鸣的组态分析采用定性比较分析(fsQCA)[1]的方法进行,以更好地诠释多种场景气质影响下的地方蜂鸣。在fsQCA的分析中,前因条件为3个主维度及15个子维度所描述的场景气质,结果变量则是舒适物所影响的场景整体蜂鸣指数(见表6-3)。由于fsQCA本身只适合于4~7个条件的分析,因而本书根据3大主维度设定三组组态分析,并分别进行合法性、戏剧性及真实性的组态检验。

表6-3 15个场景维度整体蜂鸣表现的描述性统计

条件		最小值	最大值	平均值	标准差
合法性	传统	3.069	3.421	3.185	0.095
	表达	2.844	3.213	3.012	0.082
	功利	2.775	3.378	3.050	0.169
	魅力	3.042	3.327	3.148	0.074
	平等	2.902	3.167	3.020	0.062
戏剧性	睦邻	3.013	3.351	3.196	0.090
	正式	2.915	3.305	3.108	0.108
	爱炫	3.004	3.316	3.123	0.076
	迷人	2.798	3.209	2.985	0.112
	越轨	2.630	2.961	2.776	0.082
真实性	理性	2.875	3.114	2.983	0.072
	本土	2.806	3.320	3.047	0.152
	国家	2.996	3.216	3.079	0.069
	企业	2.798	3.359	3.121	0.159
	种族	2.954	3.223	3.051	0.062
结果	蜂鸣指数	0.120	0.131	0.124	0.003

(二)变量校准

fsQCA将每个条件与结果都视为一个集合矩阵,每个社区生活圈样本因为有着不同的条件与结果因而在集合中有着不同的隶属程度。本书采用的校准方法是以样本数据的

---

[1] fsQCA是一种组态性的分析方法,主要用于研究多要素动态影响下的复杂因果关系。

95%、50%、5%作为校准锚点,分别对应完全隶属、交叉点及完全不隶属,相关校准信息如表 6-4 所示。

表 6-4 变量校准隶属度

条件		校准		
		完全隶属	交叉点	完全不隶属
合法性	传统	3.365	3.163	3.077
	表达	3.105	3.014	2.844
	功利	3.306	3.019	2.799
	魅力	3.253	3.131	3.066
	平等	3.118	3.003	2.955
戏剧性	睦邻	3.335	3.182	3.085
	正式	3.276	3.096	2.954
	爱炫	3.258	3.119	3.015
	迷人	3.112	2.989	2.814
	越轨	2.925	2.782	2.654
真实性	理性	3.102	2.965	2.901
	本土	3.295	3.063	2.836
	国家	3.211	3.076	2.998
	企业	3.340	3.139	2.880
	种族	3.132	3.051	2.961
	蜂鸣指数	0.128	0.123	0.121

(三)必要性分析

在进行组态分析之前,需要先检验是否有某种特定的场景气质明显影响了地方蜂鸣的产生,因而需要对前因条件进行必要性分析。在 fsQCA 中,必要条件一致性的阈值一般设定为 0.9,当某个条件一致性大于 0.9 时,则被认为是必要条件。结果显示,15 个前因条件的"是"或"非"的一致性检验均小于 0.9(见表 6-5),因而说明此项分析中单个条件对地方蜂鸣的解释度较弱,并未产生能够促进或降低地方蜂鸣的必要条件,因而需要进一步进行组态化分析。

表 6-5 15 个前因条件一致性分析

集合名称	蜂鸣		~蜂鸣（非集）	
条件	一致性系数	覆盖率	一致性系数	覆盖率
传统	0.53	0.55	0.62	0.64
~传统	0.66	0.64	0.57	0.55
表达	0.64	0.60	0.68	0.63
~表达	0.61	0.66	0.57	0.61
功利	0.61	0.58	0.66	0.63
~功利	0.62	0.65	0.56	0.59
魅力	0.50	0.51	0.69	0.70
~魅力	0.71	0.70	0.52	0.51
平等	0.67	0.66	0.58	0.58
~平等	0.58	0.58	0.66	0.67
睦邻	0.52	0.52	0.70	0.70
~睦邻	0.71	0.70	0.52	0.51
正式	0.60	0.59	0.66	0.65
~正式	0.65	0.65	0.59	0.59
爱炫	0.55	0.59	0.61	0.64
~爱炫	0.66	0.62	0.61	0.58
迷人	0.64	0.61	0.57	0.54
~迷人	0.52	0.55	0.60	0.62
越轨	0.50	0.54	0.67	0.72
~越轨	0.74	0.69	0.58	0.53
理性	0.53	0.55	0.64	0.66
~理性	0.67	0.65	0.56	0.54
本土	0.53	0.58	0.63	0.67
~本土	0.69	0.65	0.60	0.56
国家	0.50	0.57	0.59	0.66
~国家	0.70	0.63	0.61	0.55
企业	0.65	0.65	0.53	0.54
~企业	0.55	0.54	0.65	0.65
种族	0.63	0.64	0.60	0.61
~种族	0.62	0.61	0.64	0.63

注："~"表示该条件的对立条件，如"~传统"意为"非传统"。

在进行必要性分析之后,需要进一步构建真值表,即将隶属于样本条件的设为"1",不隶属于样本的设定为"0",同时删去数量为 0 的即不符合条件的样本之后,进行组态标准化计算,得到影响地方蜂鸣的场景组合模式。

第二节 以传统又不失魅力的创新场景形塑合法精神

社区生活圈场景的合法性是指场景所遵循的价值准则。场景理论在"合法性"维度上主要从传统、表达、功利、魅力及平等5个子维度展开表述,它展现了某一场景的舒适物是遵循了地方过去的传统还是不断创新自我,是追求资本功利还是展现地方魅力,抑或是呈现绝对的尊重与平等。通过对合法性维度的蜂鸣组态分析发现,传统又不失魅力的场景塑造,是塑造合法性的关键,也是场景创新的核心。

一、普遍尊重历史并延续传统的社区生活圈

通过20个社区生活圈样本场景表现分数的计算数据可以看出,社区生活圈在特定的场景维度的表现上体现出普遍性。其中,在合法性维度上,各个社区生活圈普遍表现为传统性。

鲜明的传统主义说明社区生活圈的文化舒适物较为普遍的遵循了过去遗留的章法,尊重并且注重保护本地历史传统。尤其在具有丰富文化资源与深厚历史底蕴,并且本地人文风俗留存较为完善的社区生活圈中,传统主义的表达更为突出。以北京东城区朝阳门街道的史家社区生活圈为例,史家社区位于北京市中轴线附近,遵循着传统胡同社区的生活节奏与行为章法,从公共空间、房屋建筑的建造,到居民生活行为、人文性格的感受,无不体现出传统主义的文化韵味,社区内所保留的大量名人故居与老胡同风貌的四合院落也构成了史家社区生活圈传统主义气质的主要文化舒适物来源。此外,与史家社区邻近的内务社区、礼士社区、演乐社区甚至相对位置较远的朝内头条社区和大方家社区,同样表现出类似的传统性。因而,地理位置邻近的社区生活圈,在场景气质的表现上得分更趋于接近,文化舒适物的分布及其作用也相对趋同。

表现鲜明的场景气质是对地方美学风格的凝练,传统主义在社区生活圈场景的普遍体现并非偶然。根据场景的蜂鸣逻辑,文化舒适物所创造的蜂鸣互动既作用于场景内

部，也作用于场景外部，因此传统主义的场景气质既来源于社区生活圈内已有文化舒适物的塑造，也表现为对具有传统主义特征的文化舒适物的吸引力。文化舒适物的地理空间选择往往受独特地方气质的影响，正如北京"798"对艺术家聚落与创意产业的吸引力，无论是艺术家的自发群集，还是对创意实验的支持鼓励，"798"的自发性成长进化并非历史演变造就的偶然，而是地方场景气质所影响的文化生产的必然。这种必然性来源于地方空间的场景气质对权力资本、社会资本及文化资本空间移动的决定性，因此对地方来说，呈现鲜明的场景气质，增强地方文化感知的可读性尤为重要。而从社区生活圈普遍性的传统主义气质展现来看，在当前社区生活圈建设中，建立尊重过去、遵循历史、传承传统的行为法则与文化规范，是形塑社区生活圈地方认同感、构建场景蜂鸣互动的内外通道，也是实现进一步文化生产的首要条件。

二、展现魅力并提倡共同参与的品质生活圈

尽管延续着传统的生活方式，但社区生活圈在舒适物的驱动和蜂鸣的刺激下，也开始呈现出异质性的文化特征。对蜂鸣的生产来说，形塑传统主义的社区生活圈未必是最为核心的条件。

从合法性包含的传统、表达、功利、魅力、平等5个子维度在促进"蜂鸣生产力"的组态分析结果显示（见图6-1），传统主义维度对促进地方蜂鸣的产生作用并不显著，展现魅力、平等主义及自我表达性对合法性的塑造更加突出。

前因条件	组态1	组态2	组态3	组态4
传统	⊗	⊗		
表达	●	⊗	●	⊗
功利	⊗	●	⊗	
魅力	⊗	●	⊗	●
平等			●	●
一致性	0.8658	0.8644	0.9626	0.8118
原始覆盖度	0.3862	0.3244	0.3852	0.2754
唯一覆盖度	0.0609	0.1008	0.0369	0.0539
总体解的一致性	0.8218			
总体解的覆盖度	0.6537			

图6-1 社区生活圈合法性——蜂鸣组态分析

注：实心圆点表示肯定该条件，肯定程度由圆点大小表示。空心圆点表示否定该条件，否定程度由圆点大小表示。

(一) 凸显"自我表达"的场景特质激发生活圈产生蜂鸣

组态1是一个非集组态,结果显示,在体现"自我表达"特质的条件下,否定传统、功利和魅力的生活圈能够产生更强的蜂鸣生产力,即使场景"自我表达"气质并不特别突出,但是仍有杰出的蜂鸣创造力。组态1代表此类生活圈并不主张循规蹈矩与商业逐利,而是鼓励创意创新与高品质的生活方式。落脚在文化舒适物上,则体现为创意设计、流行时尚、传统工艺、艺术博览等类型的文化设施和服务,它们为场景产生蜂鸣创造了物理载体、营造了社会空间。从20个社区样本来说,上海人民社区生活圈的自我表达气质最为鲜明,诸多时尚品牌、乡村俱乐部、艺术场馆和文化创意企业的集聚是人民社区自我表达气质形塑的显著来源。因而鼓励创意并积极展现自我,凸显自我表达气质是社区生活圈可以寻求地方创新、激发地方蜂鸣的关键因素。

(二) 释放"文化魅力"提升生活圈活力

组态2结果表示,"功利主义"与"魅力"特质突出并且否定"传统"与"自我表达"的社区生活圈,其蜂鸣生产力更强。这代表此类社区生活圈倡导积极的对外展现与良好的形象构建,落脚在文化舒适物上,则体现为文化创意和娱乐休闲类型的公共设施及服务,它们能够更好地塑造全景式、沉浸式的文化消费体验及可识别、可进入的特色文化景观,从而提升场景的魅力与吸引力。与此同时,具有丰富魅力展现的场景同时表现为一定的功利主义气质,而功利主义在此组态中仅作为辅助性条件出现,这代表文化舒适物所促进的参与总是基于某种目的。因此,积极展现"魅力",同时促进"有目的的参与"是社区生活圈高程度蜂鸣生产的关键。

(三) 加强"自我表达"和创造平等观念优化生活圈生态

组态3强烈肯定"平等"和"自我表达"的场景特质,并排斥"功利"和"魅力"。代表此类社区生活圈强调人人参与和自我创造,且并不提倡商业化的发展和享乐主义的生活方式。"平等"是基于生活圈基本公共服务保障前提下,对文化权益、文化素养和文化认同的要求。落脚在舒适物上,则体现为基本医疗、养老、教育、文化、体育等公共服务设施。此外,值得注意的是,这一组态中,"自我表达"和"平等"的同时呈现,说明完善基本公共服务与提升高品质、多元化的生活品质同等重要,这体现在诸如文化创意、社会组织等能够推动社区生活多元化、表达自由化的舒适物类型上。此类社区生活圈较为典型地体现在成都的社区生活圈中,如清源社区生活圈基础保障类舒适物配置比例达到39%,对生活服务的重视,以及对社会组织的培育是其能够保持高度地方蜂鸣的关键。因此，提高社区治理能力，加强社会组织、创意机构等在场景营造中的作用，形成持续高效的文化参与，是场景产生蜂鸣的关键因素。

（四）在"传统"和"平等"兼具的语境下释放场景"魅力"

组态4表示，在功利主义并不鲜明，同时否定自我表达的场景中，具有突出魅力展现，同时兼具传统和平等主义气质的社区生活圈能够促进地方文化动力的产生。组态4的模式适用于较为传统的生活型社区生活圈，一定数量的文化资源要素与充沛的生活服务保障，为其实现积极的文化参与和文化创造提供了基础。从社区生活圈样本来说，上海社区生活圈建设为此类模式的典型，如上海番禺社区生活圈，魅力场景气质突出，同时又在传统与平等主义维度上表现出色，剖析其文化舒适物布局情况发现，在其他社区生活圈的文化商业类舒适物配置占比平均为46%的情况下，番禺仅为34%，但是文化休闲类舒适物占比却达到25%，文化资源、文化创意等特色引导型舒适物的配置比例达到13%，基础保障类舒适物为28%。因此要提高场景的蜂鸣生产力，还需要通过文化休闲、文化创意等品质提升型舒适物，诠释场景的文化价值和美学特征。

第三节　以睦邻友好又泛在学习的生活场景形塑戏剧精神

社区生活圈场景的"戏剧性"是指对外展现与表达自我的方式。场景理论的"戏剧性"主要从睦邻、正式、爱炫、迷人、越轨5个维度展开表述，它体现了舒适物的文化意象既是睦邻友好的又是正式理性的，既是爱炫迷人的又是越界交融的。通过戏剧性维度的蜂鸣组态分析发现，塑造睦邻友好又泛在学习的迷人的生活场景，是吸引创意阶层、激发外部动力、释放场景红利的关键。

一、普遍睦邻友好的社区生活圈

在戏剧性维度上，社区生活圈体现为普遍睦邻性。睦邻性代表社区生活圈对外体现为友好、包容和亲切的氛围。从规划学角度来说，作为一种新时代的生活规划手段，"睦邻"意味着社区生活圈必须重视各类服务要素的配置。而从社会学角度来说，"睦邻"是社区生活圈体现"生活"属性的关键，意味着社区生活既要对内保留邻里市井烟火气、体现邻里场所交往力、营造和谐融洽的邻里关系，又要对外展现包容性，能够接纳异质性人群与多元文化，有着强大的社会动员力。

从舒适物要素布局的角度来说，睦邻性主要体现在基础保障型舒适物，尤其是文化教育类、文化服务类舒适物，以及文化资源类、文化组织类等文化舒适物配置上。在睦邻性展现较强的社区生活圈中，如北京内务、演乐、大方家社区生活圈及上海新华社区生活圈（见表6-6），与睦邻性展现最弱的上海左家宅社区相比，在文化舒适物配置上皆有着较为丰富的生活服务与文化商业，甚至左家宅在文化休闲、文化创意等社区舒适物配置上还要更加丰富，然而睦邻性展现较强的四个社区在文化教育、文化资源及文化组织的舒适物布局上要更具优势。因此，睦邻性的场景气质更加侧重建立友好交往的人际关系，重视日常交往空间的营造、保留邻里市井的场景特质、植根本土文化的场景精神、展现社区"生活"属性的根本。

表 6-6 社区生活圈舒适物配置　　　　　　　　　　　　　　单位：%

社区	生活服务	文化服务	文化教育	文化休闲	文化商业	文化资源	文化创意	文化组织	基础保障	品质提升	特色创生
内务（北京）	22	2	7	4	52	7	4	2	30	57	13
新华（上海）	15	2	9	4	46	9	11	4	26	50	24
演乐（北京）	22	2	0	12	65	0	0	0	23	77	0
大方家（北京）	38	10	8	12	25	2	2	4	56	37	8
左家宅（上海）	24	2	0	13	42	4	13	0	27	56	18

二、塑造泛在学习并展现迷人特质的社区磁场

尽管体现"睦邻友好"是社区生活圈的普遍特质，但根据对"戏剧性"的组态分析来看（见图 6-2），具备"正式"和"迷人"特质舒适物的场景，更有利于提升生活圈包容度与吸引力，从而引发蜂鸣。

前因条件	组态1	组态2	组态3
睦邻	⊗	⊗	⊗
正式	●	⊗	●
爱炫		●	
迷人	⊗	●	●
越轨	⊗		●
一致性	0.9739	0.9209	0.8549
原始覆盖度	0.2984	0.3603	0.3235
唯一覆盖度	0.1337	0.1158	0.0858
总体解的一致性	0.8834		
总体解的覆盖度	0.5898		

图 6-2 社区生活圈戏剧性——蜂鸣组态分析

（一）以泛在学习型的"正式"场景夯实生活圈内部吸引力

组态 1 否定了睦邻、迷人和越轨，仅高度肯定了"正式性"在场景蜂鸣生产中的作

用。"正式性"的场景气质主要表现为严谨、标准和仪式感,这类生活圈虽然并不一定具备多样的文化休闲娱乐活动,但依靠优质的教育资源和泛在学习资源布局,仍表现出较强的蜂鸣生产,因此组态1诠释了一种泛在学习型的社区生活圈场景模式。此类模式表现较为典型的是北京朝西社区生活圈和新鲜社区生活圈的建设模式,这些社区在生活服务、文化服务的配置比例均低于平均水平,但是却较为重视文化教育。因此落脚在舒适物上,对社区生活圈提出了完善文化教育设施、优化泛在学习氛围、完善终身学习制度、提升居民基本文化素养等要求。

(二)优化"迷人"与"爱炫"提升外部吸引力

组态2表明,在并不体现"正式"与"睦邻"的社区生活圈中,仍然可以通过展现"迷人"与"爱炫"提升场景的蜂鸣生产力。这代表此类社区生活圈对外展现出强烈吸引力,是城市日常生活空间的流量场,成都清江、清源、曹家巷社区生活圈及上海番禺社区生活圈皆属于此种类型。落脚在舒适物上,则体现为咖啡馆、酒吧、茶馆、书吧等文化休闲类舒适物的配置。这些舒适物能够体现多元化、品质化生活方式,既是创意阶层集聚的物理尺度,也是迷人爱炫场景的社会尺度。

(三)构建表达"正式"又彰显"迷人"与"越轨"组合场景

组态1所诠释的"正式"场景中强调了文化教育对产生蜂鸣的关键作用,因此,组态3在肯定了学习型社区的场景模式之外,还强调了"迷人"与"越轨"对提高场景的蜂鸣生产力的显著促进作用。与组态2相比,组态3又有着更为丰富的文化休闲类舒适物,如文身店、酒吧、私人会所、夜总会等,这些文化舒适物甚至突破了主流审美而表现为适度超前甚至越界,这说明彰显个性、突出多元化的社区在产生蜂鸣中的重要作用。总体来说,组态3所描摹的社区生活圈是一种组合型的场景模式,正式与张扬的场景气质交汇融杂,共谱和谐,彰显社区生活的年轻态,大学城社区便是此类模式的典型。

事实上,在戏剧性所呈现的蜂鸣生产力组态分析中,"正式性"与"迷人性"是场景产生蜂鸣的两个最为重要的场景特质。这进一步说明,生活圈的营造离不开以泛在学习为代表的舒适物和以休闲娱乐为代表的舒适物。优质的教育资源、和谐的文化生态、多元的休闲设施,既是城市高质量发展的关键,也是社区高品质生活的圭臬。

第四节 以本土又经营永续的产业场景形塑真实精神

"真实性"是指场景对自身来源的追本溯源,它强调社区生活圈对自身身份构建的过程。在文化舒适物形塑的真实性场景中,其身份或是来自本土的,或是面向国际的,或是带有鲜明国家和民族印记的。场景理论中"真实性"维度由理性、本土、国家、企业、种族5大维度解释,通过组态分析我们发现,形塑基于本土又经营永续的产业场景是体现社区生活圈文化特质、实现持续蜂鸣生产的关键。

一、普遍面向本土的社区生活圈

在"真实性"维度上,社区生活圈体现为普遍的"本土性"。与传统性、睦邻性的普遍性气质相同,"本土性"也是社区生活圈本质属性的体现。传统和睦邻的场景表现本质上皆是来源于地方"本土"的生活元素,因为无论是生活服务、文化服务等基础保障服务要素的配置,抑或是其他各个类型的文化舒适物的谋篇布局,都需要首先考虑社区生活圈本身的差异性,而这种地区差异性集中体现在以"地方"为符号价值标志的本土权力关系话语中。因此,社区生活圈要以突出地区差异进而体现竞争优势、实现创新增长,更需要扎根本土,立足在地。

从文化舒适物要素配置的角度来说,场景本土性主要来源于能够体现地方文化特性、风俗、行为模式等的文化舒适物类型,如文物古迹、地方菜馆、菜市场等,这些舒适物未曾受到外来文化侵染,并且都是植根于本土自然进化生长的文化舒适物类型。例如,本土性气质表现较强的北京市社区生活圈,丰富的文物古迹与遍布街巷的地方菜馆,使这些胡同社区都带有鲜明的地方文化符号,体现本土的文化价值观。每个社区都有着代表性的本土舒适物,如在成都,茶馆构成了其社区生活圈本土性气质展现的主要来源,而深圳水围社区生活圈的本土性则体现在遍布其大街小巷的港式茶餐厅中。因而场景本土性表现强烈的社区生活圈,往往也带有浓厚的民族色彩,深圳粤港文化在港式茶餐厅的体现，成都川蜀文化在茶馆中的体现，上海的海派文化在咖啡厅中的体现，北京的胡同文化在诸多胡同故居与四合院落中的体现等，地方本土文化的特色表达通过以文化舒适物为载体的日常生活表达，集中体现在场景价值观中。

二、打造更具自主造血能力与国际视野的开放型社区生活圈

"真实性"维度的组态分析显示（见图6-3），除"本土性"能够显著促进蜂鸣生产之外，"企业性"与"国家性"更有利于实现社区生活圈自身持续的文化生产与文化价值传递，进而提升场景蜂鸣。企业性意味着需要社区经济带动自我造血，而国家性则意味着需要以更具国际化的视野实现开放发展。

前因条件	组态1	组态2	组态3	组态4	组态5
理性		⊗		⊗	●
本土	⊗		⊗	●	●
国家	●	●	⊗	⊗	●
企业	●	●	●	⊗	⊗
种族	⊗	⊗	●	⊗	●
一致性	0.8655	0.8092	0.8120	0.8991	0.8028
原始覆盖度	0.3084	0.2625	0.4611	0.2934	0.2275
唯一覆盖度	0.0529	0.0010	0.2475	0.0389	0.0619
总体解的一致性	0.8028				
总体解的覆盖度	0.7136				

图6-3 社区生活圈真实性——蜂鸣组态分析

（一）通过"企业"带动与"国家"展现实现持续文化输出与开放互动

虽然在真实性与地方蜂鸣的组态分析中共显示出5个组态模式，但是组态1与组态2的结果具有高度相似性，因此结合分析来看，两者皆显示在否定了本土、种族、理性维度的条件下，"企业"与"国家"能显著促进场景蜂鸣生产。这代表此类社区生活圈虽然并不具有鲜明的地方特色，但是却能极大地鼓励地方经济、重视自我造血，同时又能够跨越本土、面向国际。此类社区生活圈较为典型的是上海左家宅社区生活圈，其拥有大量投资机构、金融企业，以及文化艺术集聚区，而且还是医学研究基地，跨国性的文化商业与文化创意是其创生地方蜂鸣的关键。因此，体现在舒适物上，此类模式往往与具有国际知名度的文化商业与文化创意类文化舒适物相关。因此，要生产高程度的场景蜂鸣，"地方"经营与"全球"互动缺一不可。

（二）"企业"主导与"民族"展现营造具有包容力的场景范式

组态3结果显示，在并不体现"本土"与"国家"的社区生活圈中，"企业"与"民族"能够显著促进场景蜂鸣。说明此类社区生活圈虽然并未有丰富的本地文化资源，也并不体现国际性，但是却因发达的文化经济及民族文化包容度而表现高度场景蜂鸣，体现在舒适物上主要是文化商业，以及带有传统文化或其他民族文化印记的舒适物类型，如茶馆、民族文化体验馆等，这些舒适物充实了文化体验的多样选择，提升了场景整体的文化色彩丰富性，描摹了一个具有文化包容力的社区。

（三）强化"本土"塑造具有鲜明地方性格的社区生活圈

组态4否定了其他，属于非集组态，显示出"本土"在促进场景蜂鸣上的唯一性。这说明此类社区生活圈尤其重视本土文化的保护传承与地方性格的鲜明展现。具有鲜明地方特征的社区生活圈往往也较为传统，较为典型的是上海番禺社区生活圈与北京内务社区、史家社区生活圈，三者在舒适物配置上虽然并未有较为丰富的生活服务、文化服务等基础保障，但是注重本地文化资源的传承活化与内涵挖掘，重视对本地文化设施及娱乐活动促进者的培育，这些都促进了社区生活圈的蜂鸣生产。在舒适物配置上，此类模式侧重对文化资源的活化传承、文化创意的发展与文化组织的培育。总体来说，组态4代表着一种重视本地文化的传承活化与内涵挖掘的社区生活圈蜂鸣生产模式，从地瓜社区在曹家巷的艺术试验，到清源社区对本土文化工艺的扶持，这些植根本土的创新探索不仅是提升社区内生动力、塑造鲜明文化形象的关键，还是对外展现文化价值观、提升场景吸引力的钥匙。

（四）通过展现"理性"与"民族"特性提升社区多元文化魅力

组态5否定了"企业"，表示在"本土""国家"的辅助作用下，"理性"与"民族"是带动场景整体蜂鸣生产的关键。表明此类社区生活圈虽然并非商业主导，却有着更为多面的文化展现。"理性"反映了场景进行自身研究探索的能力，因而往往与学习教育、科学研究相联系，因此肯定"理性"代表着此类社区生活圈有着充沛的科研条件与较高的文化教育水平，"民族""国家""本土"则代表此类社区具有高度的文化包容力，能够在接纳世界文化的同时也重视本土文化赋能。在当前社区生活圈受制于生活服务主导与文化商业主导的模式思维框架下，组态5提供了一条扎根本土同时连接全球的蜂鸣创生通道。

真实性所诠释的地方蜂鸣，理性、本土、国家、企业、种族事实上都发挥了不同程度的蜂鸣创生作用，而"企业"与"国家"则是最为关键的两个要素，这既源于当前社区生活圈品质提升型主导，尤其是文化商业泛化的主导模式，也代表文化经济与国际格局对社区整体的带动力。但是对文化企业的重视并不意味着给予文化商业绝对的领导地位，本土性与民族性的强烈影响意味着社区生活圈对文化企业的扶持仍然要植根于对地方文化价值观的塑造，国家性的鲜明体现也意味着社区生活圈建设不应当故步自封，而是要通过文化价值输出建立全球与地方的沟通渠道，将持续性的自我造血放置于本土文化的创新探索中，将人民对美好生活的向往体现在对全球文化的包容里。

第七章　城市社区生活圈的文化建设经验

　　与中国强调公共服务的社区生活圈建设模式不同,在西方国家的社区实践中,提倡通过细节精致的空间营造撬动有活力的社区发展,如Placemaking,即场所营造的概念,通过对公共空间的活用与善用,以及对社会组织等多元力量的充分调动,营造具有持续活力的社区。因而在社区生活圈的建设中,西方国家也更加强调营造能够自给自足的社区生态,即"完整街道"的概念,不论是购物、娱乐,抑或是生活、工作,社区都能够为有所需要的人提供相应的服务。

第一节　强调空间营造与完整街道的国外城市社区生活圈

一、以空间改造提升社区活力的场所营造模式

作为改善社区、城市或地域的总体理念与实践方法，场所营造通过激发人们对公共空间的集体构想与改造，使其成为每个社区的核心并加强人与共享空间之间的联系。场所营造也是一个协作的过程，通过它可以塑造公共区域最大化的共享价值。场所营造不仅是为促进更好的城市设计，还为探索创造性的使用模式及其在这一空间上发生的持续演变的人文地理与文化社会。

（一）以公共空间为源点的邻里场所营造（Neighborhood Placemaking）

公共空间在西方城市规划学科中被认为是能够促进邻里交往与关系联结最具动能的城市空间，因而在西方社区营造镀热伊始，以公共空间为主要内容的场所营造便成为典型代表。这种模式通常以空间的创意设计作为吸引人流集聚的媒介，从眼球效应到公众集聚，再到思维活跃与公众参与，公共空间的创意场所营造不仅是短暂热点的创造，更是可持续文化生态与生活福祉的营造。

芝加哥场所营造尤为关注"社区"邻里，并主张通过公共空间的规划设计与创意融入作为激发社区活力的一种手段。与社区生活圈理念相同，芝加哥的场所营造同样强调以人为本及对需求愿望的发现与实现，从构建基于地方的共同愿景开始，将愿景迅速演变为实施策略，以小规模及可行性较强的空间改造如街道、人行道、公园、建筑及其他社区内聚集人群较多的公共空间，充分利用当地社区已有的资产、人才等，激发社区居民的参与潜力，并促进人与人之间的紧密互动，进而构建更为健康、更具社会性与经济性的社区。因此，芝加哥在施行场所营造战略时，不仅将公共空间的创意改造当作一种建造或者空间修复的行为，更是一个能够促进幸福福祉的地点媒介。

将"空间"改变为"地方"。"空间"是对一块土地的物理描述，而"地方"则意味着对这块土地的情感依恋。芝加哥场所营造秉承着将公共空间转化为生活场景的核心理念，以空间的建设改造为原点唤醒人们对本地社区的情感。美国奈特基金会（Knight Foundation）通过对美国 26 个社区的三年跟踪研究发现，人们对社区的情感依恋能够显著促进城市的经济增长，而这种情感依恋主要来自社会互动与公民关怀、社区开放性及美丽的社区环境三个方面，这与芝加哥场所营造所坚持的原则不谋而合。芝加哥公共空间项目组在制定场所营造指南中指出，一个成功的"地方"涵盖了四个关键的因素，即开放、舒适、友好及社会交往。开放，涉及一个"地方"在视觉上及物理上与周围环境的连接程度，一个成功的公共空间必然是可看见并可进入的；舒适是一个"地方"是否会被频繁使用的关键；友好的社交互动则来源于"地方"的活动，这是公共空间场所营造的基本组成部分，也有助于塑造社区特色的形象进而产生社区自豪感；社会交往则是一个成功的公共空间最为关键与核心的品质，交往创造的关系互动最有助于社区情感的凝结。人们关心社区中的"地方"，当公共空间成为人们日常生活的一部分时，它们就永远与个人、集体的关键节点联系在一起，如结交新朋友、当地文化节庆等，场所营造带来的好处远不止为人们创造更好的空间。

搭建社区发展与居民参与之间的沟通桥梁。芝加哥地区的邻里场所营造致力于促进社区内共同愿景的建立，自下而上的社区参与更有利于凝聚社区共同意识并促进社区身份认同的构建。芝加哥塞恩花园的创建便是社区参与的结果，1996 年塞恩花园所在的地区还是一片荒芜之地，荆棘、杂草与垃圾充斥街道。为了改善街道环境，芝加哥公园区的代表聚集了所有社区居民，从高中生到老年人，从邻里居民到街区组织，共同参加社区会议并对空间需求加以讨论，最终形成了一个利用高架床在社区内建立数个小型花园的社区计划。在春季和夏季，各个年龄段的人们都会在周六清理垃圾和碎片。来自青年外展计划（Youth Outreach Program）的青少年帮助美化公园，来自百老汇军械库户外夏令营（Broadway Armory's Day Camp）及塞恩青年团（Senn Youth Net）的孩子们则帮助种植与浇灌树木，马赛克艺术家米尔泰斯·泽文斯基（Mirtes Zirwinski）和景观设计师切特·雅库斯（Chet Jakus）与 50 多名塞恩高中学生合作设计马赛克、图腾和景观。现在，花园内有 22 个利用高架床围成的小型蔬菜花园，周围环绕绿地及公共艺术，既可以供种植新鲜的蔬菜，也可以供玩耍、娱乐与休憩。通过邀请社区参与花园的设计创造了一个社区感到连接和使用的空间，正如塞恩公园的项目经理波恩尼·图沃斯（Bonnie Tawse）所说："正是这种人与人之间的联系对居民来说意义重大。"

跨部门的广泛合作是场所营造制度化的核心动力。美国的创意场所营造集聚了各方力量，来自公共、私人、非营利及社区部门的利益相关者围绕艺术与文化活动战略性的塑造社区空间，而跨部门的特性也使得场所营造作为一种文化政策在美国不断上升。美国艺术资助的渠道主要有三种,即文化部门及其他艺术机构的直接公共资金、联邦部门及税收奖励的间接公共资金,以及来自个人、企业及基金会等私营部门的资助,其中,私营部门对艺术组织的贡献是政府公共资金的5倍,且其资助的艺术形式往往局限于绘画、雕塑等纯艺术的形式,并且仅服务于白人以及高收入群体。❶因此,场所营造由于强调文化艺术介入空间的有机更新,涉及了包括城市环境、健康、文化、艺术等多个方面作用而容纳了诸多利益相关者尤其是非艺术组织的合作及共同参与。在美国文化部门资助的众多创意场所营造的项目中,所受益的非艺术合作伙伴涵盖植物园、宗教和科学组织、银行、农场、商业改善区、土地信托、教育机构、地方和联邦政府机构,甚至包括了军队。芝加哥创意场所营造则是由芝加哥大都会规划委员会(Metropolitan Planning Council,MPC)及公共空间项目组合作完成。自1934年以来,MPC长期致力于打造一个更加公平、可持续及繁荣的大芝加哥地区。作为一个独立的、非营利的及无党派的组织,MPC通过开发、推广和实施促进区域健康增长的解决方案为社区及居民提供服务。芝加哥的邻里场所营造是MPC工作的重要部分,在意识到充满活力的公共场所能够为其所在社区乃至更广区域带来经济红利时,MPC通过政策倡导与公共机构、政府进行密切合作及对居民、社区组织直接援助等方式,支持芝加哥地区创建和维护充满活力的公共空间,如支持芝加哥步行计划、改造芝加哥联合车站及社区零售开发等。

完整街道(Complete Street)是芝加哥场所营造赋能城市高品质发展的核心内容。所谓"完整街道"的核心理念是让所有人都能够安全地使用街道,让各种交通设施让位行人。芝加哥的完整街道计划由芝加哥规划发展部门与交通运输部门合作制订,并作为其场所营造政策的一部分,目前已经在芝加哥西大街走廊、劳伦斯大道街景、利兰大道绿道、林肯大道街景等开展了公共研究与投资项目。以芝加哥西北部的林肯广场为例,其场所营造便是以建立"完整街道"为载体,促进本地社区商业的繁荣。在20世纪40年代,林肯广场便是一个繁荣的商业区,虽然远离市中心但是交通的便利仍然促进了本地社区企业的繁荣,并使其在几十年的城市经济变革中仍然保持了活力。1948年在由本地社区居民组建的林肯广场商会成立,商会既是一个保证本地社区企业持续稳定的组织,同时也是邻里活动的中心。几十年来,商会着力促进社区居民与企业之间合作关系的建立,专注于通过文化、教育及可持续活动提高林肯广场的生活品质,通过与社区的大力倡导者奥尔德·尤金·舒尔特(Ald Eugene Schulter)合作,林肯广场商会与居民合作组织社区公共空间的活动展演,如免费的夏季音乐会、节日、人行道集市和花园散步计划等。2021年在芝加哥地区"完整街道"计划驱动下,芝加哥林肯广场区长与芝加

---

❶ NICODEMUS A G. Fuzzy vibrancy:Creative placemaking as ascendant US cultural policy[J]. Cultural Trends, 2013(22):213–222.

哥交通部合作，进行了从西部大道（Western Avenue）到梓林大道（Catalpa Avenue）的街景改善项目，通过艺术介入改造公共空间，恢复林肯大道的步行权，并且计划在此地建立艺术集聚区，进而更好地赋能林肯广场经济的发展。

（二）以文化艺术振兴城市的创意场所营造（Creative Placemaking）

20世纪后半期，伴随着世界各国从工业化时代转向后工业化时代，转变城市增长模式成为新时代美国城市发展的主题。一些西方学者聚焦培养城市新动能提出了各种不同的城市动力模式，而真正在城市政策上产生广泛影响力的当属佛罗里达的"创意阶层"模式，一时间，吸引创新型人才、培养城市创造力、构建创意城市成为城市发展的热门话题与主导范式。受到城市学家雅各布斯的影响，佛罗里达旨在将城市经济发展的重点从企业与工业扩大到"人"与"地方"，他认为城市发展应当不仅是引进知名企业，而应当关注于"人"，尤其是其所称为创意城市核心的艺术家、设计师、教授及其他思想领袖等高素质人才上。自2010年以来，美国"创意场所营造"的支持者一直倡导艺术和文化在推动以场所为基础的社区发展中的作用，以文化艺术为核心的创意场所营造作为构建创意城市、吸纳创意人才的城市战略迅速流行于美国。

底特律在工业化时代被称为"汽车之城"，发达的汽车产业创造了底特律一时的繁荣，在20世纪50年代的人口高峰期，底特律有着180多万的居民，以及繁盛的住宅、公寓、学校、商业区等基础设施，然而伴随着世纪之交城市去工业化进程的加快，依靠单一制造产业结构的底特律迅速衰落，学校关闭、环境污染、人口流失等城市矛盾问题突出，短短十几年之内，底特律便从繁盛的工业城市变为荒芜的"铁锈"地带。21世纪，在市政破产和去工业化进而粉碎了公共和私营部门的城市中，文化艺术介入的城市更新与社区营造开启了底特律新时代的城市增长模式。底特律的城市中心街区复兴计划是从公共空间项目组（Project For Public Space，PPS）的创意场所营造开始的，旨在从中心城区的小规模空间改造与创意设计的多点联动，恢复一个人口密集、充满活力及充满吸引力的城市。

以文化创意空间的有机组合凝聚场所力量。底特律中心城区的改造以伍德沃德大道为主脉，串联起凯迪拉克广场、国会公园及大马戏团公园等多个公共空间。为将空间权力交付于人使其成为共享的空间，伍德沃德的长廊大道被改造为适宜于步行的宽阔人行道，两侧设计有双人行道与户外咖啡馆，着力让人和产品成为空间前沿与视觉焦点。南部的滨海大道则类似巴塞罗那的赫尔辛基滨海大道，连接哈特广场与马修斯学校。马修斯学校与凯迪拉克广场周边是底特律历史上著名的繁华商务区，众多企业集聚也使其成为底特律著名的人群聚集场所。为使其真正能够激活市中心并始终保持活力，PPS项目组将其重新定义为了娱乐聚集区，通过美食、现场音乐、电影、剧院与体育项目的创意融入，重新吸引企业进驻，并促进旅游经济的发展。国会公园是密歇根州第一座国会大厦的所在地，至今仍然保留着工业化时代独特的政府办公建筑，国会公园的创意场所营造定位是作为艺术集聚区的中心，依托克兰布鲁克学院与创意研究院的艺术家培育及学生画廊，旨在为新兴艺术家们提供可以展览展示艺术的场所。建于1850年的大马戏团公园是一个历史悠久的传统街区，也是通往复兴的城市中心的环境门户，大马戏团公园作为伍德沃德大道的起点，其被改造为步行友好的历史街区并服务于周边居民。凯迪拉克广场、国会公园及大马戏团公园作为中心街区的创意助力，通过混合功能、步行友好与街景联动，服务于异质性人群并满足多元需求，密布的创意场所恰似伍德沃德大道上的点点星火，相互联系并有机组合掀起了底特律中心街区的燎原活力。

以游击式的场所营造回应多变的需求。底特律的创意场所营造完全遵从了PPS的营造章程与理念，即"更轻、更快、更便宜"（Lighter，Quicker，Cheapter），这一理念的根本原理是以低廉的成本与较低的风险换取高额的回报，从而在避免资源浪费的情况下能够支撑长时间的工作计划。避免了资本密集型的规模建设使得创意场所营造的过程更为简单，从滨河空间到大马戏团公园等多个公共空间场所营造进程中，当地机构充分利用了当地资产，将未能充分利用的空间进行改造，进而将其转变为活动的创意实验室，如在公园计划季节性的活动，用椅子、桌子、吊床等可移动的元素装饰空间并使其成为一个可以举办与孵化各种活动的舞台。创意场所营造的空间摆脱了过去建设性的空间定义，以活态的展示创造出灵活多变的空间属性，从而能够随时应对人们多变的文化需求并适时进行空间功能的重新定义。

在创意场所营造中，来自公共、私人、非营利机构与社区部门的合作伙伴围绕着艺术与文化活动战略性的塑造社区、城镇、城市或地区的自然与社会特征，使公共和私人空间充满活力，使街景焕发动力，提高当地商业的可行性与公共安全，并将不同的人聚集在一起庆祝、激励并受到启发。底特律的创意场所实践不仅局限在中心城区，糖山艺术区、公立学校改造及由各类机构自主发起的创意场所营造项目已经在底特律遍地开花，推动底特律全面的城市复兴。例如，由韦恩州立大学发起的底特律艺术团（Arts Corps Detroit），其发起的社区艺术项目涵盖了底特律的9个社区，致力于促进艺术在活跃社区、建立关系及促进学习等方面的作用。与伍德沃德大道一样，位于底特律市中心的糖山拥有着悠久的艺术历史，然而工业化时代底特律汽车工业发展建造的大量停车场严重破坏了糖山艺术区的文化肌理，城市去工业化的进程又使其存留了大量闲置空间。在底特律中城公司的组织下，糖山经过为期五年的"景观艺术总体规划"，进行了公共艺术与景观设计的改造，成功蜕变成有凝聚力并充满活力的艺术社区，糖山的成功进一步吸引了众多合作伙伴的加入，包括当地社区的居民，以及迁入该地区的艺术文化企业。

对底特律来说，艺术不仅是能够用来进行观赏的东西，也不仅是消费商品，而是公民生活的积极组成部分。创意场所营造通过链接底特律约360平方千米的人和"地方"，培养社区的复原力。文化艺术干预在底特律数以万计的空地和建筑上标志着市民的市场生活体验，无论是涂鸦还是系统的场所营造计划，都使得这座铁锈城市显现出令人振奋的城市格局。

二、以社区商业形塑动力的邻里高地模式

（一）以公共市场促进可持续的社区经营

公共市场（Public Market）是公共空间场所营造模式的一种，然而与聚焦空间改造的传统营造模式不同，公共市场强调以空间焕新为基础，以市场经济为核心，实现可持续的空间经营。

诞生于1907年的派克市场（Pike Market）是美国最大的公共市场之一，也是西雅图最受欢迎的城市地标，每年接待超1000万的游客。派克市场旨在联系城市的市民与居民，仅生产本地的高品质食品与手工制品，并为本地社区的低收入群体提供关怀。厚重的历史不仅让派克市场成为整个西雅图最具传统魅力的地方，还承载了当地社区居民从工业化时代到后工业化时代的发家史与代际传承的文化根脉。

与生产者会面，强大市场创造持续的社区红利。派克市场是直接面向消费者的本地农民的重要经济命脉，是重要的社区聚会空间的集合，是可持续生产食品的出口，也是小型企业的低门槛入口。派克市场的诞生源于为农民提供农产品售卖的机会，自此派克市场便以服务于本地社区生产者的定位自立于市，其始终坚信农民有权直接向消费者出售商品，而购物者也有权直接从生产者那里购买商品，因此在派克市场，游客直接与商品的生产者面对面，派克市场也因此促进了大量本地社区居民在地就业。目前派克市场有着超过225家小型企业与餐饮，以及涵盖了16个社区的农贸市场网络。派克市场支撑了整个地区的社区经济，其所创造的社区红利使其有着强大的公众意识基础，使派克市场在一个多世纪以来能够应对诸多来自城市战略调整的挑战，并至今仍然保持着充分的市场活力。依靠其强大的公共市场网络，在2020年全球新冠肺炎疫情肆虐造成城市食品供应链断裂的情况下，派克市场不仅成功保护了当地经济，还支撑了整个西雅图的食品供应，并为恢复美国食品市场做出了重要贡献。

与历史会面，文化传承赋能高品质的社区生活。文化的保护与传承是支撑地方不断向前发展的根本动力，也是一个地方从过去到现在重要的历史标记，承载着城市发展变迁的脉络肌理，塑造着地方独特的空间叙事，并支撑着地方人民的精神信仰。派克市场

的历史跨越了整个西方工业资本主义的进程，从20世纪初的拱廊与三角市场，到20世纪七八十年代的酒店与松楼，再到如今各类现代咖啡厅与餐馆，在派克市场9英亩的区域空间内有着24座历史建筑，独特的建筑肌理与人文风情记载了一个城市时代的变迁，是西雅图珍贵的活态博物馆。然而在其长达一个多世纪的历史中，推倒重建的威胁一直持续不断。20世纪60年代在奉行"野兽主义"风格的大规模城市更新行动中，在本地社区居民、农民及管理者的民主治理与政治活动家长达8年的保护倡议下才使派克市场免于拆除，并创建了派克市场历史委员会（Pike Place Market Historical Commission，PHC），以保证社区公民能够始终参与到市场特色的保护中。随着社区需求的不断升级，派克市场的现代使命也在不断地扩大，从低收入住房、老年中心，到医院诊所与儿童保育，它支撑着整个西雅图的日常生活。在以工业制造及信息科技为产业支撑的西雅图，有着悠久历史沉淀与文化记忆的派克市场成为西雅图市标志性的"灵魂"象征，每天有5万多的游客来到派克市场创造了西雅图发达的旅游经济，历史的真实与现代的创新交汇融合，创造了派克市场独特的人文魅力。

与居民会面，公私合作与居民参与赋能社区持续生长。派克市场的发展是自然生长的，从诞生伊始便由当地人进行开发并不断探索新的利用开发模式，自下而上的社区参与和集体维护是派克市场的传统，也证明了在当今世界城市的更新与社区治理中，政府、市场与社会力量之间的通力合作更有利于可持续的社区经营。派克市场建立的最初目的是为农民提供商业机会，作为当时诸多在现代城市工业化进程中受到生存挤压的农民来说，派克市场便是他们的立身之本，因此拥有强大公众基础的派克市场也有着完善的公众管理网络。除负责保护市场文化特色的历史委员会外，派克市场保护与发展局（The Pike Place Preservation and Development Authority，PDA）负责管理市场的日常运营。作为一个非营利的公共机构，其在市场运营方面显然要比传统的政府机构更加灵活，在PDA的监督管理之下，派克市场的租金利润全部来自市场的重新投资，而不是股东分红。从增加当地农产品销售与商品零售、支持与促进小型商店及边缘企业生存、保护与扩大住宅社区为低收入人群提供关怀，到保护修复与开发建筑及开放空间，以确保市场农民、商人、居民、购物者与游客能在市场中自由活动，保护与培育市场的动态物理空间和社会生态皆需要极高的透明度，因此PDA与PHC的各项决策均通过召开公开会议进行联合商议，征求居民公众意见。PDA与PHC的市场管理还蔓生出了强大的公众参与网络，市场选民计划每年会从居住在华盛顿州、年满16岁以上的人选举一名成员加入PDA，确保公众参与市场的恢复与未来管理的过程，而诸如市场之友（Friends of Market）、西雅图联合艺术（Allied Arts of Seattle）及美国建筑师协会西雅图分会（Seattle Chapter of the American Institute of Architects）等机构则协助管理市场的各项决策并提供必要支持。

派克市场启示可持续的社区经营应当建立在强大公众意识与共同愿景的基础之上。1907年在当地农民商业经营的共同期望之下诞生的派克市场，如今仍然遵循着融合家庭经营、本土创生及小型企业扶持的传统，又通过在新居民与本地居民之间建立关系，照顾到不同人群的生活需求，并将市场空间开放给所有人。派克市场的经验同样启示着可持续社区的经营也必然是经济、社会与文化等多种资本力量的互相支撑，有效的社区管理不能仅是社会服务的提供者，而应当是社区全面发展的倡导者。

（二）商业与社区协同共生的"商店街"

商店街在日本有着悠久的历史，几乎遍布日本每个城市，也最能代表日本的文化风格。与美国西雅图的派克市场一样，日本商店街是在16世纪取消市场税与摆脱行业垄断控制后形成的自由市场模式。久而久之，古老的自由市场体系便自发地演绎成为两旁店铺林立并覆盖拱廊的线性购物街，古老的商店街通常在通往大型神社与寺庙的道路上，现代的商店街则通常与火车站、地铁站等交通站点相联系。

扎根于本地的社区商业。日本的商店街主要具有商品零售与文化展示的功能，但是与所谓现代大型商业街不同的是，日本商店街除作为城市的商业功能区发展经济外，还是日本当地社区的中心空间与重要的社交场所，在日本居民的日常生活中扮演着重要的角色。商店街所依赖的区域载体便是生活社区，是一种在社区中诞生的商业，而非在商业街中形成的社区，在那里购物者和店主自然而然地相互了解，并逐渐发展出一种亲密感和邻里陪伴感。社区企业可能很小，但它可以在当地发挥重要作用，通常当附近有30家或更多从事零售和餐饮业的商业商店机构时，这个区域便被视为商店街。商店街通过店主协会凝聚共同意识，并组织社区居民商议开展季节性的节日庆典与活动。社区与街区相依而存，达成共生的有机体，社区发达的商业与开放的街道空间协同组合，构成关系网络建立的媒介，并达成经济效益、社会效益与文化效益的多重驱动。

在高楼林立中形塑文化地方感。商店街并非连锁店的集合，而是具有独特日本文化个性的地方，并因社区需求的不同而呈现出不同的特点。商店街有着人们日常生活衣食住行与娱乐所需的一切，虽然大多数商店街都有供应商，但是事实上每个供应商都根据社区的需求而有所不同，如位于大学附近的商店街会有更多娱乐休闲设施，而靠近居民区的商店街则会有更多餐饮类的选择。商店街还通过延长营业时间为社区服务，如深夜食堂主要为晚归的工人服务，从而让持续开放的商业街区能够确保社区成员的安全和联系。因此，商店街在本质上是日本文化中自然孕育的一种社区生活模式。伴随着日本文化旅游的发展，商店街的商业经营也逐渐向现代模式转型，如开通线上查询通道；商店街业主会张贴生动的标志和装饰品，如代表日本传统文化的灯笼和旗帜。店主还经常穿着传统风格的服装或制服，并经常大声迎接来访者。这些噪声成为日本文化体验的一部分，成为买家与卖家、商业与交通、人与城市之间的对话。尽管日本在过去几十年里建造了更多现代化的购物中心，但商店街对地方感的贡献及其对步行、健康生活方式的贡献使其永远都不会过时。

　　街巷制肌理构建步行友好的社区生活。日本商店街驻扎于社区，同时又往往连接着重要的交通站点或寺庙，为了充分利用交通优势与寺庙等旅游景点带来的人流红利，商店街在不断探索空间的多元利用使其能够应对多元异质性人群的需求。日本商店街的街区形态与我国北宋时期的传统街巷式的肌理格局类似，有着清晰的主街—小巷—后巷系统❶，商业空间与居住空间通过小巷进行过渡，以保证社区商业不会对居民生活产生影响，因此商店街的长度完全适应了社区生活的步行范围，通常一条商店街仅需步行15分钟，这既为社区居民提供了便利，同时又在游客与社区之间提供了交流的通道。日本关东最长的商店街之一的户越银座商店街（Togoshi Ginza Shotengai）全长1.3公里，在主街的两端步行15分钟之内连接多个火车站及八幡神社。旅游业的繁荣进一步带动了商店街空间功能的适应性变革，主街分布着400多家商店，以及包括公园、温泉等多元的空间形态承载着每天超1万人次的流量。繁华的商业店铺、慢行的传统街巷与开放的居住社区等多元空间的协同组合构成了商店街有机的生态系统。

三、"15分钟城市"框架下的完整街区模式

　　"15分钟城市"与我国"15分钟生活圈"的概念同出一辙，最先是由巴黎索邦大学教授卡洛斯·莫雷诺（Carlos Moreno）在2016年提出，即在步行或者骑自行车15分钟的时间范围内可以实现日常生活所需的一切，包括家、商店、娱乐、教育、医疗，甚至是工作。这种时间城市主义框架下的社区模型最早可以追溯至佩里在20世纪初提出的"邻里单元"模式，虽然佩里的城市乌托邦被认为会造成种族与宗教隔离，但是无数城市问题的暴露皆显示出社区作为城市基本单元对城市健康发展的重要性。因应新冠肺炎疫情大流行下现代城市表现出的环境脆弱性，社区作为能够在疫情防控期间正常开展活动与满足居民需求的城市单元被重新引起重视。为了保证后疫情时代城市的顺利运转及更好地应对疫情持续带来的城市风险，世界各地越来越多的城市领导人开始接受了"15分钟城市"概念，关注气候变化与可持续发展的国际市长联盟C40的建议表明，15分钟城市可以帮助城市从新冠肺炎疫情造成的全球经济灾难中恢复过来。目前，巴黎、墨尔本、波特兰等发达城市已经制订了多种"15分钟城市"计划，如巴塞罗那的超级街

---

❶ KIEN T，CHONG K H. The traditional shopping street in Tokyo as a culturally sustainable and ageing-friendly community [J]. Journal of Urban Design，2017（22）：637-657.

区、波特兰与墨尔本的20分钟街区、休斯顿的"步行地点"、新加坡的45分钟城市等，基本理念皆是时间城市主义框架下通过步行街区的便捷设计规划可持续、包容、弹性的城市未来。

（一）共同巴黎

在卡洛斯·莫雷诺提出"15分钟城市"概念及其在应对新冠肺炎疫情大流行的作用愈加显现之后，新任巴黎市长安妮·伊达尔戈（Anne Hidalgo）在其2020年的市长竞选中承诺了巴黎建设"15分钟城市"的计划，并制订了《共同巴黎》（*Paris En Commun*）计划。

让城市生活"本地化"。"15分钟城市"意味着过去的现代城市总体规划、资源配置模式及治理方案的巨大系统性变化。作为一种城市模型，15分钟城市旨在将人们重新连接到他们的社区并使城市生活本地化，其本质并不在于实现基本生活所需的"可达性"，而是"邻近性"与生活"本地化"，让人、服务与活动的空间距离更加靠近，让社区资源真正服务于"人"。因此，作为体现居民生活质量的各种便利设施成为15分钟城市空间规划的核心，邻近性原则意味着这些便利设施将基于一定的市场范围与人口阈值进行有效的组织。❶ 而除了生活便利设施的本地化外，"15分钟城市"还强调工作场所的本地化。工作行为是一种最缺乏弹性的日常行为，工作场所与家庭功能的分离根源是理性主义下现代功能城市建设的结果，而这种职住分离同样也被视为新的城市危机。新冠肺炎疫情对城市功能秩序做出的唯一积极贡献可能是提出了一种可以解决职住分离的方案，即远程办公，在C40制订的后疫情时期绿色与公正复苏的城市计划中便提到加强远程工作促进公司共址和社区内工作场所的"搬迁"。❷ 在15分钟城市建设中，可以表现为在当地增加新的办公空间、创建联合办公中心或者重置现有办公空间等方式来满足当地社区的需求。《共同巴黎》计划植根于巴黎的气候行动计划，旨在复兴巴黎街区以应对气候变化带来的挑战，为公民争取无碳经济和健康生活，其15分钟城市计划实践的范围仅限于巴黎主城区，通过生态方面的措施实施、建立共同意识、超临近原则及公民承诺四个战略轴建设以社区为中心的城市，让所有居民都可以在15分钟之内满足日常生活的大部分需求，其包括住房、就业、购物、医疗保健、教育与娱乐。

包容与平等。15分钟城市期望实现可持续的社会环境，这种可持续性体现在能够平等地获取或参与生活便利设施、社会互动、社区活动、社区稳定与社区感，根本上是进

---

❶ POZOUKIDOU G, CHATZIYIANNAKI Z. 15-Minute City: Decomposing the New Urban Planning Eutopia [J]. Sustainability, 2021（13）: 928.

❷ C40 Cities Climate Leadership Group.C40 Mayor's Agenda for a Green and Just Recovery [EB/OL].（2020-09-20）[2022-06-13].https://www.c40.org/other/agenda-for-a-green-and-just-recovery.

行人类赋权。概括来说,"15 分钟城市"计划实施的维度主要包括三个方面。首先,以生活便利设施的分配满足基本的生活服务,保证每个人都享有平等的就业、教育及健康生活的权利。其次,"15 分钟城市"通过城市环境优化与公共空间场所营造提供社区互动,鼓励建立社区联系与共同意识。最后,强调公民参与是"15 分钟城市"规划的一部分,从塑造邻里愿景到商议当地项目,再到具体的项目实践,建立"自下而上"的参与机制不仅让当地居民受益,更有利于解决低收入、边缘化的社区及当地中小型企业的社区实际问题。《共同巴黎》设想了一个无国界的伟大巴黎,其包容性主要体现在住房供应方面。该计划提到,在未来 30 年里,巴黎将继续为新居民提供居住,预计从 2018 年到 2050 年,巴黎人口将会增加 20 万人。而为了应对高档化住宅与投机的房地产市场造成的住房短缺,巴黎计划在 2030 年之前将 30% 的住房用于公共领域以增加住房供应,并对空置及租赁的住宅采取相关的税收激励措施以提升入市率。

  重建街道强化社区感知。15 分钟城市建设的一个重要方面便是强化街道的步行性,正如雅各布斯对"街道之眼"的强调,高度汽车化的街道显然将街道活力封闭在通勤中,而步行友好街道的建设本质是恢复社区交往的活力,让街道充满交流感。巴黎拥有完善的交通系统与紧密的城市街道,利于步行计划的实施。《共同巴黎》计划旨在建立更为低碳环保的出行以此保证街区肌理。建议巴黎市中心及其周边地区除残疾人、社区居民、商店店主、出租车、电动巴士、应急车辆之外禁止其他汽车进入,并计划在学校周边建设"儿童道路"等,其中在《共同巴黎》一项已经正在进行的额外计划中提出了一个由自行车道、行人与自行车友好型线路与绿色线路组成的综合路网,计划在 2024 年通过移除 6 万个停车位使汽车交通让位于自行车道,旨在满足周边地区的大部分出行需求,并长远地改变人们的出行习惯。此外,巴黎计划的另一重点在于空间功能混合使用,通过平衡整体城市区域内的便利设施分布及加强每个街道社区的整体创新重建具有社会与文化影响力的街区。

  "15 分钟城市"建设是对长期以来现代都市发展提倡大规模建设与功能分化的矫正,虽然其将城市可持续发展的着眼点放在社区邻里重建,但是当前实践的范围仍然集中在城市社区,尤其是巴黎将此计划限制在主要由富裕的上级阶层居住的内环区域,可能会进一步带来更为严重的社会两极分化,内城的绿化与步行街道虽然对生态恢复有利,但同时也对提供包容性与多样化的住房带来调整,进而阻断郊区通勤。

(二)20 分钟街区

  "20 分钟街区"的概念是澳大利亚墨尔本对"15 分钟城市"战略的进一步发展,两者本质理念是一样的,即在"创建一个方便、安全和有吸引力的地方,人们可以在 20 分钟的步行、骑自行车或当地公共交通旅行中满足大部分日常需求,将使墨尔本更健康、更具包容性"。

墨尔本 2017 年发布了《城市计划 2017—2050》(*Plan Melbourne 2017—2050*)，旨在应对城市长期以来人口增长与就业带来的挑战，创建持续的机会与选择。"20 分钟街区"是作为该计划建设包容、活力与健康社区的其中之一，旨在改善包括社会隔离、有限公众参与、城市低密度、有限开放性、交通拥堵、降低的公共卫生条件及有限的投资七个方面的社区挑战。"20 分钟街区"代表了城市建设最为合适的规模与结构元素，在 20 分钟管辖范围内能够完成包括吃喝玩乐衣食住行等一系列 17 个方面的城市社会功能（见图 7-1），而一个典型的"20 分钟街区"应当涵盖六个方面的特征：为行人和骑自行车的人提供安全、便捷与良好的服务；提供高质量的公共领域和开放空间；提供支持当地生活的服务与目的地；拥有高质量的公共交通促进正向的秩序通勤；提供高密度的住房吸引人口；促进当地经济的繁荣。

图 7-1 墨尔本 20 分钟街区计划

以街区活动中心（Neighborhoods Activity Centre）组建社区生活框架。街区活动中心是墨尔本进行 20 分钟街区策划的关键结构，是街区的焦点并为其提供各种城市功能，如娱乐、零售、服务、教育等，同时还是工作与促进交往的场所，为社会互动与社区参与创造空间。墨尔本的城市发展模式是由汽车导向的政策塑造的，因此墨尔本的城市规划整体呈低密度特征，并从住房、工作到娱乐、购物，有着明显的功能分域。因此要实现有凝聚力的街区活动，关键是要促进高密度的开发与空间功能混合，优化基础设施价值。墨尔本城市计划主要强调的是住宅密度的重要性，并通过加强居住空间、活动中心、创业孵化与企业集聚，以及火车站更新等行动策略提升城市密度。

组建公共交通网络提供多样化出行选择。与巴黎15分钟城市计划相同，步行友好同样是墨尔本实行20分钟街区的重点。20分钟街区被视为高度适宜步行的区域，该计划鼓励使用适当的设计原则和基础设施为步行或自行车提供便利，同时以当地社区为中心，组建主要公共交通网络以促进社区步行街道与全市交通网络的连接，以高质量的公共通行为社区居民在更广泛区域范围的活动提供便利。此外，该计划还希望通过街区的完全步行化及适用于全龄人群步行友好设施的提供，丰富公园、学校等街区场所进而提供多样的出行选择。但是，墨尔本低密度的城市环境实际上并不支持内城街区的20分钟计划，因为最需要实现20分钟生活供应的是位于城市边缘的偏远郊区。

以服务的本地化促进健康的生活与可持续的空间网络。20分钟街区计划还倾向于解决墨尔本长期的"肥胖"问题，主要通过增加体育活动与发展绿色空间促进健康生活方式的形成，如在街区的绿地空间创造更多休闲娱乐场所及社会交往的可能，通过灵活与适应性的方式使用空间及各类活动的互补最大程度地实现教育、健康与休闲生活的本地化。在这个可访问和高质量的当地开放空间网络中，社区景观美化也是该计划的一部分，通过环境改造与空间设计的公共空间场所营造为增强街区社会互动、建立社区伙伴关系、促进社区学习及促进社区本地产业与经济发展提供机会，让积极的公民参与主动演绎公共空间的开放价值。

因应重大疫情之下所暴露的现代城市危机而诞生的"15分钟城市"与"20分钟街区"，昭示着后疫情时代城市的发展模式走向了强调本地化、功能混合与自下而上的社区驱动增长的时代，但是出于对重大疫情的危机应对，西方的社区计划过于强调了邻近原则，城市功能的本地化本质上是创造具有一定程度自给自足能力的社区网络。街区活动在城市蔓延的海洋中更像是一个孤立的步行岛屿，社区与社区之间的联系通过公共交通进行，这在低密度的城市环境及全球城市互联互通的背景下并非可持续的，反而会因封闭带来更大的城市挑战。

中国"15分钟社区生活圈"的城市计划与"15分钟城市""20分钟街区"在根本理念上是相似的，即在短时间的步行范围内提供人们日常生活所需的一切，但是我国社区生活圈的实践却与西方有着不一样的发展背景与城市语境，虽然皆是对现代都市发展所暴露的城市问题的回应，我国的城市社区方案强调"人"，以满足人的需求作为对人民美好生活向往的回应，而非通过地理位置上的高度"邻近"建立自给自足的封闭社区。

第二节　强调服务保障与功能建设的中国城市社区生活圈

一、15分钟社区生活圈

从2014年上海市最先提出"15分钟社区生活圈"的城市方案至今，社区生活圈已经被视为新时代城市公共服务发展的重要一环。"15分钟社区生活圈"的实践并非对西方"15分钟城市"的照搬，而是源于对现代城市发展的反思及我国社会主要矛盾的转化，站在城市高质量发展与人对美好生活向往的立面，期待营造亲密的"邻里共同体"，形塑更为人性化的城市精神。

我国社区生活圈有着不同的层级划分，从5分钟到15分钟，服务于不同范围的人群并提供不同层级的公共服务。上海市作为我国第一个提出社区生活圈建设方案的城市最具代表性，而近几年伴随着人们对城市生活品质提升的需求愈加迫切，成都作为全国生活最具"幸福感"的城市也在社区生活圈的试验中脱颖而出，并塑造出与上海全球性大都市完全不同的城市性格与生活文化。

（一）全球城市建设与生活品质提升的价值互促

社区生活圈不仅是城市空间内部协调的手段，更是全球时局变幻与城市发展新站位整体协调的方式。对北京、上海、广州、深圳等特大一线城市来说，社区生活圈的建设必然要与国际化城市建设接轨，与全球经济社会发展战略相协调，以社区生活圈为载体构建新型的地方与全球沟通渠道。

上海作为全国最具代表性与综合实力的现代大都市，"15分钟社区生活圈"提出伊始在理念、对策、实践等方面便与西方有所不同。2014年，上海市在其新一轮城市规划中第一次提出了"15分钟社区生活圈"的概念。2016年，上海市最先发布完整社区生活圈规划导则，以"创新、协调、绿色、开放、共享"的新发展理念为核心，从社区入手让城市发展回归"人本",构建新时代的高品质全球城市。

聚焦居民生活方式变迁,探索与城市共同进步的社区生态格局。上海社区生活圈建设是源于对"生活"的重新发现,伴随着新时代城市增长方式的转型与人民生活水平的提升,人们对生活的要求已经远远超越了物质层面的满足,现代城市问题的凸显、生活理念的转变、生活方式的变迁对高品质城市发展提出了新的要求。上海作为现代化大都市,每年有成千上万的人口涌入城市,社区异质性的增加意味着需要更为精细化的社区治理,步行生活圈的建设被视为能够有针对性实现精细化设施配置的重要空间载体,而在城市内城,滞留的幼龄儿童与老年人群体成为社区生活圈服务设施与空间配置重点考虑的需求群体。生活观念的转变体现在人们对健康生活的重视,健康是人生活需求的基本层,而健康生活方式的倡议在近几年才得到重视,这既源于现代科技进步创造的生活动力,更是源于在物质生活极大满足之后精神生活方式的自然发展。由于生活节奏的加快,人们对各种生活需要的满足都有了"步行可达"的意愿,这便是中国社区生活圈诞生的根本。

着眼人的差异化需求,实现从物质到精神的全面供给。上海与全球其他现代大都市一样,城市化的发展伴随着经济的繁荣,远距离通勤与升级的精神需求也在不断塑造新的城市生活与空间格局。上海市在"15分钟社区生活圈"计划制订前的居民调查中发现,内城高昂的房价与生活成本使得上海市大部分上班族的通勤时间都在40分钟以上,但同时也倒逼了社区创业企业的萌芽,对社区存在的需要逐渐从居住转移到职住,步行生活圈旨在通过社区空间功能混合的使用提供职住平衡的机会。上海市目前处于典型的"后单位"阶段,从原先单位制社会走出来的中产阶层成为带动城市消费的主力群体,城市人口平均受教育水平的提升也在不断淘汰并创造新的创意阶层,阶层的代际更替、物质生活的满足、不断降低的社区参与和家园情感依赖等多元因素叠加使得精神文化的邻里塑造尤为重要。上海市在对居民生活方式的调查中发现,文化设施是上班族在周末出行的重要目的地,居民对文化设施的使用频率也在不断提高,对日常所居住社区的情感依赖也愈加凸显。在此背景下,塑造良好的社区人文氛围、强化家园情感的凝结是社区生活圈的重要时代使命。在上海市"15分钟社区生活圈"的建设中,主要从两方面实践文化生产,一方面是提供多元的文化设施与文化产品,另一方面则是开展不同的文化活动提升文化参与。❶

引导真正的公民赋权,促进自上而下与自下而上相结合的社区治理。社区生活圈是城市社区治理的重大参与改革,改变了长期以来政府在城市建设中的主导管制角色,上

---

❶ 上海市规划和国土资源管理局,上海市规划编审中心,上海市城市规划设计研究院.上海15分钟社区生活圈规划研究与实践[M].上海:上海人民出版社,2017:42–43.

海市15分钟社区生活圈的打造通过引入社区规划师制度、开放空间资源、组建居民参与团队等引导社区治理的机制创新，促进自上而下与自下而上相结合的共建共治与共享。其中，以社区规划师制度为代表的参与式社区治理已经在全国城市得到积极实验，社区规划师与街道、乡镇进行定向结对与联合共创，商议本地社区的社区规划需求❶，以社区规划师、以居委会为代表的基层群众自治及包括学校、科研院所、企业等各类力量在内的社会自治主体形成优势互补与联合共治，最大程度地赋予社区治理的活力与生态多样性。除却机制创新，上海"15分钟社区生活圈"的打造还体现在内容供给上，遵循共享合作的理念，实现对社区资源的有效利用与创新整合也是社区生活圈计划的一部分。上海市在其社区生活圈计划中积极推进高校图书馆、体育场馆、各类训练中心等公共资源向本地社区居民开放，增强资源利用的弹性与效率。共享合作是对生活圈作为新型"共同体"的价值体现，通过共享与互助，不仅能够促进资源的集约整合与功能混合，还是增强人际交往与情感联系的纽带。

以文化创新嵌入城市有机更新，实现持续性的社区营造。上海市长期的城市更新为社区生活圈的创新再生实践提供了有效经验，沿着城市文化传承与历史文脉保留的价值导向，"15分钟社区生活圈"引导小尺度的有机更新深入城市单元末端，通过发展如地下、半地下、屋顶等空间的嵌入式更新，挖潜社区旧、微空间的使用多样性及文化创意活动的组织激发社区文化的繁荣再生。❷文化创意设施的植入及各类文化组织的进驻为社区带来新生活力，传统设施同样需要与时俱进。上海社区生活圈实践着重探索如菜市场、学校、养老等传统社区场所对社区新需求的适应性，丰富传统设施的功能内涵与创意孵化以更好地服务于日益精细化的物质需求。而对城市历史的延续与风貌保护，则从法定风貌保护区、具有历史风貌保护价值地区及新建地区三个方面，设置保护红线与控制要求。文化的存续是在不断发展的城市化仍保留地方个性、不被全球化抹平的关键，尤其在以上海为代表的全球化大都市建设中，文化引导的可持续社区对城市的繁荣更加重要。

（二）公园城市与市井烟火的场景共融

建设"人城境业"高度统一的公园城市，是成都在城市发展新阶段的践行生活型城市建设的全新定位，更深入成都经济社会发展的全方位。公园构成成都社区生活圈建设的鲜明特点，这座城市倡导着"不是在社区里建公园，而是在公园里建社区"的大公园理念，从社区治理的机制创新，到社区活力的打造，再到社区服务的供给，都旨在创造

---

❶ 上海推广参与式社区规划制度［J］.中国民政，2020（20）：20.

❷ 上海市规划和国土资源管理局，上海市规划编审中心，上海市城市规划设计研究院.上海15分钟社区生活圈规划研究与实践［M］.上海：上海人民出版社，2017：54-55.

与生活共享，与繁华为邻，与生态共栖的人地联结。此外，成都作为一座拥有4500多年文明的历史文化名城，"休闲"已经从广泛的市民行为上升到一种生活态度被深深镌刻在城市基因里。而发轫于西方社区发展经验总结与消费探索的场景理论也在成都新的城市发展战略中得以充分借鉴，"场景营城"是成都应对消费需求提升与动能升级的城市方法论。在此背景下，成都社区生活圈自成一派且特征鲜明，公园的整体生态理念、休闲的生活文化与场景的营城战略深度融合，刻画出成都美好生活的底图。

充分对社会组织赋权，形塑信任邻里。在成都，社会组织与政府及其本地社区之间良性的关系循环使成都社区始终保持活力。社会组织的活跃源于成都政府的鼎力支持。一方面，政府角色的转变在成都得到真正的贯彻，从"主导"到"引导"，从"供血"到"造血"，政府的充分放权及其对社会组织的充分信任让社区生活也得到了自由的抒写。从资金支持、税收奖励再到企业培育、项目孵化与组织培训，充分放宽的市场环境使成都成为各类社会组织，尤其是创意性社会组织造梦的广阔天地。截至2020年，成都市依法登记的社会组织数量达到12600多家，其中社会团体3700余家，民办非企业单位8800余家。❶成都还是全国第一个成立专业的社会组织学院的城市，诸如地瓜社区、创意社区等社区营造活动充分丰富了成都社区生活的文化生态，并不断创造出生活形态的万千可能。另一方面，成都社会组织的活跃还推动了社区发展的重大变革，在成都社区生活圈建设中，社区活动中心是提供居民日常生活所需服务的集成点，而所有服务供给皆是由社会组织完成。成都青羊的清源社区是多元参与和协商共治的社区典范，超11家社会组织提供包括亲子教育、扶老助残、社区食堂等在内的各项生活服务，清源夜跑队、文化宫、源·生活配送中心等21家群众自组织则在环卫、治安、生活及文体活动方面发挥力量。❷

赋能社区商业，实现本地自我造血。社区商业是社区消费业态的载体，承载着社区的经济功能，在当前社区建设中主要表现为临街商铺，形态与功能皆较为单一，因而实现社区商业的创新探索，将社区商业链接社区公共生活、休闲娱乐、教育养老等多种功能成为社区生活圈建设的重要方面。其中最为典型的是新加坡的"邻里中心"模式，顾名思义，这一模式是建立在佩里"邻里单元"理论基础上的社区实践，其强调根据不同的社区规模构建以商业设施为主的多层次公共服务体系，包括区域中心、镇中心、邻里中心、组团中心四个层级❸，包含文化娱乐、零售餐饮、就业医疗等多种项目功能；在运

---

❶ 红星新闻.28家市级社会组织或成都2019年度登记评估，历年累计达2100家［EB/OL］.（2020-04-23）［2021-11-26］.https://baijiahao.baidu.com/s？id=1664751428445192647&wfr=spider&for=pc.

❷ 成都日报.青羊区苏坡街道清源社区党委：社区自我造血 提升居民幸福感获得感归属感［EB/OL］.（2019-07-10）［2021-11-26］.http://sc.china.com.cn/2019/dangjian_xianfeng_0710/328131.html.

❸ 刘泉，赖亚妮.新加坡邻里中心模式在中国的功能演变［J］.国际城市规划，2020，35（3）：54-61.

营管理方面是由政府补贴，开发商或物业方进行集中经营与管理，进而构建了功能复合并完整的社区商业生态体系。在我国，作为建设国际消费中心城市与高品质和谐宜居生活城市的重要着力点与增长极，成都社区商业发展也迎来全新的发展机遇。在成都市政府日前发布的《社区商业机会清单》中明确指出，成都未来将以新零售、新业态、新模式为突破，提高场景消费触发力，从"场景体验""社群空间"和"颜值经济"的三大方向进阶。从传统社区生活圈、产业社区生活圈、新型社区生活圈、区县社区生活圈四大维度着手，成都共梳理了27个生活圈，涵盖成都201个社区商业项目。而成都社区商业的发展却不仅限于社区内大型商业综合体与商业零售的硬件布局，而是支持社区自我造血，成都是全国第一个支持社区自主成立企业的城市，这是成都在社区生活圈建设中完成的又一社区治理变革。黉门街宜邻居民服务有限公司是成都第一家社区企业，成立仅三年时间已经估值5000万元，居民在此间实现了股东、参与者、消费者、志愿者等的多重身份叠加，从服务到创生的小社区与大经济让社区真正实现了自我造血。

聚焦生活消费，提升社区生活品质。成都社区生活圈的打造聚焦提升人民生活品质的目标，围绕社区居民生活消费需求，积极推动消费下沉，盘活社区消费存量，打造具有归属感、舒适感与未来感的生活共同体，以进一步提升社区消费能级，这也是新时代消费升级所提出的新要求。成都社区生活圈的消费供给以"社区邻里生活场景"为战略载体，作为成都建设国际消费中心城市的"八大场景"行动之一，社区邻里生活场景的打造注重通过不同消费设施的协同组合塑造地方性格。其以满足消费品质业态为抓手，并依照不同的社区定位形塑差异化的社区特色，为社区生活增添活力。从零售、餐饮到教培等的生活配套"一站式"消费平台的打造是成都社区生活消费的主题，社区作为城市最为基础的细胞单元，通过消费启发更多的社会交往，构建和谐互助的邻里关系，为居民提供更有质感、有温度的社区生活，形塑社区居民的文化认同感是社区消费场景营造的核心内容。社区生活消费场景的营造，正是在满足社区居民基本所需的基础之上，又带来了最为前沿的体验与生活方式，不同的社区可基于地方本土的地域文化差异与消费需求个性化定制属于自己的生活服务，这是场景赋予的核心力量。

成都的社区生活圈建设经验扎根于休闲蜀都文化的邻里生活中，而在中国，每一座城市事实上都有着独具特色的城市文化，从上海的弄堂、北京的胡同，再到成都的街巷，从咖啡馆、石库门，到红墙绿瓦、四合院与密密麻麻的步行街巷，再到竹椅、矮桌、盖碗茶，这些生活符号拼凑成的市井烟火正是社区生活圈建设中最具价值的文化传承。

二、团体激活社区资本模式

中国城市格局庞大并各具特色，系于血缘、地缘所形塑的家园情结与生活文化的不同，在社区生活圈所引领的新时代城市基层改革也在各个城市地域有着不同的行动诠释。中国的台湾和香港，一个是因传统客家文化与闽南文化相互融合而具有鲜明本地文化特色的文化集成地，一个则是有着高楼林立与紧密街道地理的繁荣国际大都会，文化地理的异质使两个城市有着完全不同的社区生态。台湾以文化生活圈作为植入社区营造、促进本地文化传承的规范动作，香港则通过高效率的社区治理保证城市社区有效运行。相同的是，两个城市在社区生活圈计划中，皆同样注重本地社区组织的培育。

（一）以文化生活圈演绎文化资本的"薪火相传"

"生活圈"的概念最早出现在中国，便是我国台湾在20世纪八九十年代伴随着社区营造行动的开展衍生出来的"文化生活圈"，文化生活圈的营造行动基本遵循着社区营造"人、文、地、产、景"的元素构成思路，并尤其强调文化对本地社会经济发展的引导作用，旨在通过对本地文化的保护与创新，重新凝聚地方文化认同与社会意识。因此，我国台湾文化生活圈的营造从理念到行动皆深深扎根当地，具有典型的本地性。

以本地团体组建社区培力。我国台湾文化生活圈的营造对民间力量具有充分的依赖性，是一种完全的自下而上推进社区运作的模式。致力于培育本地团体，从学校到宗祠，各种文化活动馆舍构成了本地社区文化生活圈运营平台的各个据点并彼此以活动串联形成聚力，形成一种从文化生活到市民社会的双向互动模式。以五条港社区的文化生活圈运营为例，原先社区内的小学、文化活动中心、祠堂、教会等各个场馆在文化生活圈运营体系中皆担负着不同的文化教育功能，如北势街再造小组为历史资讯中心，协进小学为乡土教育中心，五柳枝生活文化协会为生活文化中心，施氏大宗祠为传统艺文中心，看西街教会为社区学习中心。各个场馆构成生活据点并联结成互动的生活网络，每个据点都能够辐射周边小范围区域，并且随着文化生活圈范围的扩大，各类据点经营的范围与数量也在不断扩大，以保证文化生活圈域的正常运行。本地团体的优势在于对本地人文的充分了解，进而更能够蓄力人气与凝聚共识，参与文化生活圈运营的本地团体组织皆是由长期在本地生活的居民运营，他们对本地的人文风俗与文化诉求有充分的了解，因此对本地社区议事更有发言权。本地团体的作用类似于上海等地的"社区规划师"角色，既是专家代表，同时也具有桥梁作用，帮助政府与本地居民之间进行沟通并化解矛盾，同时又充分参与本地社区文化生活圈的运行。

以在地文化差异标识圈域尺度。社区生活圈的圈域划分一直存在着理念与规划的矛盾，因为所谓"步行15分钟"的范围在实际生活中难以界定，因此在各个省份的社区生活圈范围划分皆存在着不同，我国台湾文化生活圈则是基于本地文化进行划分的。台湾学者辛晚教在1996年列出了文化生活圈规划建设的十项指标：地理环境、历史渊源及遗产、地方特色的传统活动、不同文化背景的族群分布、宗教信仰及其活动、地方特殊产业、游憩休闲区域、相关国土规划体系、行政区界及其社会结构特质。这十项指标既考虑了城市的区域行政规划，又同时兼顾了区域的文化特质，是当时文化生活圈区域划分的重要参照。我国台湾的"文化生活圈"虽然与注重公共服务的"社区生活圈"理念有所不同，却为可持续的社区经营提供了可行的思路。一方面，在现代人们对社区的行政边界日益模糊的背景下，从本土文化差异上考虑生活圈域的划分事实上也更加接近"社区"的概念底色；另一方面，文化生活圈虽然过于相信文化的支撑力量，具有一定理想主义的诟病，但无论是本土文化资源的整合，还是本地文化产业的经济创生，其对拯救全球化抹平的城市"地方感"具有充分的借鉴意义。

以特色文化经营推动文化永续。文化生活圈的功能并不仅限于提供公共文化服务，基于社区本地文化特色实现产业化发展与经济获利更为重要。我国台湾文化生活圈里的文化活动是极具生活特色的。在台南城西，不管是少年棒球运动，还是教会组织的社区合唱团与社区大学，因活动所依附的团体不同还呈现出多样的形态，并且皆与地区内生活文化息息相关。在台南滨海，松安社区基于其本身的废弃五金资源，发展香草植物园、香草手工皂、香草料理、妈妈手工艺及妇女剧场等；溪仔墘社区发展布娃娃、社区拖鞋产业及纸影戏剧场等；安平乡土馆则是基于对安平地区居民在地生活的历史调查，开展传统美食、海鲜等活动。不同于政府组织活动分配至地方的大陆地区，我国台湾是由本地团体、据点或者是地区平台自行组织系列活动，并让地区生活者成为活动组织者与参与者，通过有序联结的活动组织体系，让地区文化融入学生教育、地区产业、生活休闲等居民生活的方方面面，以实现地区生活文化的永续传承，振兴并发展地区特色产业，让每一个地区生活者真正成为生活文化经营的主人。

我国台湾文化生活圈的营造在不同区域皆有不同特点，台南府城区用历史传统文化连接文化生活圈，滨海区用沿海渔业文化凝聚文化发展共识，屏东恒春文化生活圈则用恒春民谣元素来形塑文化生活圈的内涵。尽管各地文化生活圈各有不同，但是皆注重本地团体的培育，在差异化的社区形塑共同的文化意识，进而基于共同的社区生活愿景推动本地生活文化的保存、再生与新生。

（二）以培育社会组织诠释"守望相助"

从主体层面来说，社会组织是社区生活圈建设最具活力也是最为重要的行动主体，以社会组织最大程度促进社区自组织网络的构建是社区生活圈建设的主要目的。在我国关于城市社区生活圈的创新实践中，除成都在社会组织培育方面有着完善体系外，香港的社会组织传统更为悠久，也更具现代城市代表性。

作为"亚洲国际都会"，我国香港的经济实力一直走在全国各省市的前列，然而深处全球化的世界格局，激烈的区域竞争与不断扩张的城市化长期制约着香港经济进一步发展，生活环境恶化及老龄化等城市问题愈加突出，因此为了营建更为可持续的城市发展，香港在最新的城市计划中将"规划宜居的高密度城市"作为新的城市战略，并提出"透过兼顾各界（不论年龄及能力）需要的规划，促进共融与互助的社会"。促进广泛的社会参与一直渗透在香港市政府施政施策的各个方面，社区发展同样如此。香港城市有着高度集约化的社区肌理，在其社区日常运行中，包括政府、地区、大厦物业等来自社会各界与各种机构的社会组织形成了坚固的社区协作与事务网络，支撑着香港城市社区的良好运行。

实行多元化的地区施政，推动充分的市民参与。香港社区发展有着鲜明多元化的共治参与和紧密的社区管理网络，香港的大学教育设有专门的社会工作培育体系，近几年更是将促进青年群体参与作为城市发展计划的一部分，专业化的社会组织培育与发达的社工体系更形成了香港社区发展的重要助推力。以香港社区行政事务管理为例，1982年推行的"地区行政"计划目前已经发展成为成熟的多元共治网络。"地区行政"计划旨在促进社区发展，培养市民的公民责任与归属感，推动市民参与区内事务，并确保政府对地区问题和需要能够及时做出回应。该计划主要下分两个部门，即区议会和地区管理委员会（以下简称"区管会"），区议会的职能是就影响区内人士的福利、区内公共设施和服务的提供向政府提供意见。区管会则由民政事务专员担任主席，成员包括负责提供区内主要服务的政府部门的代表，各个部门可以通过区管会商讨地区事宜，协调区内公共服务和设施的供应，以更好地满足区内公民的需要。截至2022年，区议会已经运行到第六届，包括452名民选议员，以及27名当然议员（由新界乡事委员会主席担任）。在区级之下还设有分区委员会，分区委员会在1972年成立，当时主要负责协助政府管制暴力行动，现在分区委员会的工作是鼓励市民参与地区事务，协助筹办社区活动和政府计划，并就有关地区问题提出意见，目前全港共有71个分区委员会。社区一端设有互助委员会，互助委员会主要由大厦居民成立，目的在于改善多层大厦的保安、清洁和一般管理事宜。截至2021年6月，全港共有1663个互助委员会，主要为政府与居民提供双向的沟通渠道。

行动计划引导，提供充分社区支援。香港市政府为进一步简政放权，在2014年4月到2015年8月在深水埗和元朗两个区内推行先导计划，给予区管会决策权，处理部分涉及公共地方管理和环境卫生等问题，以及帮助改善社区生活质量，并由区议会负责工作评估。鉴于先导计划的理想效果，2016年中国香港特区政府开始在全港18个区推行"地区主导行动计划"，2021年，该项行动计划拨款8000万元用于解决地区发展问题。此外，区议会每年还会拨款退订各种地区小型工程计划与社区参与计划，2021年对地区小型工程计划的拨款为3.4亿港元，用作推行社区参与活动的拨款为4.6亿港元，其中有4160万元为专项拨款，用以加强支援区议会在18个区的艺术文化推广。为了发挥地区积极性，中国香港特区政府在2013年推行"社区重点项目计划"，在此计划中中国香港特区政府为每区预留1亿资金退订1至2个社区重点项目。社区重点项目由区议会倡议和决定，并主导推进过程，区议会必须对这些项目是否真正贴合地区需要进行评估，各区区议会还可与非营利机构、企业及政府部门进行项目合作。

空间更新与文化艺术是新时期城市可持续发展的重点。土地与空间长期以来制约着香港城市的进一步发展，在香港最新的城市规划中，划定了新市镇、新发展区及市区三种概念性空间。市区是香港城市的商业集聚区，担负经济发展的重要角色，对大厦林立的市区，当前最紧迫的并非提升土地与空间容量，而在于改善生活质量，提升社区的可持续性，空间的更新与重塑是主要手段。在《香港2030+》中提出两个方面的规范动作，一是重塑公共空间，改善公共设施，提升社区设施及休憩用地供应，满足公众对一般生活空间的期望；二是更新老旧楼宇，整合分散的业权，令大范围残旧的市区得以活化❶，"启德发展计划"便是近几年主要进行市区结构更新改造、启动九龙东新经济飞地战略的项目载体。除却改造旧区，香港还将文化作为提升城市生活幸福感的核心环节。香港市政府的文化事务集中在文化娱乐及体育两大部分，康文署统理所有"康乐文化"事务，在艺术科技、文化交流、音乐、表演艺术、传统文化保育及合家欢室内文化等方面直接下放到社区一级进行计划制订与活动推广，旨在提升公众生活质量。2000年，康文署成立专门的观众拓展办事处，通过与艺术团体和教育机构合作，筹划面向观众素质拓展的艺术教育活动，提升市民文化素养。

我国香港社区的建设经验是高度集约化现代城市发展的经验，大厦物业代理实际的社区事务，因此强调步行街道与重建社区邻里的社区生活圈恰恰是拯救其生活质量不断下降的良效药方。虽然香港市政府并未提出明确的社区生活圈计划，但以完善的自下而上的社区网络生动诠释了社区生活圈的概念核心，让社区参与渗透进每一项城市发展计划中并作为计划落地与执行的核心环节，通过直接的公众赋权演绎守望相助的和谐邻里。

---

❶ 香港便览：新市镇、新发展区及市区发展计划［EB/OL］.（2016-09-26）［2021-11-26］.https://www.gov.hk/sc/about/abouthk/factsheets/docs/towns&urban_developments.pdf.

三、艺术社区形塑新型邻里模式

（一）新旧共生注解老城文化的历史在地

在北京、成都、广州等地，社区生活圈建设往往是伴随着城市中心老旧城区的社区整改工作进行的。作为城市更新深入人民生活的单元载体，城市中心城区的社区生活圈建设更需要兼顾传统与现代、存量与增量之间的平衡。

近几年，北京市政府以"疏解整治促提升"作为历史街区整治与老城复兴的战略指导。社区生活圈作为城市更新的重要一环，也伴随着北京市整改动作的不断深入实现全域覆盖。北京中心城区集中于东城与西城两区，纵横的胡同巷子构成了北京老城的社区地理与风貌底色。对老城来说，城市更新的进程往往是一场规划与文化之间的对决，也是传统与现代之间的博弈，如何寻得新与旧之间的尺度使两者融洽共生进而共谋邻里，是北京实践社区生活圈的一大考验。从以建筑共生、居民共生引导文化共生的"共生院"，再到"碎步"更新式的有机生长，北京在老城更新的探索试验中寻得文化本位，并将文化艺术植入胡同风貌改造与居民生活，进而形塑一种新的生活方式。北京东城史家社区生活圈是老城有机更新的典型代表，活跃的社区文化辐射至周边多个社区，创意机构在社区的进驻将原先老破旧的社区重塑为知名的北京胡同文化展示厅。

存量空间更新变身线下文化阵地。史家社区保存有完整的胡同风貌与四合院落，除留存比较完整、具有保护价值的四合院得到集中保护外，其他被闲置的四合院如今经由改造更新，已经成为史家胡同在文化生活圈营造过程当中代表性的文化场景。史家胡同博物馆是北京第一家位于社区内的博物馆，原是著名作家凌叔华的故居。史家胡同博物馆内的所有陈列都是由社区居民主动捐赠的老物件，成为史家社区居民共同的文化记忆。博物馆不仅是文化的展示厅，还是居民的会客厅与社区的议事厅，在居民的生活当中扮演着"精神祠堂"的作用。比邻博物馆，是进行社区文化创意产出与展览的"史家胡同文创社"，文创社同样是改造性空间，由第三方机构运营。自2016年9月创立以来，文创社立足史家这一空间载体，深度挖掘朝阳门街道优质文化资源，通过开发、设计和制作文化创意产品的形式进行社区的文化营造。2017年，史家胡同文创社挂牌"朝阳门文创中心"，不断发现社区中有绘画、书法、手工制作、摄影灯兴趣爱好的普通居民，逐渐探索出了一条"从群众中来，到群众中去"的文创产品开发推广模式——签约社区艺术家，营造出了极具活力的社区文创生态。

多元主体参与培育社区内生动力。社区生活圈的参与主体主要包括政府、社会组织团体及社区居民，促进社会力量进驻社区，激发主动积极的社会参与式社区生活圈理念的核心内涵。朝阳门街道在"疏整促"专向行动计划执行过程当中，联合北京城市规划设计研究院，发起"社造联盟"，推动社区胡同文化的全方位复兴，并在社区文化空间的经营方面，积极引入第三方机构，让社区文化更具活力，公众也自发组建各类文化队伍，"自下而上"与"自上而下"的组织参与形式在这里得到了有机的结合。史家社区生活圈中的社会参与很大程度上得益于各个阵地平台的运营方，如说史家胡同博物馆运营方是北京城市规划设计研究院，其在2018年联合中社社会工作发展基金会、爱心机构及广大公益人士设立了"社区培育基金"。此外，研究院还联合北京工业大学建筑与城市规划学院、中央美术学院建筑学院侯晓蕾工作室、北京清华同衡规划设计研究院城乡社会经济研究所等9家机构成立"社造联盟"，共同推动史家胡同社区营造与有机更新，促进文化的活态传承。公民自组织的文化力量也是史家社区生活圈培育的重点，除却各类兴趣社群，在社区居委会的组织之下，史家社区还设计有社区杂志，用作社区文化的集中展示窗口。多样化的参与主体营造出多元共创的治理生态，构成了史家社区生活圈强势的社区联结。

多元活动开展形塑社区交往活力。史家社区内的文化活动不仅限于本地社区公共性的文化活动供给，更多的是依托各个文化阵地与团体平台所开展的对外开放性的创意文化活动。史家胡同文创社、史家胡同博物馆等功能载体相互协助形成活动串联，满足多样化的文化需求，史家胡同文创社是社区"文创"作品成果的诞生地，很多文化活动的海报及衍生物都是出自这里。史家胡同博物馆则是老北京胡同文化的集中展示地与文化会客厅，其一年之内举办的活动就高达两百场以上。同时，史家社区内的文化团队所服务的对象并不局限于社区之内的居民，而是服务于任何有需要的任何社区，如生活圈内礼士社区的"礼士传习馆"的日常运营及演乐社区各项文化活动的开展等，皆依托于史家这一创意核心实现文化联动，以包容、开发与共享的态度，推进朝阳门街道整体区域的社区营造与人文提升。

当前，在很多城市更新仍以"拆迁"定义老城的背景下，老旧城市社区所代表的城市历史记忆也逐渐消失在现代化进程中，进而被时代所淘汰，史家社区提供了一种老城焕新的改造思路。虽然对老城的保护不限于设计的植入与创意性的策划，但是文化艺术明显作为一种驱动型力量在提升着居民的日常生活质量，丰富人们的精神生活，并且让传统社区更加富有多元魅力，从而使其更好地融入进现代化的城市建设中。

（二）品质运营诠释有温度的艺术社区

近几年，艺术社区作为社区建设的一种独特运营模式逐渐在中国兴起。艺术社区既不同于致力于细节空间改造的场所营造，也不同于聚焦大规模艺术实践与环境改善的艺术乡建或艺术都市，艺术社区的特点在于以文化艺术凝聚社群，致力于社会资本创造的关系凝结，从而诠释理想的城市社区生活方式。

以位于河北秦皇岛的阿那亚为例，其以接近自然的审美与艺术化营造生动展现了一所现代城市社区生活的艺术乌托邦，它用艺术诠释了与市井烟火完全不同的生活方式。阿那亚独特的物理观感极具艺术性，高品质的社区建筑富有品质美感，与秦皇岛的黄金海岸形似一体，多样化的文化艺术活动及社区居民自组织的各类团体构成了阿那亚社区永续的创意活力。虽然从产业经济的角度来说，阿那亚是资本旗帜下的企业品牌与文旅地产，但是又以社区营造的理念诠释着现代城市主义下理想的社区生活方式。如今历经八年的开发建设，阿那亚社区已经形成了包括食堂、酒吧、餐饮、酒店、市集、马会、水上中心等全方位高品质配套服务的生活社区。

从回归"自然"到"美"的营造，以场景彰显社区价值。美学的元素与理念贯彻在阿那亚社区建设的始终，以具有高度欣赏性的建筑与环境而出名的阿那亚，在理念上秉承着对消费主义时代物欲社会的批判，倡导对情感生活的持守与对精神生活的追寻，因此在环境与建筑上皆力求化奢入简、回归自然。阿那亚对建筑的打造具有独特的理念定义，不以功能论区别，而以"精神建筑"与"艺术建筑"彰显价值。精神建筑强调以情感凝结邻里，孤独图书馆、阿那亚礼堂、沙丘美术馆、阿那亚艺术中心等构成社区的精神空间矩阵。图书馆是阿那亚打造的第一个标志性的精神载体，灰色建筑的孤独矗立营造出别样诗意，与一眼可达的海景形成共存，除建筑营造的情感外，图书馆还是供社区居民阅读及各类文化艺术活动的举办地。阿那亚剧场、海边音乐厅是艺术场所，阿那亚蜂巢剧场、阿那亚大剧场及阿那亚海边剧场风格各异，又彼此联结，既是先锋戏剧的试验场，也是社区戏剧实践的集结地，满足社区居民进行艺术欣赏与艺术创作的多元需求。建筑是阿那亚社区重要的美感载体，场所在强调功能性的同时更强调情感与精神的享受与场景价值，社区居民在接连的美的熏陶中也在不断学习与互动参与中获得精神解放与心灵享受。

从"社区"到"社群"，以兴趣为起点重建人与人的信任关系，描绘共同生活愿景。基于对现代社会人性的精神反思，正如齐美尔所强调的"心灵互动"及威廉·怀特等人所强调的"邻里福祉"那样，在现代城市化愈加造成人与人之间关系隔离的同时，人们总是对构建亲密的社区邻里心存向往。阿那亚的社群实践正是基于对现代城市空间尺度下的关系需求，旨在搭建起一个重新连接人与人、重建亲密关系的平台，让所有生活在阿那亚的社区居民与来往游客都能通过活动实现交往聚集与关系营建。从线上到线下社群的积极互动，引导着全新信任关系的建立，2020年在阿那亚社区举办的1500多场活动中，有将近一半是社区居民自发组织的社区活动。目前阿那亚已经有近百个兴趣社群，其中有9个大业主群是社区重要的公共议事平台，每一位邻居都以理性客观、公平公正的方式共建社区公共生活环境，成为社区规则的制定人，通过有交流的公共生活、有品质的生活滋养、有温度的情感回馈实现社区的自我成长、自我迭代与自我进化。

从"孤岛"到"大陆",将艺术融入生活,将生活变为艺术,打造高品质的生活方式。现代社会已经超越了依赖物质生存的阶段,物质生活满足更进一步刺激了对精神需求的向往及对自我价值实现的渴求,并集中体现为对美好生活的向往。将艺术融入生活,让美好变成日常,是阿那亚在情感与精神价值形塑方面的核心指向。力求让生活节庆在社区生根,阿那亚每年都会组织盛大嘉年华,从戏剧节、文学节、冲浪节、马术节到亲子音乐节、海报节,围绕艺术、生活、运动、欢乐,从白天到夜晚的不同时段,社区各处都有精彩的演出与互动,从位于海边的艺术飞地,到面向未来的明日市镇,阿那亚致力于将艺术空间还给公众,将生活赋予文化魅力,持续打造市民艺术的生活狂欢。

阿那亚既是一个品牌,更是一种生活方式,也是现代理想主义城市信念下的生活乌托邦,物质生活的满足是其得以成功实践的重要条件,然而阿那亚却有力证明,人们对艺术与审美的追求是实现美好生活向往的最高理想。近几年,类似阿那亚的创意社区试验愈加频繁,进行地下闲置空间实践创造共享社区的"地瓜社区"、强调公共艺术介入社区营造与乡村振兴的"艺术乡建"等,这些社区生活的新形式皆旨在通过社会设计与社会创新改造空间的功能,在现代原子化的城市实现社会关系的重建,对人性的反思、对人类生命历程的感悟、对人的生活需求的品质升级贯彻始终。因应人们对美好生活的向往,现代城市的精进必然长期伴随着新的生活方式的接续出现。

第八章　城市社区生活圈的文化主体实践

　　社区生活圈的建设需要政府、社会力量、社区居民甚至更多行动主体的合力推动。政府除却做好服务保障与整体规划，应当格外注重社会组织与社区企业的培育，为其提供更有支撑性的成长环境、建立完善的培育机制。而社会力量也应当在充分发挥活力与桥梁作用的同时，积极探索与创新适合自身长期发展的永续经营方式。以居委会为组织单位的社区主体，应当树立综合发展的思维不断探索更多的可能性，对内注重自身本土文化的保护传承、居民自主的建立、社区经济的发展，对外建立开放互动的思维，积极展现魅力，营造吸引力。

第一节　政府统筹，完善服务保障与机会赋予

从规划到治理，政府在社区生活圈建设中发挥着主导与统筹的作用，划定城市全域生活圈建设的整体基调与服务方案。而文化舒适物的分析证明，政府不仅需要进一步转变社区生活圈服务要素配置的思路，也需要进一步转变角色，为社会组织、社会企业给予更多机会。

一、以"文化舒适物"实现服务要素有机配置

城市社区生活圈的服务要素配置，应当体现"文化舒适物"的完整性。当前的社区生活圈建设，秉行着政府服务思维的总体基调适配最低标准的基础生活保障，而"服务型"政府的建设，却并不意味着形成"最低"服务的惯常思维，而应是"高质量"服务的精准供给，这要求政府进一步转变传统社区生活圈的规划治理观念，将服务要素的空间配置转变为"文化舒适物"的有机布局。基于此，城市社区生活圈的建设应当以"文化舒适物"的完整性体现实现转变，包括内涵意义的完整及空间布局的完整。

"文化舒适物"作为一种美学思维，它在"场景"中焕发意义。一方面，不同于单纯强调使用功能的各类场馆设施，文化舒适物强调场馆设施的情境意义与美学感受，它能够通过不同文化舒适物的组合营造特定的文化氛围进而调动并强化人们的消费情绪与文化感知，进而带动人们的文化参与和文化创造。因此，转变社区生活圈的服务观念首先应当转变指标化的要素配置方案，按照社区单元中异质性人群的不同需要定制差异化的文化舒适物组合场景，形成高质量的服务供给。另一方面，不同的"场景"相当于社区生活圈不同的生活需求模块，与单纯场馆所能够满足的功能不同，"场景"能够通过场馆、空间与行动者活动的串联焕发意义，因此一个场景能够同时满足人们生活需求的不同方面，社区生活圈的多个场景进而形成成熟的地方秩序口袋单元，满足异质性人群生活需求的不同方面。上海市日前发布的《乡村社区生活圈规划导则》便是以场景引导

乡村社区生活圈建设，针对乡村社区面临的不同问题及农民、老人等的不同需求，通过睦邻友好、健康养老、自然生态、创新生产、未来创业、艺术文创、旅游休闲、智慧治理八类场景建设特色且多彩的乡村共同体。❶因此，"文化舒适物"及其有机组合形成的"场景"是为应对新时代人民生活的不同需求、实现社区生活圈服务要素精准配置的有效方案。

综合配置"文化舒适物"，驱动社区生活圈的整体发展。社区生活圈文化舒适物的研究已经证明，不论是生活服务主导，还是文化商业主导的社区生活圈建设皆不能创造高强度的地方蜂鸣，文化舒适物要实现综合配置与有机布局才能够提升社区生活圈的整体实力。其中，文化教育、文化休闲、文化创意及文化组织类舒适物对提高社区生活圈的内生力与吸引力尤为重要。在驱动蜂鸣生产的场景组合模式中，这些文化舒适物不仅能够促进社区生活圈的自我表达、赋能本土文化资源的活化与文化传承，还能促进社区生活圈的魅力展现、持续创造流量红利。因此在社区生活圈的规划方案中，应当在基础生活保障与文化商业类舒适物之外发展更为多元的文化舒适物类型，拓展社区日常生活的更多可能性，以文化教育的拓展构建泛在的文化学习氛围，而非局限于学校教育；以文化休闲的丰富展现市井烟火的生活魅力，而非局限于社区活动；以文化创意与文化组织的培育赋能社区的文化创造，而非局限于空间改造。

二、给予社会组织与社区企业更多成长机会

政府不仅是社区生活服务的供给与管理者，更是社会组织、社区企业与社区之间实现深入交流的桥梁，与社会、居民之间构成有机的互动关系。社区生活圈的文化舒适物研究证明，当前社区生活圈建设在特色创生型文化舒适物上存在不足，尤其社会组织、社区企业在社区生活圈各类文化舒适物中的严重缺位导致社区生活圈建设活力不足且难以永续经营。在此背景下，给予社会组织与社区企业更多的成长机会是政府社区生活圈建设过程中应当加以重视与弥补的关键。

社会组织与社区企业在社区生活圈的出现代表传统社区管理方式的转变，是为应对新时代城市社会问题的关键纽带。传统的社区管理是政府主导的行政化管理模式，社区一切发展皆仰赖政府资金支持，这不仅造成了社区自治能力的缺乏，纷繁复杂的社区事务也使得政府不堪重负，政府管理愈加困难，权责界限愈加模糊，社区管理方式亟待转型。在此背景下，政府基层管理开始以简政放权、政社分离的方式培养社区自治，一些

---

❶ 上海市规划和自然资源局.上海乡村社区生活圈规划导则［EB/OL］.（2021-12-14）［2022-02-04］. https://hd.ghzyj.sh.gov.cn/zcfg/ghss/202112/P020211214524024362447.pdf.

非营利的社会组织开始进驻社区，将社区作为社会工作与社会创新的主要阵地，而某些社区也开始利用自身资源积极发展社区企业，营造自身特色，因此社会组织与社区企业一定程度上是政府简政放权的产物。但是当前的社区生活圈建设明显缺乏社会力量的有效实践，以社会组织为例，社会组织进行有效社会工作的基础是与社区居民间建立信任关系，往往需要长时间的社区浸入，因此在进驻的初级阶段，社会组织的主要功能在于提供组织服务甚至仅是志愿者服务，往往并不具备自主活动创新的资本。政府作为总体统筹者，为社会组织与社区企业提供更多机会与长期培育的机制对社会力量的成长、社区生活圈的持续发展尤为关键。

　　除却资金支持，更为重要的是政府应当为社会组织与社区企业提供充分信任，建立赋权培育机制。实践经验证明，活跃的社会组织是激发城市公共活力并提升城市公共治理水平的关键抓手，在此方面，成都市是我国社区组织发展的典型。成都市在城市治理过程中奉行将"超大城市治理下沉到城市基本单元"的理念，倡导以社区治理的精细化推进城市治理的精细化，在社会组织与社区商业的培育、赋权与管理方面制定多项支持性与规范性政策。2019年，成都市出台《大力推进政府向社会组织购买服务提升公共服务水平三年行动计划》，在聘用人员规模、购买服务比重等方面明确9项工作举措，截至2022年上半年，全市社会组织数量达到1.2万家，备案社区社会组织2.4万家。2022年5月，成都市进一步制定《成都培育发展品牌性、枢纽型社会组织三年行动计划》，着力推动社会组织从规模型增长向质量效能型发展转变。在社会组织充分激活的社区治理环境之下，居民的社区身份不仅是居住者，还是社区企业的股东、社区建设的参与者、志愿者与消费者，这是成都在社区生活圈建设中完成的又一社区治理变革。从"供血"到"造血"，成都在政府角色转变方面进行了完全的贯彻，在此过程中政府不仅是计划统筹者，还是重要的关系桥梁，政府带头缔结信任关系是成都能够成功实践的关键。

第二节　社会参与，激活居民参与和活力经营

以社会组织为代表的社会力量是政府之外带动社区生活圈发展的又一关键主体，与政府高屋建瓴式的行政管理不同，社会组织代表着一股活跃力量，它不受体制制度的绝对约束并在政府与居民之间发挥着桥梁作用，能够最大程度地捕捉社区细节、关注社区动态、调动居民参与的积极性。然而，如今社会力量在为社区带来活力的同时却也面临一定困难，探索永续经营的模式是社会组织亟待突破的难题。

一、理清自我定位，发挥桥梁与动力作用

社会组织是促进社区文化生产的关键力量。社区生活圈的文化舒适物研究结果显示，在基础保障水平相似的情况下，文化组织类舒适物对地方蜂鸣的创造有着强烈的补充作用，尤其能够显著影响社区内部蜂鸣。社会组织的蜂鸣生产力一方面来源于它在社区内部发挥的动力作用，另一方面来源于它在政府与居民之间发挥的桥梁作用。而在当前的社区生活圈建设中社会组织的社区实践大部分是以公益性的服务为主，因此社会组织还需进一步理清自身定位，以社区生活圈为新的社会实践载体，不断拓展功能边界与自我定义，挖掘社会创新的更多可能性。

社会组织不仅是公益性的社会服务组织，在创意社区已经在全国城市萌芽时，社会组织更多的是推动社区创意新生的驱动力量，志在建立社区共同体的责任担当，也驱使着社会组织持续的创意实践。社会组织在社区生活圈发挥作用的方式主要可以分为四种。首先，社会组织能够为社区活动提供志愿服务，这是一般性公益组织入驻社区进行社会实践的主要方式，它们通过组建志愿者队伍在更广阔的社会范围内吸纳参与力量；其次，社会组织本身是服务提供者，通过在社区内举办各类活动调动居民参与的积极性；再次，社会组织还能够帮助社区成立自组织队伍，通过成立各类兴趣社团，社会组织能够更高效地联结社区居民；最后，社会组织能够参与社区治理，帮助居民修订完善社区

公约与议事章程、制定社区制度规范、参与社区微空间的更新改造，营造良好的交往关系与泛在的学习环境，是形成自下而上的社区治理体系的重要动力。社区生活圈作为一种新型的社区形式，它扩展了社区居民活动的空间，满足了更为丰富的需求供给。而对社会组织而言，社区生活圈还为其提供了营造创意活动空间、拓展社区交往、形塑信任邻里的更多可能，通过鼓励创意与居民参与能够构建自我表达强烈与泛在学习化的社区场景，社会组织解决了政府与居委会难以协调的居民积极性问题，它们是形成社区内生力的关键因素。同时，社会组织还是基层治理创新的重要驱动力，通过利用非正式网络联结政府与居民，形成信任合作关系进而确立社区美好生活的共同愿景。因此，社会组织既是政府计划有效实施的关键行动者，也是居民自治力量形成的主要组织者。社会组织在不断拓展自身定义的同时，也在不断拓展社区的功能定义，从活动的组织、空间的更新，到治理的参与、愿景的描绘，社会组织的每一个动作都旨在描摹一个更具活力的信任社区。

二、对接社区经济，探索永续社区经营方式

社会组织的创新实践虽然是新时代社区生活圈建设不可缺少的关键部分，但是社会组织的经营却面临着极大困难，由于社会组织的非营利性质使得社会组织的运营严重依赖于政府资金补贴，而囿于政府的财政预算的限制及政策、经济和社会情况变化造成的波动性，社会组织的日常运行必然受到一定规模与质量的限制，因而往往有些社会组织会面临中途夭折、难以为继的情况，这也必然会对社区发展造成影响。如今打破经营壁垒，在保持公益性服务的同时探索形成可持续的运行模式是社会组织得以维系的关键。

要突破运营的难题，仍然要从社会组织本身寻找突破口。社会组织背靠政府，通过整合资源集结伙伴，社会群体效益的最大化是其始终的目标，因此社会组织本身拥有着强大的资源和动员沟通的能力，其日常活动的运行除政府补贴与服务购买的收入外，还能够通过会员会费、众筹及企业赞助等获得，因而会员与企业等其他力量则可能为社会组织长效运营提供机会，而要达到短期收益与长期战略的统一，同时又要兼顾经营习惯，仍然需要建立长期的合作伙伴关系，而对社区生活圈中的社会组织而言，对接社区经济则是关键的突破口。

社区经济是社区内生力的关键构成部分，它决定社区生活圈能否实现自我造血，形成持续的场景红利反哺。社区主体与社会组织之间具有相同的政府依赖性质，两者既同时关乎社区的自我成长，同时又亟待突破自身实现经营创新，而社区与社会组织之间又是互动共生的关系，社区为社会组织提供社会实践的平台与资源，社会组织为社区贡献服务与智慧、优化社区的环境与生态，社会组织与社区经济之间经营合作关系的建立也

必然能够惠及两者。我国台湾地区社区生活圈的运营便是通过社会组织的运营，帮助建立社区本地传统资源的经济新生，振兴并发展地方特色产业。北京史家胡同社区生活圈则通过成立胡同文创社，在培育社区艺术家的同时还以文创产品的形式实现经济获利，而这同时也打响了社区的知名度，进而为其吸引了旅游资源与更多的合作者。因此社区经济与社会组织之间的合作，不仅能够解决双方运营的难题，还能够使得社区形成竞争优势，形塑社区品牌进而吸引创意阶层、社会资本，强化社区蜂鸣。

第三节 自下而上，释放地方魅力与区域蜂鸣

以居委会为组织单位，以社区居民为主体的社区力量既是社区生活圈建设的服务对象，也是社区重要的建设行动者。在以建构社区共同体、满足人民美好生活向往为目标的社区生活圈实践中，社区应当着眼于本土资源的整合与特色的形塑，同时以开放的思维积极展现魅力、营造吸引力。

一、立足地方，形塑社区特色

社区生活圈的文化舒适物组态研究显示，社区生活圈不仅应当展现出传统、睦邻与本土的场景特色，强烈的自我表达与本土展现还能够极大促进地方蜂鸣，提升社区生活圈的生活质量。而在当前社区生活圈建设仍然是以生活服务与文化商业主导的阶段，要形塑社区特色便需要社区主体作为本土践行者，以本地文化特色标识社区生活圈。

从实践层面来说，形塑社区特色的关键主体在于居委会，作为社区单元重要的组织力量与居民行动的规范者，居委会要充分发挥主动性，动员社区居民，重视本土文化的挖掘、居民自组织的建立及社区经济的发展。本土文化是社区性格的重要标识，正如上海市社区生活圈建设中所强调的对街区历史文化肌理的保护一样，本土文化资源的整合应当是社区生活圈建设的基础与规范动作，而当前所见的规划文件中却甚少涉及，因此社区作为本土文化的传承者应当对此加以重视。居民自组织的建立更是社区生活圈创新共治共建共享格局的关键，从治理的角度来说，社区生活圈的本质便是建立自组织的共同体，这也是社区性格标识的一部分。社区经济的发展则是为实现社区的可持续经营，它标志着社区能否摆脱政府"奶妈式"的供养，而本土的特色资源为发展社区经济提供了渠道。

社区具有强烈的地方属性，尤其在信息技术革命愈加映照出"世界是平的"这一现实的时代，社区作为彰显城市文化差异的地方单元，以社区为载体的文化传承继替愈加

成为一个重要命题。而在社区生活圈建设中，社区主体要放大地方文化记忆点的价值，不仅是要将本土文化资源的价值最大化，最为关键的是保护地方生活，在现代化的城市洗礼中形塑能够自我定义的新的生活方式。以北京市社区生活圈为例，北京中心城区集中于东城与西城两区，纵横的胡同巷子构成了北京老城的社区地理与风貌底色。对于老城来说，城市更新的进程往往是一场规划与文化之间的对决，也是传统与现代之间的博弈，如何寻得新与旧之间的尺度使两者融洽共生进而共谋邻里，是北京实践社区生活圈的一大考验，而从以建筑共生、居民共生引导文化共生的"共生院"，再到"碎步"更新式的有机生长，北京在老城更新的探索试验中寻得文化本位，并将文化艺术植入胡同风貌改造与居民生活，社区居民的生活与胡同更新的进程同步，实现共同的成长与进步。因此社区生活圈的建设仍然要以"地方"为规划、治理、建设的标尺，地方的文化、人、生活都是能够影响生活质量的关键，也是定义社区邻里共同体的要素。

二、开放互动，营造区域蜂鸣

社区生活圈的蜂鸣逻辑既是面向社区内部，也是面向社区外部的。与西方社区生活圈建设中强调自给自足的"完整街区"概念不同，与外界交流互动的能力也是新时代社区生活圈发展动力的一部分，社区应当建立积极的开放思维，如波西米亚社区的创意展现般，对外表现社区魅力，才能更好地吸引创意阶层与创新资本。

重视文化的作用是社区生活圈营造区域蜂鸣的关键。正如克拉克将当今的时代描述为"娱乐机器"一样，文化对后工业时代的社会经济发展发挥着重要的动力作用，而"文化"虽然并不是社区生活圈建设的重点内容，但却是构建高品质社区生活的核心媒介，社区生活圈的未来建设离不开文化赋能。从实践层面来说，社区生活圈的文化舒适物评价结果显示，文化休闲、文化创意类舒适物是社区对外魅力展现的关键载体，文化休闲类舒适物能够吸纳人流，创造流量红利，而文化创意类舒适物则是保持流量红利的关键。河北秦皇岛的阿那亚艺术社区便是通过文化创意舒适物的空间矩阵持续生产创意，并构建起艺术社群，通过"精神建筑"与"艺术建筑"的价值定义，阿那亚强调生活美学的艺术化，精神建筑强调以情感凝结邻里，孤独的图书馆、阿那亚礼堂、沙丘美术馆及阿那亚艺术中心已经通过空间的创意美学与持续的精神活动形成了阿那亚的艺术品牌，而由蜂巢剧场、海边剧场及阿那亚大剧场构成的"艺术建筑"则满足了社区居民进行艺术欣赏与创作的多元需求，文化舒适物促进社区交往进而促进了阿那亚近百个兴趣社群的产生。因此，在社区内部，需要通过有交流的公共生活、有品质的生活滋养、有温度的情感回馈实现社区的自我成长、自我迭代与自我进化，形成区域蜂鸣生产的合力。

形塑区域蜂鸣，社区需要以更具国际化的视野不断突破自我。社区生活圈扩展了行政社区的界限与定义，过去社区的发展仅限于在社区内部，正如沃斯所主张的社区哀歌般，城市社区的原子化并不要求社区拥有更多交往的功能，而伴随着人民生活需求的品质化升级，社区生活圈完成了传统社区的身份迭代，它以人为活动的需要为标尺将不同的社区联结，以"生活圈"重新定义社区邻里，因此社区生活圈本身便拥有互动属性。社区生活圈的场景组态分析显示，更具国际化思维的社区生活圈能够创造强烈蜂鸣，在全球化愈加影响社会经济的时代，同样要求社区适应全球化的思维潮流不断实现自我超越，这包括社区提供的服务更多惠及全域，社区的氛围能够包容多元的文化，社区的管理更加智能，社区企业能够形成品牌等。社区生活圈在满足人民居住、购物、娱乐、教育等日常生活需求之外，也应当将其看作是整体城市发展的一部分，社区在社会、经济、治理等各个方面的每一个细枝末节都与城市的发展紧密共生，一个能够产生区域蜂鸣的社区生活圈同样能够成为城市形象的标志。

后 记

  我对社区文化研究的兴趣，得益于导师齐骥老师在场景研究方面的引导。不管是问题的发现、理论的构建，抑或是分析的方法，齐骥老师都提供了颇多指导性的建议。齐骥老师支持我们在研究中发现自身的兴趣，并且要将理论充分地结合在实践中，切勿"闭门造车"。因而在中国传媒大学的五年里，我走过了全国二十多座城市，体验了丰富多彩的地方文化，每一座城市都有着独具特色的文化魅力，而在其中，社区生活的人间烟火气最为抚慰人心。城市发展的出发点与落脚点都是人的发展，当前中国城市化速度依然在不断提升，飞速的城市发展的背后尤其要体现对人性的关怀，这种关怀的有力载体便是高品质的社区生活，因为社区本质上体现的是人们的生活态度。喧闹的菜市场、街头唠嗑打麻将的大爷和大妈、晚上的广场舞，我始终认为这些称不上是艺术的生活符号，却是社区文化形象的代表，也是社区生活的魅力所在，它应当被现代城市所接纳并且得到更好的阐释，因而文化的作用是无可代替的。本书便是旨在通过社区生活圈的文化舒适物研究，以"文化舒适物"的概念重新启发功能主义思维的社区生活圈建设。

  需要对本书研究做出特别解释的是，文化舒适物所启发的社区生活圈建设是有一定基础条件限制的，因为文化舒适物本身虽然普遍被认为是后工业时代城市提升生活质量的关键因素，但是它并不是能够影响城市品质发展的唯一因素。一方面对于某些欠发达的地区来说，社区生活圈建设的前提仍然在于完善基础的生活保障，因此单纯依靠文化舒适物事实上并不能弥补其本身缺陷；另一方面社区生活圈建设涉及经济、政治、社会、文化等各个方面，文化舒适物所代表的是一种新时代的城市生活设施建设方式，主要作为提升城市竞争力、促进创新增长、吸引创意阶层的诱因与媒介发挥作用。

  当然，本书所做的研究还存在很多不足，社区生活圈的文化舒适物研究仍然是一项需要持续进行的工作。

  首先，样本案例还需扩充。中国城市社区类型多样，社区生活圈建设在不同城市发展背景中也呈现出多元化的特点，上海、北京等面向国际的超一线城市社区生活圈建设更加侧重生活品质、空间创新与文化多样性；成都的社区生活圈建设又有所不同，作为中国最为宜居的城市，成都社区生活圈则明显偏重基础生活服务的供给，并且在建设过程中对社会力量表现出强烈的信任；而诸如济南、青岛等有着鲜明城镇乡村边界的城市，其社区生活圈建设则遵守着分区规划，工业空间与经济产业空间明显区分，依赖交通实现职住平衡。因此，本书虽然选取了中国城市社区生活圈建设中较有代表性的20个样本，但是体量仍较小并不能兼顾中国庞杂的城市体系，针对不同特点的城市类型也应当有不同的社区生活圈文化舒适物应对方案。据此，未来还应进一步扩大研究案例的覆盖面，结合相应城市的发展特点对研究结论进一步做出改进，以求能够真正指导当前中国城市社区生活圈建设。

其次，研究方法仍有改善空间。本书对社区生活圈文化舒适物的提取是根据高德地图及百度地图的POI兴趣点确定的，并运用场景理论的研究工具与相关数据处理方法试图做到定量与定性分析相结合，但是从文化实践导向来说，社区生活圈的发展应当以人的需求为准绳，本书研究中缺乏对社区居民、政府以及社会力量等多元主体的深度访谈与需求透视。据此，未来将加强实地调研过程中的访谈环节，进一步深化相关研究。

最后，文化舒适物研究是有时间与空间限制的，应当不断更新并综合考虑。一方面，即便是文化舒适物也有着时间寿命，且存在更新换代，诸如剧本杀、密室逃脱等便是时代新兴的文化舒适物，而棋牌室、文化馆甚至网吧却已经成为稀松平常的事物。文化舒适物的时间性也意味着场景气质打分的时间性，因为场景的打分机制是由专家主观意识决定的，同一类文化舒适物的场景气质在不同时间便有着不同的表现，如网吧在1996年刚刚出现时的"迷人性"气质分可能为"5分"，而现在其迷人性可能仅为"4分"。另一方面，文化舒适物的场景气质表现也有着空间差异，受制于不同国家、不同地区、不同民族的文化差异，人们对同一类文化舒适物的场景气质认知也有差别，本书对文化舒适物的打分遵循了场景理论提出者特里·克拉克的团队既有打分表，因而在个别文化舒适物的打分上必然存在中西认知的差异。未来实现适应中国语境的文化舒适物打分与不断发展的文化舒适物研究是必然进行的任务。

亓冉

于深圳大学图书馆南馆

2023年2月22日